Lawrence E. Shapiro

Emotionale Intelligenz für Kinder: Beliebt und glücklich, nicht nur schlau

Wie Eltern die emotionale Intelligenz ihrer Kinder fördern können

Aus dem Englischen
von Anne Löhr-Gößling

Scherz

Die Originalausgabe erschien unter dem Titel «How To Raise A Child With A High EQ» bei HarperCollins New York
Einzig berechtigte Übersetzung aus dem Englischen von Anne Löhr-Gößling

Zweite Auflage 1998

Schutzumschlag: Thomas & Thomas

Für meine Mutter Frances Shapiro,
eine unerschöpfliche Quelle
emotionaler Unterstützung

Soweit nicht ausdrücklich etwas anderes angegeben wird, sind die in diesem Buch dargestellten Kinder und Familien fiktiv. Ich habe sie anhand der gesammelten Fälle von Kindern konstruiert, die ich in den letzten zwanzig Jahren kennengelernt und behandelt habe. Ausnahmen stellen Kinder dar, die für Zeitungen interviewt wurden oder über die in Büchern als Beispiele außergewöhnlicher emotionaler Intelligenz berichtet wurde.

Inhalt

Einleitung
Auf die kleinen Dinge kommt es an

In einem Vorort sitzen zwei Jungen an einem Tisch hinten in ihrem Klassenzimmer, die normalerweise auf dem Spielplatz aufeinander einschlagen würden. Jetzt akzeptieren sie, daß ein gleichaltriger Mitschüler als Vermittler bei der Lösung ihrer Probleme hilft. Die drei Kinder sind sieben Jahre alt.

In einem Krankenhaus in Florida lacht eine Zehnjährige ausgelassen, während sie auf ihre Chemotherapie wartet. Sie steckt mitten in einer Wasserpistolenschlacht mit der Krankenschwester und einem als Clown verkleideten Assistenzarzt.

In Los Angeles spielt ein Vater mit seinen drei Kindern ein Kooperationsspiel, das ihnen der Schulpsychologe empfohlen hat. Während der zwei Wochen, in denen sie mit solchen Spielen beschäftigt sind, haben Familienstreitigkeiten praktisch nicht mehr stattgefunden.

All diese Kinder profitieren von einer Beschäftigung, die viele Fachleute eine Revolution in der Kinderpsychologie nennen: dem Einüben emotionaler und sozialer Fähigkeiten. In immer mehr Schulen wird die Vermittlertätigkeit von Gleichaltrigen eingeübt und angewandt. Beschwerden aus der Schule bei den Eltern, Verweise und sogar die Gewalt in der Schule wurden dadurch beträchtlich vermindert. In Krankenhausstationen sieht man regelmäßig Clowns, die Quietschkissen und Gummientchen austeilen, weil man weiß, daß Spaß den Kindern nicht nur hilft, mit der Belastung eines Krankenhausaufenthaltes besser zurechtzukommen, sondern tatsächlich auch ihr Immunsystem stimulieren und ihre Gesundung beschleunigen kann. Kooperationsspiele, bei denen alle gewinnen oder verlieren, schaffen – wie sich gezeigt hat – Familienzusammengehörigkeit und können Wut und Aggression unter den Kindern beträchtlich senken.

Dieses Buch handelt davon, wie Sie Ihren Kindern ähnliche Beschäftigungen und Spiele beibringen können, die ihre emotionalen und sozialen Fähigkeiten verbessern. Psychologen nennen diese Fähigkeiten mittlerweile *emotionale Intelligenz* oder *EQ*. Auch wenn der Begriff «emotionale Intelligenz» relativ neu ist, fördern wir Kindertherapeuten solche Aktivitäten schon seit über zwanzig Jahren, um Kindern bei der Lösung ihrer Probleme zu helfen. Allmählich erkennen wir, daß alle Kinder davon profitieren, wenn sie die Fähigkeiten emotionaler Intelligenz erlernen – nicht nur Kinder mit spezifischen Problemen. Wir sind mittlerweile zu der Einschätzung gelangt, daß ein hoher EQ mindestens so wichtig ist wie ein hoher IQ. Immer mehr Untersuchungen zeigen, daß Kinder mit Fähigkeiten der emotionalen Intelligenz glücklicher, zuversichtlicher und in der Schule erfolgreicher sind. Ebenso wichtig ist die Erkenntnis, daß diese Fähigkeiten der Grundstein dafür sind, daß unsere Kinder verantwortungsvolle, fürsorgliche und leistungsfähige Erwachsene werden.

Warum emotionale Fähigkeiten gelehrt werden müssen

Es gibt nicht wenige, die bezweifeln, daß es nötig sei, Kindern etwas über Gefühle beizubringen. Sie fragen: «Entstehen Gefühle in Kindern nicht auf ganz natürliche Weise?» Die Antwort lautet: nein, nicht mehr.

Viele Wissenschaftler gehen davon aus, daß unsere menschlichen Gefühle sich ursprünglich als Überlebensmechanismus entwickelt haben. Angst hilft, uns vor Schaden zu schützen, und warnt uns vor Gefahr. Zorn hilft, Barrieren zu überwinden, wenn wir etwas haben wollen, das wir brauchen. In Gesellschaft mit anderen erleben wir Freude und Glück, und wenn wir menschlichen Kontakt suchen, finden wir in einer Gruppe sowohl Schutz als auch die Gelegenheit, uns zu paaren und das Überleben unserer Art zu sichern. Bei Trauer über den Verlust eines nahestehenden Menschen senden wir Signale aus, daß dieser Mensch zurückkehren möge. Eine Haltung, die Einsamkeit ausdrückt, kann dazu beitragen, einen neuen Partner anzuziehen, der den verlorenen Menschen ersetzt.

Während unsere Emotionen dem Leben unserer Vorfahren angepaßt waren, stellt uns das Leben in der heutigen modernen Gesellschaft vor Herausforderungen, die in der Natur so nicht vorgesehen waren. Beispielsweise die Wut: Sie spielt immer noch eine bedeutsame Rolle in unserem emotionalen Gefüge, aber die Natur hat nicht vorgesehen, daß sie so leicht entsteht – wenn man zum Beispiel in einem Verkehrsstau steckt oder vor dem Fernseher oder einem Videospiel sitzt. Unsere evolutionäre Entwicklung konnte nicht berücksichtigen, mit welcher Leichtfertigkeit ein Zehnjähriger heute an eine Waffe kommt und einen Mitschüler wegen einer Beleidigung damit bedroht oder gar verletzt.

Der Psychiater Michael Norden aus Seattle fordert uns eindringlich auf zu erkennen, daß die modernen Zeiten unsere Emotionen herausfordern und daß diese bis zu einem gewissen Ausmaß ihrem evolutionären Zweck zuwiderlaufen. Er schreibt: «Die meisten Menschen leben heute nicht mehr wie im Steinzeitalter in Dörfern mit ein paar hundert oder weniger Einwohnern, sondern in ausufernden Städten, die ein globales Dorf aus fast sechs Milliarden Menschen darstellen. Diese kumulativen Belastungen des modernen Lebens haben eine Welle von Depressionen, Angstzuständen und Schlaflosigkeit ausgelöst. Weniger offensichtlich sind andere Probleme wie Gewichtszunahme und Krebs. Die meisten medikamentieren sich selbst (um die Emotionen unter Kontrolle zu halten), indem sie alles von Koffein bis Kokain einnehmen; praktisch niemand bleibt davon unberührt.»

Die emotionalen und sozialen Fähigkeiten, die in diesem Buch beschrieben werden, sollen Ihnen helfen, dort anzusetzen, wo die Natur uns allein läßt: Erziehen wir unsere Kinder so, daß sie besser mit dem emotionalen Streß der Gegenwart umgehen können. Wenn ein hektisches und temporeiches Leben Ihre Kinder für Reizbarkeit und Wut anfällig gemacht hat, können Sie ihnen beibringen, wie man diese Gefühle erkennt und kontrolliert. Wenn die Angst vor Verbrechen oder häufige Wohnortwechsel Ihre Kinder isolieren und die Vorzüge, in einer offenen, zusammengehörigen Gemeinschaft zu leben, verschleiern, können Sie ihnen die sozialen Fähigkeiten beibringen, enge Freundschaften zu schließen und aufrechtzuerhalten. Wenn Ihr Kind aufgrund Ihrer Scheidung oder einer zweiten Ehe verwirrt, im Umgang mit neuen Situationen ängstlich oder auch wegen seiner schulischen Leistungen überheblich ist, können Sie es in den spezifischen EQ-Fertigkeiten unterrichten, die ihm helfen, mit den normalen Problemen des Erwachsenwerdens umzugehen.

Wie Sie «die Chemie» Ihres Kindes verändern

Am interessantesten wird Ihre Rolle bei der emotionalen Erziehung Ihrer Kinder vielleicht dort, wo Sie im wahrsten Sinne des Wortes die Gehirnchemie Ihrer Kinder verändern, genauer gesagt, wenn Sie ihnen Wege aufzeigen, wie sie ihre Gehirnfunktionen selbst steuern können. Wie wir sehen werden, sind Emotionen keine abstrakten Ideen der Psychologie. Vielmehr sind sie sehr real und äußern sich in spezifischen biochemischen Prozessen, die das Gehirn produziert und auf die der Körper dann reagiert.

Zwar bringen die wenigsten Menschen Emotionen mit chemischen Reaktionen in Verbindung, doch man muß sich nur einmal bewußt machen, was geschieht, wenn man ein alkoholisches Getränk oder mehrere Tassen Kaffee trinkt und wie man emotional darauf reagiert. Vielleicht ist Ihnen das nicht bekannt, aber die Nahrungsmittel, die Sie zu sich nehmen, interagieren auf chemischer Ebene auch mit Ihren Emotionen. «Stimmungsaufheller» wie Schokolade und Eis lösen im Gehirn die Freisetzung von Serotonin und Endorphinen aus, biochemischen Stoffen, die das Gehirn mit einem Gefühl des Wohlbefindens verbindet. Deswegen verspüren wir einen Heißhunger auf solche Nahrungsmittel, wenn wir niedergeschlagen sind.

Aber wir müssen nicht unbedingt etwas zu uns nehmen, um die biochemischen Entsprechungen von Emotionen zu produzieren. Die wichtigste Voraussetzung dieses Buches lautet, daß Sie Ihren Kindern Möglichkeiten aufzeigen können, ihr Verhalten zu ändern. Dadurch ändert sich die Biochemie ihrer Emotionen, und es fällt ihnen leichter, sich zurechtzufinden – mit sich und anderen – und ausgeglichen zu sein.

Wie ein Lächeln schützt

Serotonin ist nur einer der «Neurotransmitter» genannten Botenstoffe, die vom Gehirn aus emotionale Botschaften an die verschiedenen Körperteile senden. Dem Serotonin galt in den letzten fünf Jahren besondere Aufmerksamkeit wegen seiner Rolle bei der Streßbewältigung und seiner Bedeutung bei der Behandlung von Depressionen, Zwangsneurosen und anderen psychischen Störungen. Der Psychiater Michael Norden erklärt in seinem Buch *Zurück zu unserer Natur! Wenn dem Gehirn die Hormone fehlen,* daß wir unser Gehirn so trainieren könnten, daß es auf natürlichem Weg Serotonin produziere. Er nennt dabei so einfache Mittel wie eine gesündere Ernährung, vermehrte Bewegung und ausreichenden Schlaf (schätzungsweise die Hälfte der erwachsenen Amerikaner schläft weniger als die erforderlichen acht Stunden, die der Körper braucht, um richtig funktionieren zu können).

Die Bedeutung von Serotonin für den emotionalen Bereich eines Kindes kann gar nicht hoch genug eingeschätzt werden, da dieser Botenstoff viele Körpersysteme beeinflußt (wie Körpertemperatur, Blutdruck, Verdauung und Schlaf, um nur ein paar zu nennen). Er unterstützt Kinder im Umgang mit allen Arten von Streß, indem er eine Überlastung des Gehirns verhindert. Zudem bringt man einen erhöhten Serotoningehalt mit der Verminderung von Aggression und Impulsivität in Verbindung. Dabei hängt die Serotoninproduktion oft nur von einem Lächeln ab. Robert Zajonc und seine Kollegen weisen darauf hin, daß man beim Lächeln die Gesichtsmuskeln zusammenzieht und dadurch den Blutfluß in nahe gelegene Gefäße verringert. Auf diese Weise wird das Blut gekühlt, was wiederum die Temperatur des Gehirns senkt und die Produktion von Serotonin auslöst. Wenn wir unseren Kindern sagen, sie bräuchten «einfach nur zu lächeln» und alles wäre leichter, liegen wir absolut richtig. Auf die kleinen Dinge kommt es an.

Tricks, Fertigkeiten, Gewohnheiten und Spiele: Das Rezept für einen hohen EQ

Ein neues Verständnis der Neuroanatomie und Entwicklungspsychologie bietet Eltern viele Gelegenheiten, ihre Kinder bei der Entwicklung eines hohen EQ zu unterstützen. Sie werden hoffentlich bei der Lektüre dieser Seiten auf viele nützliche Ideen dazu stoßen. Einige dieser Ideen bezeichne ich als Tricks – einfache Möglichkeiten, das Verhalten Ihrer Kinder zu verändern, was sofortige Wirkung zeigt. Wenn ich beispielsweise mit Kindern arbeite, die sich schnell in Raufereien mit anderen verwickeln lassen, bringe ich ihnen die «Schildkrötentechnik» bei. Diese Methode benutzte ich auch bei dem siebenjährigen Sam, der für seine täglichen Streitereien auf dem Spielplatz bekannt war. Ich sagte, wenn er wieder einmal Lust habe zu kämpfen, solle er sich einfach vorstellen, er sei eine Schildkröte, die sich in ihren Panzer zurückziehe. Er solle seine Arme an den Seiten lassen, seine Füße zusammenstellen und sein Kinn bis an den Hals hinunterdrücken. In dieser Haltung solle er langsam bis zehn zählen und bei jeder Zahl tief einatmen.

Eine solche Technik mag einfach sein und kleinen Kindern Spaß machen, aber eigentlich ist sie ein psychologischer Trick: Da Sams Arme und Beine zusammengepreßt waren, konnte er weder schlagen noch treten. Während er langsam bis zehn zählte und beim Zählen tief atmete, erhielt sein Gehirn die Botschaft, die Produktion solcher biochemischer Stoffe (Katecholamine genannt) zu verlangsamen, die seine Erregung und Kampfbereitschaft noch verstärkten. Senkte er sein Kinn auf die Brust, mußte er zwangsläufig den Blickkontakt mit seinem potentiellen Gegner abbrechen und verlor dadurch den Kampfeswillen (es ist praktisch unmöglich, mit jemandem zu kämpfen, den man nicht sieht).

Sie werden in diesem Buch weitere Methoden kennenlernen, um bei ihren Kindern emotionale und soziale Fähigkeiten einzuüben. Fähigkeiten zu erlernen erfordert Zeit und auch eine gewisse Übung, aber hat man sie einmal erworben, können sie zur zweiten Natur werden. Das Deuten nonverbaler Hinweise – wie Gesichtsausdruck, Gestik und Körperhaltung – ist zum Beispiel eine Fähigkeit, die Kinder schnell erlernen. Da Untersuchungen zufolge fast neunzig Prozent der emotionalen Kommunikation nonverbal abläuft, kann Ihr Kind so die Gefühle anderer sehr viel leichter verstehen und angemessen darauf reagieren.

Auch werden Sie Vorschläge finden, wie Sie Ihr Kind dazu bringen, Gewohnheiten zu entwickeln, die seine emotionale Intelligenz steigern: beispielsweise die Vermittlung von Entspannungs- und Visualisierungstechniken als Möglichkeiten, mit Schmerz und psychischer Belastung umzugehen, was auf das ganze Leben tiefgreifende positive Auswirkungen haben kann. Solche Techniken lenken die Kinder nicht einfach nur von körperlichem Schmerz ab, sondern regen tatsächlich den Körper dazu an, ein natürliches Analgetikum* zu produzieren. Zudem verringern sie den Blutdruck und stimulieren Gehirnzentren, die auch das körpereigene Immunsystem aktivieren.

Viele Tricks, Fähigkeiten und Gewohnheiten, die Sie in diesem Buch finden, sind in Form von Spielen und anderen Tätigkeiten, die Spaß machen, dargestellt. Anna Freud, die Tochter Sigmund Freuds und selbst eine berühmte Kindertherapeutin, erklärte: «Das Spiel (ist) die Arbeit der Kinder.» Diesen Ausspruch habe ich mir während meiner gesamten Laufbahn zu Herzen genommen. Spiele sind eine besonders gute Möglichkeit, EQ-Fertigkeiten zu vermitteln, weil Kinder sie gern immer wieder spielen. Durch Spiele können wir ihnen die Gelegenheit geben, neue Wege des Denkens, Fühlens und Handelns kennenzulernen und einzuüben. Indem wir an diesen Spielen teilhaben, werden wir ein wesentlicher Bestandteil des emotionalen Lernens.

Wenn Sie dieses Buch lesen und die Spiele und Beschäftigungen mit Ihren Kindern ausprobieren, brauchen Sie eigentlich nur dreierlei: Zeit, Interesse und den Wunsch, die Herausforderung der Kindererziehung zu genießen. Dies sind die wesentlichen Zutaten für die Erziehung eines Kindes mit einem hohen EQ. Viel Glück!

* schmerzstillendes Mittel, A.d.Ü.

Teil I

Kindererziehung als Herausforderung

KAPITEL 1

Emotionale Intelligenz: Eine neue Art, Kinder zu erziehen

Für die Kinder in Miß Ansels Vorschulklasse war es ein ganz besonderer Tag. Das soll nicht heißen, daß nicht jeder Tag in dem Raum mit den hellbunten Wandgemälden, der riesigen Spielzeuglokomotive, die gleichzeitig eine Leseecke bot, und den Würfelkästen voller Bücher und Spielzeuge besonders war, aber heute hatte die Klasse einen sehr wichtigen Besucher, der mit ihnen ein lustiges Spiel machen würde, bei dem jeder drankäme.

Der vierjährige Barry durfte dieses Spiel als erster spielen, ein Spiel, das für Kinder absichtlich zu schwierig war. Der Besucher, ein Forscher im Bereich der Kindesentwicklung, zeigte Barry eine leuchtende Metallkugel auf einer Ebene, die an einem Turm befestigt war. «Das ist wie ein kleiner Aufzug», sagte er. «Du mußt die Ebene bis zur Turmspitze heben, ohne daß der kleine Ball hinunterfällt.»

Bei Barrys erstem Versuch fiel der Ball fast sofort hinunter. Beim zweitenmal fiel er wieder, rollte vom Tisch auf den Boden und in eine Ecke. Beim dritten Versuch konnte Barry den Ball immerhin ein Viertel der Strecke hinaufheben, bevor er wieder hinunterplumpste. Sein vierter Versuch war nicht besser als sein erster.

«Glaubst du, daß du es schaffst?» erkundigte sich der Besucher in neutralem Tonfall.

«O ja!» erwiderte Barry enthusiastisch und versuchte es noch einmal.

Barrys Beispiel war typisch für die Kinder in seiner Vorschulklasse, die an diesem Experiment zur Eigenmotivierung teilnahmen. Obwohl jedes mehrfach versuchte, die Kugel hinaufzubefördern, und dabei scheiterte, gab jedes Kind an, daß es die Aufgabe mit der Zeit bewältigen werde.

Kleine Kinder haben von Natur aus Selbstvertrauen, sogar angesichts unüberwindbarer Widrigkeiten und wiederholten Scheiterns. Wie die Erfinderin des Turm-Experiments, Deborah Stipek, bemerkt: «. . . bis zum Alter von sechs oder sieben Jahren halten die Kinder hohe Erfolgserwartungen aufrecht, trotz schwacher Leistungen bei vorangegangenen Versuchen . . . Beinahe unbeeindruckt rechnen sie damit, die Ebene ganz nach oben schieben zu können, auch wenn sie sie bei vier vorherigen Versuchen kaum vom Boden wegbewegt haben, ohne daß die Kugel hinuntergefallen wäre.»

Die Eigenschaften, die die Kinder von Miß Ansels Vorschulklasse bewiesen – Ausdauer, Optimismus, Motivation und freundlicher Enthusiasmus – sind Teil dessen, was mittlerweile unter emotionaler Intelligenz – oder EQ – subsumiert wird. Sie basiert nicht darauf, wie klug ein Kind sein könnte, sondern vielmehr auf jener Eigenschaft der Persönlichkeit, die wir früher einmal «Charakter» nannten. Untersuchungen ergaben, daß diese sozialen und emotionalen Fähigkeiten den Erfolg im Leben vielleicht noch stärker bestimmen als die intellektuellen Fertigkeiten eines Menschen. Anders gesagt: Ein hoher EQ mag für den Erfolg im Leben wichtiger sein als ein hoher IQ, welcher durch einen standardisierten Test über verbale und nonverbale kognitive Intelligenz ermittelt wird.

Was ist emotionale Intelligenz?

Der Begriff «emotionale Intelligenz» wurde 1990 zum erstenmal von den Psychologen Peter Salovey von der Harvard University und John Mayer von der University of New Hampshire benutzt, um die emotionalen Eigenschaften zu beschreiben, die offensichtlich für Erfolg im Leben wichtig sind. Zu diesen können gehören:

- Empathie (Mitgefühl)
- Ausdruck und Verstehen von Gefühlen
- Kontrolle über seine Stimmungen
- Unabhängigkeit
- Anpassungsfähigkeit
- Beliebtheit

- Fähigkeit zur zwischenmenschlichen Problemlösung
- Ausdauer
- Freundschaftlichkeit
- Freundlichkeit
- Respekt

1995 rückte Daniel Golemans Bestseller *Emotionale Intelligenz* dieses Konzept in das Bewußtsein der Öffentlichkeit, brachte es auf die Titelseite des *Time Magazine* und machte es zu einem Gesprächsthema, das in Klassenzimmern und Vorstandssitzungen gleichermaßen diskutiert wurde. Implikationen und Bedeutung des EQ drangen sogar bis ins Weiße Haus vor. «Ich nenne Ihnen ein großartiges Buch», sagte Präsident Clinton zu Reportern im Tattered Cover Bookstore in Denver, Colorado, bei einem unvorhergesehenen Zwischenstop während seiner Wahlkampagne, «das Buch *Emotionale Intelligenz*. Ein sehr interessantes Buch. Es gefällt mir. Hillary hat es mir geschenkt.»

Die Aufregung über das Konzept der emotionalen Intelligenz erklärt sich durch seine Auswirkungen auf die Kindererziehung, aber auch durch seine Bedeutung am Arbeitsplatz und in praktisch allen menschlichen Beziehungen und Bemühungen. Untersuchungen zeigen, daß dieselben EQ-Fähigkeiten, die dazu führen, daß Ihr Kind von seinem Lehrer als lernfreudig wahrgenommen wird oder bei seinen Freunden auf dem Spielplatz beliebt ist, ihm auch zwanzig Jahre später bei seiner Arbeit oder in seiner Ehe helfen werden.

Vielen Untersuchungen zufolge, die in den gesamten USA durchgeführt wurden, scheinen sich Erwachsene weniger als früher von Kindern zu unterscheiden, und die sozialen Abläufe im Beruf erinnern stark an Spielplatzpolitik. Das kommt für Unternehmensberater, die mit dem «menschlichen Faktor» befaßt sind, nicht überraschend, da sie schon seit Jahren erklären, daß soziale Fähigkeiten auf jeder Ebene der Firmenabläufe wichtig seien, vom Verkaufsgespräch am Telefon bis hin zur Debatte im Vorstandsbüro. Aber das Ausmaß, in dem EQ-Fähigkeiten den Arbeitsplatz beeinflussen können, überrascht dennoch. Zum Beispiel berichtete Alan Farnham in einem Artikel im *Fortune Magazine* über eine bei Bell Labs durchgeführte Untersuchung, die ermitteln sollte, warum einige Wissenschaftler bei ihrer Arbeit weniger Leistung erbrachten, obwohl sie über die gleichen intellektuellen Fähigkeiten und Universitätsabschlüsse verfügten wie ihre Kollegen, die eine höhere Leistung erzielten. Die Forscher untersuchten die internen Kommunikationsabläufe aller Wissenschaftler und fanden heraus, daß die Angestellten, die weniger beliebt waren, von ihren Kollegen geächtet wurden, ganz in der Art, wie auf dem Spielplatz der Schwachkopf oder Angeber vom Spielen ausgeschlossen wird. Bei Bell Labs waren die elektronischen Gesprächsforen der Spielplatz, der teils zu leichtem Geplauder benutzt wurde, teils aber auch als Ort, wo man wichtige berufliche Informationen austauschte und Rat suchte, wenn man bei einem Projekt nicht weiterkam. Die Untersuchung kam zu dem Schluß, daß die soziale Isolation sich vermutlich teilweise aus einem geringen EQ ergab und zu einer verminderten Arbeitsleistung führte.

Auch wenn emotionale Intelligenz erst kürzlich als Begriff in den allgemeinen Sprachgebrauch eingegangen ist – die Forschung in diesem Bereich ist keineswegs neu. In den vergangenen fünfzig Jahren gab es unzählige Untersuchungen zu der Frage, wie sich EQ-Fähigkeiten in Kindern entwickeln, doch haben leider nur wenige Erkenntnisse Eingang in den Bereich der praktischen Anwendung gefunden. Das ist zum großen Teil auf die Kluft zurückzuführen, die zwischen der akademischen Welt mit ihren sorgfältig erstellten statistischen Paradigmen und der streßgeplagten Welt des an vorderster Front tätigen Lehrers oder Psychotherapeuten besteht. Aber wir können es uns nicht länger leisten, unsere Kinder großzuziehen, indem wir uns rein auf Intuition oder Normen wie «politische Korrektheit» stützen. Wie die Medizin oder andere «harte» Wissenschaften müssen wir uns um eine umfangreiche Wissensgrundlage kümmern, um fundierte Entscheidungen zu treffen, die das tägliche Wohlbefinden unserer Kinder beeinflussen. Professor William Damon von der Brown University stellt dies nachdrücklich in dem Vorwort zu seinem Buch *The Moral Child* dar:

«Wissenschaftliche Forschung über die Moral von Kindern bietet uns ein großes Potential bei unserem drängenden Wunsch, die moralischen Werte von Kindern zu verbessern. Dies ist jedoch ein ungenutztes Potential, weil ein Großteil dieser Forschung der Öffentlichkeit entweder unbekannt ist, als irrelevant ignoriert oder als Unsinn aus dem Elfenbeinturm verworfen wird . . . (Teilweise) ist die wissenschaftliche Arbeit über dieses Gebiet kaum zugänglich, weil sie in akademische Fachliteratur eingebettet und in ganz unterschiedlichen Fachpublikationen verteilt ist.»

Wir können uns auch an die Schulen wenden, um praxisbezogene Informationen darüber zu erlangen, wie effizient das Unterrichten sozialer und emotionaler Intelligenz ist. Wenngleich Pädagogen kontrovers darüber diskutieren, ob Fragen psychischer Gesundheit in den öffentlichen Erziehungsprozeß einbezogen werden sollten, wurden in den vergangenen zwanzig Jahren mehrere hundert Millionen Dollar ausgegeben, um soziale und emotionale Fähigkeiten zu lehren. Die Legitimation für das Unterrichten dieser Fähigkeiten an Schulen läßt sich lediglich auf ein Gesetz des Kongresses zur Unterrichtung aller behinderten Kinder zurückführen. Dieses bahnbrechende Gesetz besagt, daß alle Kinder in den USA das Recht auf öffentlichen Unterricht haben, unabhängig von irgendeiner Invalidität oder einer Behinderung, und daß das Schulsystem auf alle Probleme eingehen muß, die die Lernfähigkeit eines Kindes beeinträchtigen. Schulpsychologen und speziell ausgebildete Lehrer, die an der Durchsetzung dieses Gesetzes mitwirkten, haben als erste das, was wir jetzt EQ nennen, mit akademischer Leistung und schulischem Erfolg in Verbindung gebracht. Ihren Bemühungen verdanken wir heute eine Vielfalt an Techniken und Tausende von Programmen, die für Kinder mit besonderen Bedürfnissen entwickelt wurden. Viele dieser Techniken lassen sich auch zu Hause auf Ihr Kind anwenden.

EQ versus IQ

Die Sozialwissenschaftler streiten immer noch, woraus genau sich der IQ zusammensetzt. Doch die meisten stimmen darin überein, daß man ihn durch standardisierte Tests ermitteln kann, etwa durch den Wechsler-Intelligenz-Test, der sowohl verbale wie nonverbale Fähigkeiten mißt, darunter Erinnerungsvermögen, Vokabular, Verständnis, Problemlösung, abstraktes Denken, Aufnahmefähigkeit, Informationsverarbeitung und visuell-motorische Fähigkeiten. Der sich daraus ableitende «allgemeine Intelligenzfaktor», IQ genannt, wird als äußerst stabil erachtet, wenn ein Kind das Alter von sechs Jahren erreicht hat.

Die Bedeutung des EQ ist verschwommener. Salovey und Mayer definierten emotionale Intelligenz zuerst als «eine Teilmenge der sozialen Intelligenz, die die Fähigkeit einschließt, eigene Gefühle und Emotionen und die anderer zu kontrollieren, zwischen ihnen zu unterscheiden und diese Information zu benutzen, um das eigene Denken und die eigenen Handlungen zu lenken». Sie widersetzen sich dem Gebrauch des Begriffs «EQ» als Synonym für «emotionale Intelligenz», da sie fürchten, daß einige Menschen zu dem falschen Schluß kommen, man könne den EQ mit einem genauen Testverfahren messen oder EQ sei überhaupt ein meßbares Konstrukt. Tatsache ist, daß der EQ ein sinnvolles Konzept darstellt, auch wenn er vielleicht niemals gemessen werden kann.

Zwar lassen sich die meisten Persönlichkeits- und Charakterzüge, etwa Freundlichkeit, Selbstvertrauen oder Respekt gegenüber andern, nicht so einfach messen. Aber wir können sie in Kindern erkennen und uns über ihre Bedeutung einig sein. Die Popularität und Medienaufmerksamkeit, die Golemans Buch zuteil wurden, beweisen, daß die Menschen intuitiv die Bedeutung der emotionalen Intelligenz verstehen und den EQ als ein abgekürztes Synonym dafür begreifen, ähnlich wie sie den IQ als Synonym für kognitive Intelligenz anerkennen.

EQ-Fähigkeiten sind nicht das Gegenteil von IQ oder von kognitiven Fähigkeiten, vielmehr interagieren beide Intelligenzen dynamisch miteinander, sowohl auf einer begrifflichen Ebene als auch im wirklichen Leben. Idealerweise verfügen bedeutende Persönlichkeiten über herausragende kognitive und über ebensolche soziale und emotionale Fähigkeiten. Dem Politikwissenschaftler James David Barber von der Duke University zufolge war Thomas Jefferson eine nahezu perfekte Mischung aus Persönlichkeit und Intellekt. Er war als großer und einfühlsamer Kommunikator ebenso bekannt wie als Genie. Bei anderen scheint ein hoher EQ ausreichend gewesen zu sein. Viele Menschen betrachten zum Beispiel Franklin Delano Roosevelts dynamische Persönlichkeit und seinen ungezügelten Optimismus als einen der wichtigsten

Faktoren bei der Führung des Landes durch die Wirtschaftskrise und den Zweiten Weltkrieg. Oliver Wendell Holmes beschrieb Roosevelt als einen Mann mit «einem zweitklassigen Intellekt, aber erstklassigem Temperament». Das gleiche wurde über John F. Kennedy gesagt, der nach Ansicht vieler Historiker die Nation ebenso mit dem Herzen wie mit dem Kopf führte.

Vielleicht liegt die wichtigste Unterscheidung zwischen IQ und EQ darin, daß der EQ genetisch viel weniger festgelegt ist und Eltern und Erziehern eine Gelegenheit bietet, dort einzugreifen, wo die Natur sich bei der Anlage der Erfolgschancen eines Kindes zurückgehalten hat.

Hoher IQ, niedriger EQ

In der zweiten Hälfte des 20. Jahrhunderts erleben wir ein noch nie dagewesenes Interesse am Wohlergehen der Kinder. Wir Eltern erkennen mittlerweile, daß unsere alltäglichen Interaktionen einen tiefen Einfluß auf das Leben unserer Kinder haben. Die meisten von uns versuchen, ihnen Gelegenheiten zu bieten, ihren Horizont zu erweitern. Wir gehen davon aus, daß wir ihre Erfolgschancen steigern, indem wir sie klüger machen. Schon wenn unsere Kinder erst wenige Tage alt sind, fangen wir an, ihnen die Welt zu erklären; wir lesen ihnen vor, wenn sie erst ein paar Monate alt sind, und nicht selten sieht man Kinder schon vor einer Computertastatur sitzen, bevor sie in ganzen Sätzen sprechen können.

Neuesten Untersuchungen ist zu entnehmen, daß wir beispiellose Mühen unternehmen, um unsere Kinder schlauer zu machen, oder daß wir sie zumindest so weit gebracht haben, daß sie bei den standardisierten IQ-Tests besser abschneiden. James R. Flynn zufolge, einem Politikwissenschaftler an der University of Otago in Neuseeland, ist der IQ um über 20 Punkte gestiegen, seit er Anfang des Jahrhunderts zum erstenmal gemessen wurde. Diese Erkenntnis steht in Widerspruch zu unserem Wissen über die Evolution. Wenngleich die genauen Gründe für diesen Anstieg (inzwischen als Flynn-Effekt bekannt) nicht klar sind und dieser zu einem gewissen Grad auf die bessere Vorsorge bei Neugeborenen und auf das allgemeine Gesundheitsbewußtsein zurückzuführen ist, erklärt Flynn, daß zumindest ein Teil dieses Anstiegs Folge veränderten Elternverhaltens seit dem Zweiten Weltkrieg sei.

Doch während offenbar jede Kindergeneration klüger wird, scheinen die emotionalen und sozialen Fähigkeiten stark abzunehmen. Wenn wir den EQ an geistiger Gesundheit und anderen soziologischen Statistiken ablesen, erkennen wir, daß die heutigen Kinder in vielerlei Hinsicht schlechter dran sind als die früherer Generationen. Der Children's Defense Fund, eine gemeinnützige Anwaltsgruppe für Kinder, veröffentlichte folgendes Profil eines Tages im Leben amerikanischer Jugendlicher. An jedem Tag

- sterben drei Kinder und Jugendliche unter 25 an einer HIV-Infektion, 25 werden neu infiziert;
- begehen sechs Kinder Selbstmord;
- werden 342 Kinder unter 18 Jahren wegen Gewaltverbrechen festgenommen;
- verlassen 2833 Kinder vorzeitig die Schule;
- werden 6042 Kinder verhaftet;
- nehmen 135000 Kinder Pistolen mit in die Schule.

Diese Statistik basiert auf Fakten, aber die Statistik über die emotionalen Probleme von Kindern, die möglicherweise erst in vielen Jahren sichtbar werden, ist genauso beunruhigend. In seinem Buch *The Optimistic Child* berichtet der Psychologe Martin Seligman über eine, wie er es nennt, «Epidemie der Depression», die bei Kindern und Jugendlichen in den letzten 50 Jahren fast um das Zehnfache angestiegen sei und bereits in einem früheren Alter einsetze. Die National Mental Health Association schätzt, daß fast sieben Prozent der amerikanischen Kinder ein auffälliges psychisches Problem haben, nur jedes fünfte dieser Kinder aber eine Behandlung erhält.

Ein anderer Blick auf die Kindererziehung

Viele Sozialwissenschaftler glauben, daß man die Probleme heutiger Kinder auf die komplexen Veränderungen der Sozialstruktur zurückführen kann, die sich in den letzten 40 Jahren ergeben haben. Hierzu gehören gestiegene Scheidungsraten, der um sich greifende und negative Einfluß des Fernsehens und anderer Medien, der Mangel an Respekt gegenüber Schulen als Quelle der Autorität und die geringere Zeit, die Eltern mit ihren Kindern verbringen. Akzeptiert man für einen Augenblick, daß die gesellschaftlichen Veränderungen unvermeidlich sind, stellt sich die Frage, wie man Kinder zu glücklichen, gesunden und leistungsfähigen Menschen erzieht.

Die Antwort überrascht Sie vielleicht: Sie müssen die Art verändern, wie sich der Verstand Ihres Kindes entwickelt.

Die Neuroanatomie der Emotionen

Wollen wir begreifen, wie neue Erkenntnisse über emotionale Intelligenz unser Elternverhalten beeinflussen, müssen wir zuerst einen Schnellkurs in der Neuroanatomie der Emotionen machen.

Wissenschaftler sprechen oft vom «denkenden» Bereich des Gehirns, der Hirnrinde (Kortex, manchmal auch Neokortex genannt), *im Gegensatz* zum «emotionalen» Bereich des Gehirns, dem limbischen System. Tatsächlich wird die emotionale Intelligenz aber durch die *Beziehung* zwischen diesen beiden Bereichen definiert.

Die Hirnrinde ist eine ungefähr drei Millimeter dicke, gefaltete Gewebeschicht, die die großen Hirnhälften umgibt. Während die Hirnhälften die meisten elementaren Körperfunktionen kontrollieren – wie Muskelbewegungen und Wahrnehmung –, läßt die Hirnrinde uns die Bedeutung dessen erkennen, was wir sehen und tun.

Der Kortex, die «denkende Mütze des Gehirns», hat uns auf die oberste Sprosse der evolutionären Leiter gestellt. Wenngleich Säugetiere wie Katzen, Hunde und Mäuse ebenfalls eine Hirnrinde besitzen und aus Erfahrung lernen, kommunizieren und einfache Entscheidungen treffen, hat ihre Hirnrinde im Vergleich zu unserer nur eine minimale Aufgabe. Diese Tiere können nicht planen, abstrakt denken oder sich Sorgen um die Zukunft machen.

Da unsere große Hirnrinde das Kennzeichen ist, das die Menschen am deutlichsten charakterisiert, ist dieser Teil des Gehirns am gründlichsten erforscht worden. Die Ärztegemeinschaft erfuhr vor allem dann etwas über das menschliche Gehirn, wenn ein Exemplar durch Verletzung oder Krankheit beschädigt wurde. Die Hirnrinde hat vier Lappen. Wird ein bestimmter Lappen beschädigt, ergibt sich daraus ein bestimmtes Problem. Beispielsweise enthält der Lappen am Hinterkopf den wesentlichen visuellen Bereich des Gehirns. Eine Verwundung dieses Bereiches kann einen Teil des Sichtfeldes einer Person auslöschen und je nach Ausmaß der Verletzung sogar zur Erblindung führen. Eine Beschädigung des Schläfenlappens, der direkt hinter dem Ohr liegt, kann dagegen das Langzeitgedächtnis beeinträchtigen. Das Verständnis der Hirnrinde und ihrer Entwicklung hilft uns zu begreifen, warum einige Kinder begabt und andere in ihrer Aufnahmefähigkeit behindert sind, warum einige Kinder Außergewöhnliches in der Geometrie leisten, während andere dieses Wort kaum buchstabieren können.

Die Hirnrinde gilt als Denkbereich des Gehirns, gleichzeitig spielt sie aber eine bedeutende Rolle beim Verständnis unserer Emotionen. Sie erlaubt es uns, *Gefühle über unsere Gefühle* zu empfinden. Durch sie können wir erkennen und analysieren, warum wir auf eine bestimmte Weise fühlen, und dann entsprechend handeln.

Betrachten wir das Beispiel von Phyllis. Sechs beliebte Mädchen ihrer Schule kamen beim Mittagessen an ihren Tisch und setzten sich zu ihr. Für Phyllis war das eine ungewöhnliche Situation, weil die meisten dieser Mädchen noch nie zuvor auch nur ein Wort mit ihr gewechselt, geschweige denn mit ihr zu Mittag gegessen hatten. Sie sprachen über das, was Elfjährige üblicherweise interessiert – neue Kleider, Jungen, Fernsehsendungen –, und Phyllis hörte einfach nur zu. Dann wandte sich Nance, eine der Dreisteren, zu ihr und sagte: «Phyllis, wir haben gestern darüber gesprochen, wer wohl in unserer Klasse von allen Mädchen die häßlichste ist. Was meinst du?»

Phyllis sah sich langsam in der Cafeteria um. Sie wollte eine besonders gute Antwort geben. Ihr Blick fiel auf Rosa. Rosa hatte strähnige rote Haare, die immer ungekämmt waren, außerdem eine lange, spitze Nase und ein dünnes Gesicht, und ihre Zähne standen vor, so daß sie wie ein Kaninchen aussah.

«Ich glaube, Rosa», sagte Phyllis eine Spur zu eifrig zu den anderen, «sie sieht doch furchtbar aus, oder nicht?»

«Neeeiiin», entgegnete Nance. «Wir sind zu einem anderen Ergebnis gekommen. Wir fanden, daß *du* es bist; du bist die Häßlichste.» Sie sagte das so beiläufig, als ob sie eine Bemerkung über das Wetter machte.

Phyllis spürte, wie sich ihr der Magen umdrehte, als hätte jemand ihr Inneres gepackt und verknotet. Das Blut wich ihr aus dem Gesicht, und einen Augenblick lang glaubte sie, sich übergeben zu müssen. Aber dieser Augenblick verging. «Das war also nur ein Trick», sagte sie sich, «nur ein Trick, damit ich mich schlecht fühle.» Daraufhin fühlte sie, daß Wut an die Stelle der Übelkeit trat. Sie spürte die Anspannung in den Oberarmen und bemerkte, daß sie die Hände zu Fäusten ballte.

Sie sah von ihrem Teller auf. Die Mädchen hatten ihr Gespräch zwar wiederaufgenommen, behielten sie aber im Auge, um ihre Reaktion zu beobachten. Phyllis sah Nance an und sagte mit so viel Selbstsicherheit, wie sie aufbringen konnte: «Ich schätze, jeder macht mal einen Fehler», hob ihr Tablett auf und ging.

Phyllis' Hirnrinde, der Teil ihres Gehirns, der ihr Einsichten vermittelt, half ihr, die Situation und ihre Reaktion darauf zu analysieren. Ihre treffende Antwort und die Entscheidung, mit Würde zu gehen, geben einen Hinweis auf den Sieg ihres denkenden Gehirns über ihr emotionales Gehirn. Ihre Fähigkeit, ihre Reaktion zu kontrollieren und zu erkennen, daß sie hereingelegt worden war und ihr Gesicht wahren mußte, bedeutet, daß dieser Vorfall für sie nicht peinlich war. Er würde bald vergessen sein und kein Trauma werden, das dauerhafte Wunden hinterließe.

Die emotionalen und denkenden Teile des Gehirns erfüllen oft unterschiedliche Aufgaben bei der Festlegung unseres Verhaltens, und doch sind sie voneinander abhängig. Der emotionale Teil des Gehirns reagiert schneller und mit mehr Kraft. Er warnt uns, wenn unsere Kinder in Gefahr sind, bevor wir genau wissen, worin die Gefahr besteht. Die Hirnrinde, besonders die Stirnlappen, kann andererseits als Dämpfer agieren, bevor wir rein emotional auf eine Situation reagieren. Bei Phyllis' Begegnung mit den Mitschülerinnen, die ihr einen grausamen Streich spielten, konnte sie einen Schritt zurücktreten, das Geschehene betrachten und so ihren Zorn über die Demütigung unter Kontrolle halten.

Vor nicht langer Zeit glaubten Neurochirurgen, Geisteskrankheiten behandeln zu können, indem sie einen Teil der Hirnrinde eines Menschen chirurgisch entfernten. Ihnen war nicht klar, auf welch subtile Weise das denkende und das emotionale Gehirn koexistieren. Laut Judith Hooper und Dick Teresi, den Autoren von *The 3-Pound Universe*, wurden allein in den vierziger und fünfziger Jahren in den USA über 40 000 Lobotomien der Stirnlappen vorgenommen, um Aggression und hyperemotionale Zustände zu behandeln. Aber in vielen Fällen führten das Bohren in die vordere Hirnrinde eines Patienten mit einem chirurgischen Pickel und Hammer und das Abtrennen von Nervenfasern vom restlichen Gehirn nur dazu, daß die Patienten zu emotionalen Zombies wurden. «Ohne eine intakte Stirnrinde», schreiben die Autoren, «mag ein Mensch auf den ersten Blick normal erscheinen, aber wenn man eine gewisse Zeit mit ihm verbringt, bemerkt man, daß er emotional leer, zerstreut, unruhig, apathisch und im sozialen Miteinander so unsensibel ist, daß er bei Dinnerpartys womöglich ungeniert rülpst.»

Das limbische System, das häufig als der emotionale Teil des Gehirns eingestuft wird, liegt tief in den Gehirnhälften, und seine Hauptaufgabe besteht darin, unsere Emotionen und Impulse zu regulieren. Zum limbischen System gehören unter anderem der Hippocampus, in dem das emotionale Lernen stattfindet und emotionale Erinnerungen aufbewahrt werden, und der Mandelkern (Amygdala), der für das emotionale Kontrollzentrum des Gehirns gehalten wird.

Zwar konnten Neurologen den spezifischen Gehirnteilen spezifische emotionale Aufgaben zuordnen, jedoch wird die emotionale Intelligenz in Wirklichkeit durch das Zusammenspiel verschiedener Teile definiert. Stellen wir uns beispielsweise einmal vor, daß wir abends zu Hause sind und eben zu Bett gehen wollen, als es plötzlich an der Tür klingelt. Sofort steigt unser Adrenalinspiegel und warnt den Mandelkern, auf mögliche Gefahren gefaßt zu sein. Vorsichtig öffnen wir die Tür. Unser Lieblingsschauspieler (oder -schriftsteller, -politiker, -sportler) steht vor uns und erklärt, daß er/sie eine Reifenpanne vor unserem Haus habe und unsere Hilfe brauche. Unser Hippocampus würde diese Person als jemand Aufregendes erkennen und den Mandelkern veranlassen, die entsprechende Mischung aus Überraschung, Entzücken, Ehrfurcht und vielleicht Begierde zu produzieren. Die Hirnrinde aber erinnert uns daran, daß dieses Objekt unserer Zuneigung einen Namen und einen Grund für seine Anwesenheit hat – und zwar nicht den, daß er/sie uns besuchen will. Die Hirnrinde veranlaßt uns auch, etwas zu sagen, das nicht allzu dumm klingt. Oder sie würde uns – mit einem Gedanken an die Zukunft – die Idee einflüstern, um ein Autogramm zu bitten oder ein gemeinsames Foto mit unserem neuen Freund zu machen.

Die dritte Komponente des neurologischen Systems, die sich auf die emotionale Intelligenz bezieht, ist in vielerlei Hinsicht die interessanteste, denn sie betrifft den Weg, auf dem Emotionen biochemisch in verschiedene Körperteile geschickt werden. In diesem Bereich wird bahnbrechende Forschung geleistet. In den letzten 15 Jahren konnten Wissenschaftler die Reihen der Neuropeptide genannten Aminosäuren entschlüsseln, die man für die biochemischen Entsprechungen der Emotionen hält. Die Neuropeptide lagern im emotionalen Teil des Gehirns und werden durch den Körper geschickt, wenn man emotional reagiert. Sie erklären dem Körper, wie er wiederum reagieren soll. Diese chemischen Gehirnstoffe, auch Neurotransmitter genannt, ließen Phyllis Übelkeit spüren, als Nance und ihre Freundinnen sie beleidigten. Und während des angenommenen Besuchs der berühmten Persönlichkeit wären dieselben Neurotransmitter für die Trockenheit in unserem Mund verantwortlich, für unser gerötetes Gesicht und das durch die Aufregung hervorgerufene Bauchkribbeln. Mit jeder emotionalen Reaktion sendet das Gehirn diese chemischen Stoffe an ein komplexes Rezeptorensystem, das sich durch den ganzen Körper zieht. Wie wir in Kapitel 23 sehen werden, können dieselben Neuropeptide neben ihrer Funktion als emotionale Botschafter auch den Körper Ihres Kindes vor Viren und sogar vor lebensbedrohlichen Krankheiten schützen.

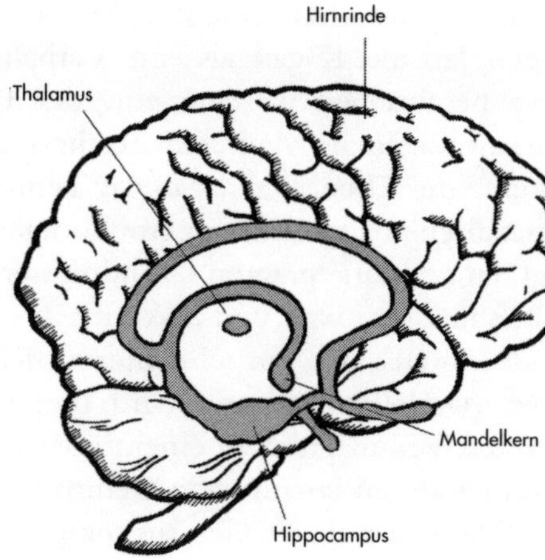

Die Hirnrinde ist der denkende Teil des Gehirns. Sie hilft durch Problemlösungs-, sprachliche, bildhafte und andere kognitive Prozesse, die Gefühle zu kontrollieren. Das limbische System gilt als der emotionale Teil des Gehirns und umfaßt den Thalamus, der Botschaften an die Hirnrinde leitet, den Hippocampus, von dem man annimmt, er spiele für das Gedächtnis eine Rolle und ordne unseren Wahrnehmungen einen Sinn zu, und den Mandelkern, das emotionale Kontrollzentrum.

Neuroanatomie und elterliche Verantwortung

Inwiefern betrifft dies alles unser Verhalten als Eltern? Werfen wir zum besseren Verständnis einen Blick auf zwei Klassenkameraden, Matthew und Micky, beide sechs Jahre alt. Matthew ist schüchtern und zurückhaltend. Er kommt fast täglich weinend von der Schule heim. Seine Mutter sagt über ihn, er fürchte sich vor seinem eigenen Schatten und sei seit seiner Geburt so. Micky hingegen redet viel und macht einen liebenswerten Eindruck. Während seine Lehrer ihn als eine geborene Führungspersönlichkeit beschreiben, behaupten seine Eltern, daß er nicht als solche auf die Welt gekommen sei. Tatsächlich erinnert ihre Beschreibung von ihm als Baby und Kleinkind an Matthew. Matthew weinte immer, wenn er bei einem Babysitter bleiben mußte, mochte keine fremden Menschen oder Orte und saß beobachtend am Rand des Spielplatzes, während die anderen Kinder herumtobten.

Als Kleinkinder würden Matthew und Micky von dem Harvard-Psychologen Jerome Kagan als «im Verhalten gehemmt» oder schüchtern beschrieben werden, eine der vier Temperamentsarten, die laut Kagan die Menschen bei ihrer Geburt charakterisieren. Er stellte die Theorie auf, daß das Temperament eines Kindes einer spezifischen angeborenen emotionellen Gehirnwindung entspringt, einem vorgeprägten Grundmuster für sein emotionales Verhalten in Gegenwart und Zukunft.

Kagan geht davon aus, daß ein schüchternes Kind mit einem leicht erregbaren Mandelkern geboren wird, möglicherweise wegen einer vererbten Veranlagung zu einem überhöhten Pegel an Noradrenalin und anderen chemischen Gehirnstoffen, die dieses Kontrollzentrum des emotionalen Gehirns anregen. Während jahrelanger Forschungen fand er heraus, daß zwei Drittel der Kinder, die schüchtern geboren werden, sich wie Matthew entwickeln: scheu, zurückhaltend und wahrscheinlich als Erwachsene ängstlich, phobisch und sozial gehemmt. Diese Kinder entwickeln offensichtlich keine Nervenbahnen zwischen dem Mandelkern und der Hirnrinde. Mit ihrer Hilfe würde der denkende Teil des Gehirns das emotionale Gehirn dazu bringen, sich zu beruhigen.

Ungefähr ein Drittel der Kinder, die Kagan untersuchte, schienen ihre übererregbare Emotionalität in den Griff bekommen zu haben. Wie Micky konnten sie im Kindergartenalter aus sich herausgehen und Kontakte schließen wie jedes andere Kind. Der Unterschied war, daß ihre Eltern seit ihrem Kleinkindalter anders auf ihre Schüchternheit reagierten. Dieser Unterschied, so behauptet Kagan, habe *buchstäblich die Entwicklung ihrer Gehirne verändert.*

Die Mütter der schüchtern gebliebenen Kinder hatten eine protektive Einstellung gegenüber den Kleinkindern; sie beschützten sie vor allem, was sie aus der Fassung bringen könnte, und trösteten sie, wann immer sie weinten. Auf der anderen Seite waren die Mütter, deren Kinder ihre Scheu verloren hatten, der Meinung, daß die Kinder lernen sollten, mit Irritationen umzugehen. Sie zeigten sich mitfühlend, ohne jedoch ihr Weinen und ihre Ängste zu verstärken. Vielmehr setzten sie feste Grenzen und bestanden auf Gehorsam. Kagan stellte die Hypothese auf, daß die Neurochemie der Kinder, die ihre Schüchternheit überwanden, sich verändert hatte, weil ihre Eltern sie dauernd neuen Hindernissen und

Herausforderungen ausgesetzt hatten, während die der nicht geforderten Kinder gleichblieb und sie so weiterhin emotional überreagierten.

Gegen den Strom schwimmen

Kagans Studie und ähnliche zeigen, daß unsere Kinder zwar mit speziellen emotionalen Veranlagungen geboren werden, ihre Gehirnwindungen jedoch zumindest einen gewissen Grad an Formbarkeit aufweisen. Sie können neue emotionale und soziale Fähigkeiten erlernen, die neue Nervenbahnen und anpassungsfähigere biochemische Strukturen erschaffen. Um diese Veränderungen zu bewirken, muß man jedoch möglicherweise seine elterlichen Regungen ignorieren und den eigenen Gewohnheiten oder dem üblichen Lebensstil zuwiderhandeln. Im folgenden finden Sie einige Beispiele, wie Eltern, Lehrer und Psychologen lernen können, ihre intuitiven Reaktionen in Frage zu stellen:

- Viele Psychologen empfehlen, daß man Kindern helfen solle, über ihre Gefühle zu sprechen, als eine Möglichkeit, die Gefühle anderer zu verstehen. Aber Worte sind nur zu einem kleinen Teil (weniger als zehn Prozent) für das Gelingen emotionaler Kommunikation zuständig. Die Menschen interpretieren emotionale Botschaften mit einem viel einfacheren Teil ihres Gehirns, und wie wir in Kapitel 21 sehen werden, verstehen Kinder ihre Emotionen und die anderer viel besser, wenn man ihnen die Bedeutung von Körperhaltung, Gesichtsausdruck, Tonfall und anderen Formen der Körpersprache beibringt.
- Traumatisierte Kinder werden in der Regel als extrem verwundbar behandelt. Man gibt ihnen Zeit, mit ihren Gefühlen in einer unterstützenden und liebevollen Umgebung klarzukommen. Neueste Ergebnisse in der kognitiven und Verhaltenspsychologie deuten aber darauf hin, daß ein direkterer Ansatz psychologische Symptome wie Alpträume und Angstreaktionen effizienter verhindert. Er besteht darin, den Betroffenen für die Wirkung des Traumas zu desensibilisieren, wozu

auch die Stimulierung beruhigender Zentren im Gehirn gehört. Diese Technik wird in Kapitel 23 diskutiert.

- Das Selbstwertgefühl eines Kindes durch häufiges Lob und Verstärkung zu entwickeln, wie es über 25 Jahre lang von den Anhängern der humanistischen Psychologie empfohlen wurde, kann tatsächlich mehr schaden als Gutes tun. Wie wir in Kapitel 7 sehen werden, ist es nur dann sinnvoll, Kindern ein gutes Selbstgefühl verstärkt zu vermitteln, wenn dieses Gefühl an spezifische Leistungen und die Beherrschung neuer Fertigkeiten gekoppelt ist.
- Streß gilt als negative Begleiterscheinung unserer hektischen technologischen Gesellschaft, als natürlicher Feind der Kindheit. Aber Kinder vor Streß zu schützen ist vielleicht das Schlimmste, was wir tun können. Wie wir an Kagans Untersuchungen über schüchterne Kinder gesehen haben (in Kapitel 18 gehe ich darauf ein, daß man Kindern Ausdauer beibringen soll), führt das Lernen, wie man mit den Schwierigkeiten des Lebens umgeht, bei Kindern dazu, daß sie neue Nervenbahnen entwickeln, die sie anpassungsfähiger und einfallsreicher machen.

Ein entwicklungsbezogenes Verständnis des EQ

Die Entwicklung des Gehirns können wir daran beobachten, daß unsere Kinder sich physisch, kognitiv und emotional verändern, während sie älter werden. Die neurologische Entwicklung unserer Kleinen schafft ein Zeitfenster, in dem ihre spezifischen Entwicklungsschritte vorprogrammiert sind. Gewöhnlich ist uns der Zeitablauf in der körperlichen Entwicklung unserer Kinder sehr bewußt: Eifrig nehmen wir zur Kenntnis, wie sie im Alter von sechs Monaten lernen, sich zu setzen, zwischen zwölf und 18 Monaten laufen und zwischen zweieinhalb und drei Jahren selbständig aufs Töpfchen gehen. Wenn sie diese physischen Meilensteine um wenige Monate innerhalb der erwarteten Zeitspanne verpassen, sind wir besorgt und suchen eventuell sogar einen Kinderarzt auf.

Ähnlich sind wir uns der Hauptetappen in der kognitiven Entwicklung unserer Kinder bewußt. Die meisten Kleinkinder beherrschen mit ungefähr 18 Monaten ein paar Wörter und sprechen im Alter von zwei Jahren einfache Sätze. Vorschulkinder lernen Buchstaben und Zahlen, und wenn sie sieben sind, können Kinder einfache Sätze lesen und einfache Plus- und Minusaufgaben lösen. Zwischen acht und neun entwickeln sie die Fähigkeit, das gefürchtete Einmaleins auswendig zu lernen, aber Geometrie und Algebra gehören in die Sekundarstufe, weil die Fähigkeit der meisten Kinder, abstrakt zu denken, sich normalerweise erst zwischen elf und 13 entwickelt.

Weniger im klaren sind wir uns über die Entwicklungsstufen der Emotionalität, denen das Hauptinteresse dieses Buches gilt. Jede EQ-Fähigkeit, die wir untersuchen werden, hat ihre eigene Entwicklungszeit, und wenngleich sie größeren Schwankungen als die körperliche oder kognitive Entwicklung unterliegt, läßt sie sich doch genauso vorhersagen.

Daß wir die Veränderungen in der emotionalen Entwicklung unserer Kinder häufig nicht in der gleichen Weise erwarten, wie wir nach Veränderungen in ihrer körperlichen und kognitiven Entwicklung Ausschau halten, kann zu vielen vermeidbaren Problemen beitragen.

Betrachten wir zum Beispiel noch einmal Miß Ansels Vorschulklasse. Sie werden sich erinnern, daß die Vierjährigen trotz ihres wiederholten Scheiterns weiterhin optimistisch und zuversichtlich glaubten, sie könnten eine Kugel auf einer sich nach oben bewegenden Ebene balancieren. Wie wir in Kapitel 17 sehen werden, sind Kinder in ihrer Entwicklung so vorprogrammiert, daß sie blind auf ihre Fähigkeiten vertrauen, bis sie mindestens sieben Jahre alt sind. Denn bis zu diesem Alter unterscheiden sie nicht zwischen Bemühung und Fähigkeit, und solange sie etwas versuchen, glauben die meisten auch, daß sie es irgendwann schaffen werden. Wenn sie dann in die dritte Klasse kommen, ermöglicht ihnen ihre kognitive Reife, realistischer einzuschätzen, was sie können und was nicht. Sie erkennen allmählich, daß einige Kinder fähiger und andere Kinder weniger fähig sind als sie und daß sie sich mehr anstrengen müssen, wenn sie ebenso erfolgreich sein wollen wie ihre begabteren Mitschüler.

Die Erkenntnis, daß Anstrengung Fähigkeit kompensieren kann, wird für ein Kind zwischen acht und zwölf zu einem entscheidenden Faktor. Oft ist das einer der zentralen Momente in der Erziehung, der mitentscheidet, wie gut Kinder eine schwierige Situation durchzustehen lernen. Wenn wir diesen Entwicklungsschritt antizipieren und ab ihrem Schuleintritt die Anstrengungen unserer Kinder mehr belohnen als ihre Leistungen, werden sie sich wahrscheinlich gute Lerngewohnheiten und andere arbeitsbezogene Fähigkeiten aneignen.

Wie Ihnen dieses Buch helfen kann

Auch wenn allgemein anerkannt ist, wie wichtig es ist, Kindern EQ-Fähigkeiten zu vermitteln, wird in diesem Buch erstmals die Entwicklung dieser Fähigkeiten in der Kindheit systematisch untersucht und erklärt, was man in der Praxis tun kann, um Kindern einen höheren Grad an sozialer und emotionaler Intelligenz zu vermitteln. Im Gegensatz zu vielen anderen an Eltern gerichteten Büchern geht es hier nicht nur um meine Meinung als Psychologe. Bei der Beantwortung der Frage, was Ihrem Kind helfen könnte, stütze ich mich vielmehr auf landesweit an Universitäten, Krankenhäusern und Kliniken erzielte Forschungserkenntnisse. Zwar stammen diese aus so unterschiedlichen Bereichen wie Neuroanatomie, sozialer Anthropologie, Pädagogik und Entwicklungspsychologie, doch sind die Ergebnisse insgesamt eindeutig: EQ-Fähigkeiten wie zwischenmenschliche Problemlösung, Ausdauer, Freundschaftlichkeit und Empathie sind erlernbar, und sie beeinflussen die zukünftige Lebensqualität Ihres Kindes.

Ich habe die Bestandteile der emotionalen Intelligenz in sechs Bereiche aufgeteilt: Fähigkeiten im Zusammenhang mit moralischem Verhalten, Denken, Problemlösung, soziale Interaktion, universitärer und beruflicher Erfolg und Emotionen. Jeder allgemeine Bereich ist dann in spezifische EQ-Fähigkeiten unterteilt – wie Motivation, Schließen von Freundschaften, Empathie, realistisches Denken und so weiter. Wenn Sie dieses Buch gelesen haben, werden Sie einen deutlichen Eindruck vom EQ Ihres Kindes haben und wissen, wie Sie ihm bei seiner Entwicklung helfen können.

«Gut-genug-Eltern»

Sie finden hier viele Anregungen, was Sie mit Ihrem Kind anders machen könnten – vielleicht zu viele. Meine Absicht ist nicht, Ihnen den Eindruck zu vermitteln, daß Sie alles falsch machen, auch will ich Sie nicht mit einer idealisierten Art der Kindererziehung belasten. Vielmehr gehe ich davon aus, daß Sie dieses Buch als betroffener Elternteil lesen, das entnehmen, was Ihnen relevant erscheint und vielleicht ein paar Dinge bei der Erziehung Ihrer Kinder ändern.

Es gibt keine perfekten Eltern. Viele Psychologen benutzen den Begriff «Gut-genug-Eltern» für solche Eltern, die ihre Kinder ausreichend mit Bausteinen für soziales und emotionales Wachstum ausrüsten und ihnen Gelegenheiten geben, sich auch außerhalb der Familie weiterzuentwickeln.

Eine andere wichtige Perspektive gilt es noch zu bedenken: Schon eine einzige Veränderung kann eine tiefe Wirkung auf das Leben Ihres Kindes haben. In einem Buch dieser Art ist es leichter, über EQ-Fähigkeiten zu sprechen, als wären sie einzeln und unverbunden, so als würde man Rollerskate- oder Fahrradfahren lernen. Aber in Wirklichkeit ist das ganz und gar nicht der Fall. Fast alle EQ-Fähigkeiten, die ich darstelle, sind miteinander verbunden. Lehrt man sein Kind die eine Fähigkeit, wird dies auch eine Veränderung auf anderen EQ-Gebieten nach sich ziehen. Zum Beispiel erörtere ich in Teil VI die EQ-Fähigkeiten, die für schulische Leistungen wichtig sind, und schlage kooperative Tätigkeiten vor, um den Erfolgsdruck von den Kindern zu nehmen. Wenn man Kindern kooperative Fähigkeiten vermittelt, kann man ihnen aber gleichzeitig auch dabei helfen, ihre Aggressionen zu kontrollieren und besser mit Autoritäten umzugehen. Dieselben kooperativen Fähigkeiten sind auch für die Entwicklung von Freundschaften sehr nützlich. Mit anderen Worten: Die Beschäftigung mit nur einem Aspekt der emotionalen Intelligenz bei Ihnen zu Hause wird einen Schneeballeffekt haben. Haben Sie erst einmal angefangen, werden sich die Dinge immer weiter zum Besseren verändern.

KAPITEL 2

Eltern mit hohem EQ

Forscher, die elterliche Reaktionen auf Kinder untersuchten, haben drei allgemeine Erziehungsstile ermittelt: autoritär, permissiv und autoritativ. Autoritäre Eltern legen strenge Regeln fest und erwarten, daß diese befolgt werden. Sie glauben, man solle Kinder «auf ihren Platz verweisen», und legen keinen Wert darauf, daß ihre Kinder eine eigene Meinung äußern. Autoritäre Eltern streben eine Familienführung an, die sich auf Hierarchie und Tradition gründet, auch wenn die Betonung von Ordnung und Kontrolle für das Kind häufig zu einer Last wird. In ihrem Buch *Raising A Responsible Child* schreibt Elizabeth Ellis: «Viele Untersuchungen weisen darauf hin, daß es Kindern aus autoritären und streng kontrollierenden Familien nicht so gut ergeht . . . Sie neigen dazu, unglücklich und verschlossen zu sein, und tun sich schwer damit, anderen zu vertrauen. Sie haben ein sehr viel geringeres Selbstwertgefühl (im Vergleich zu Kindern, die von weniger kontrollierenden Eltern erzogen werden).»

Permissive Eltern hingegen versuchen, möglichst viel zu akzeptieren und liebevoll zu unterstützen, neigen aber zu Passivität, wenn es darauf ankommt, Grenzen zu setzen. Sie stellen keine hohen Anforderungen, haben auch keine klaren Ziele für ihre Kinder, da sie davon ausgehen, daß Kinder sich gemäß ihrer natürlichen Neigungen entwickeln sollten.

Autoritativen Eltern schließlich gelingt es im Gegensatz zu den autoritären wie auch den permissiven Eltern, ein Gleichgewicht herzustellen zwischen deutlich aufgezeigten Grenzen und einer liebevollen familiären Umgebung. Sie leiten an, kontrollieren aber nicht; sie erklären ihre Handlungen und beziehen Kinder in wichtige Entscheidungen mit ein. Autoritative Eltern legen Wert auf die Unabhängigkeit ihrer Kinder, aber sie fordern von ihnen ein hohes Maß an Verantwortlichkeit gegenüber Familie, Gleichaltrigen und der Gemeinschaft ein. Von Abhängigkeit und babyhaftem Verhalten werden die Kinder schnell entwöhnt. Kompetenz wird gefördert und gelobt. Erwartungsgemäß ergeben Untersuchungen, daß der Stil autoritativer Eltern am ehesten dazu beiträgt, selbstbewußte, unabhängige, phantasievolle, anpassungsfähige und beliebte Kinder hervorzubringen – Kinder mit einem hohen Grad an emotionaler Intelligenz.

Diese groben Definitionen sind für Forschungszwecke zwar nützlich, in vielerlei Hinsicht aber zu einfach. In Wirklichkeit findet man nicht selten Familien, in denen ein Elternteil autoritär und der andere permissiv ist. Diese Eltern können sich in der Kindererziehung durchaus gegenseitig ausgleichen. In anderen Familien wiederum sind Eltern bei bestimmten Aspekten der Kindererziehung autoritativ, bei anderen zu permissiv. Man könnte sie eher zu nachsichtig als permissiv nennen, auch wenn laut Elizabeth Ellis unter dem Strich das gleiche herauskommt.

Eine bejahende Zuwendung entwickeln

Für Kinder zu sorgen und all ihren Launen nachzugeben sind zwei völlig verschiedene Dinge. Bejahende Zuwendung bedeutet, daß man sich ihnen emotional zuwendet und sie auf eine Art unterstützt, die für das Kind eindeutig erkennbar ist. Dieser Typ von Zuwendung erfordert mehr als ein Lob für ein gutes Prüfungsergebnis oder einen Gutenachtkuß. Er schließt Ihre aktive Teilnahme am emotionalen Leben Ihres Kindes mit ein. Wie wir sehen werden, gehört dazu, daß Sie in einer Weise mit Ihren kleineren Kindern spielen oder an den Aktivitäten Ihrer größeren Kinder teilnehmen, die sich nicht sehr von der unterscheidet, die Kinder bei professioneller Beratung erfahren.

Die Wissenschaft geht auch davon aus, daß eine offene und fürsorgliche Beziehung zu Ihrem Kind das Selbstbild, die Problemlösungsfähigkeit und möglicherweise sogar die Gesundheit Ihres Kindes langfristig positiv beeinflußt. Eine von den Psychologen Linda Russek und Gary Schwartz bei der Konferenz der American Psychosomatic Society im März 1996 vorgelegte Studie zeigt, wie wichtig eine positive Eltern-Kind-Beziehung für die Zukunft Ihrer Kinder sein kann. Diese Forscher berichteten von einer Langzeituntersuchung, die vor 35 Jahren begann: 87 ungefähr zwanzigjährige männliche Studenten des Harvard College wurden gebeten, eine schriftliche Beurteilung darüber abzugeben, wie fürsorglich und unterstützend ihre Eltern ihnen gegenüber waren.

35 Jahre später wurden dieselben Teilnehmer, nun alle Mittfünfziger, wieder befragt. Es stellte sich heraus, daß jene Teilnehmer, die ihre Eltern als sehr liebevoll beschrieben hatten, weniger ernsthafte Erkrankungen in ihren mittleren Jahren hatten – einschließlich Herzkrankheiten und Bluthochdruck –, und zwar unabhängig von den hauptsächlichen Risikofaktoren wie Familiengeschichte, Alter und Rauchen. Erwartungsgemäß waren die jungen Männer, die ihre Eltern als ungerecht empfunden hatten, in den mittleren Jahren zu Männern geworden, die häufiger ernsthaft erkrankten.

Untersuchungen wie diese heben die wichtige Rolle hervor, die uns Erwachsenen bei der geistigen und körperlichen Gesundheit unserer Kinder zukommt. Zunehmend gehen Kindertherapeuten dazu über, Eltern für die Teilnahme an Spieltherapien mit ihren Kindern zu motivieren, bei denen Akzeptanz und Achtung im Mittelpunkt stehen. In den sechziger Jahren entwickelte als erster Bernard Guerney, damals Professor an der Rutgers University, Techniken, die Eltern befähigten, als «Ersatztherapeuten» für ihre gestörten Kinder einzuspringen. Er war nämlich zu dem Schluß gekommen, daß viele Kinder nicht deshalb Probleme hatten, weil ihre Eltern bösartig oder gestört waren, sondern weil den Eltern die Fähigkeiten fehlten, eine positive Beziehung zu ihren Kindern aufzubauen.

In neuerer Zeit schlägt Russell Barkley, einer der in den USA führenden Experten im Bereich kindlicher Störungen, die durch Zuwendungsdefizite bedingt sind, in seinem Buch *Taking Charge of ADHD* vor, daß Eltern von «schwierigen» Kindern täglich 20 Minuten lang eine «spezielle Zeit» mit ihren Kindern verbringen sollten. Dadurch soll sichergestellt werden, daß die Kinder eine bejahende Zuwendung erhalten. Das ist besonders für Kinder mit Störungen wichtig, die durch Zuwendungsdefizite bedingt sind, für Kinder, die normalerweise zuviel negative Aufmerksamkeit und Kritik seitens der Lehrer, Gleichaltriger und Familienmitglieder erhalten.

Bei Kindern unter neun Jahren schlägt Barkley vor, daß die Eltern eine bestimmte Zeitdauer festlegen, in der sie mit ihrem Kind spielen. In dieser Zeit sollten die Eltern eine nicht wertende Atmosphäre des Interesses, der Begeisterung und Akzeptanz schaffen. Laut Barkley gehören zu den allgemeinen Prinzipien der «speziellen Zeit» folgende:

1. Loben Sie Ihr Kind (z. B. «Das ist aber ein großer Turm, den du da baust!»), aber seien Sie genau, ehrlich, und vermeiden Sie übertriebene Schmeichelei.
2. Zeigen Sie Ihr Interesse an dem, was Ihr Kind tut, indem Sie an der Aktivität teilnehmen, beschreiben, was Sie sehen, und über seine Gefühle, gleich welcher Art, Bemerkungen machen (z. B.: «Dir scheint der Ringkampf dieser beiden Burschen wirklich zu gefallen. Aber du siehst nicht wütend aus, es macht dir vermutlich einfach nur Spaß, wie sie ringen.»).
3. Stellen Sie keine Fragen, und geben Sie keine Anweisungen. Ihre Aufgabe besteht darin, zu beobachten und zu reflektieren, was Sie sehen, nicht zu kontrollieren oder anzuleiten.

Wenn Ihre Kinder im Alter von vier bis neun Jahren sind, versuchen Sie eine Spielzeit zu einer gleichbleibenden Zeit an mehreren Tagen in der Woche festzulegen, und sorgen Sie dafür, daß diese Zeit konsequent eingehalten wird. Für Kinder über neun Jahren wäre es schwierig, feste Zeiten mit Spielen vorherzuplanen; Sie sollten aber nach Gelegenheiten suchen, mit Ihren Kindern eine ähnliche, nicht wertende Zeit mit altersgemäßen Beschäftigungen zu verbringen.

Bejahende Disziplin

Nur wenigen Eltern fällt es schwer, die Prinzipien der bejahenden Zuwendung zu erlernen; bei der bejahenden Disziplin aber ist das anders. Mit bejahender Disziplin meine ich einfach, daß Sie überlegt, vorhersehbar und altersangemessen auf das Fehlverhalten Ihrer Kinder reagieren.

Was würden Sie in der folgenden Situation tun?

Die Verkäuferinnen in dem kleinen Juweliergeschäft waren wie die meisten Kunden wie versteinert. Mitten in dem Geschäft und zu einer Zeit, als die meiste Kundschaft da war, bekam ein fünfjähriger Junge einen Tobsuchtsanfall. Er schlug, trat um sich und schrie sich die Lunge aus dem Leib. Dabei befand er sich in gefährlicher Nähe zu einem Glasschrank mit wertvollem Schmuck. Seine Mutter, die offensichtlich ebensowenig Notiz von ihrer Umgebung nahm wie ihr Sohn, saß mit gekreuzten Beinen im Lotussitz daneben und begann ein Gespräch mit ihm. «Also, Benji, du mußt mir sagen, was los ist, statt einfach nur zu schreien. Ich kann doch nicht wissen, was das Problem ist, wenn du schreist. Ich weiß, daß du wütend bist, aber du mußt mir erzählen, was dich ärgert, wenn ich etwas daran ändern soll.»

«Ich werd Ihnen sagen, was mich ärgert!» murmelte die Ladenbesitzerin und überlegte, ob sie die Nerven beziehungsweise die Kraft hätte, sowohl Mutter als auch Sohn aus dem Laden zu werfen. Doch statt dessen sah sie einfach nur zu, wartete und fragte sich, wie die Mutter wohl ihre Wirkung auf ihren Sohn einschätzte.

Die Mutter in dem Juwelierladen ging von der falschen Annahme aus, daß man mit Kindern immer vernünftig sprechen und ihnen Wahlmöglichkeiten geben sollte, auch wenn sie sich über die sozial akzeptierten Grenzen hinaus schlecht benehmen. Wie William Damon in seinem Buch *Greater Expectations: Overcoming the Culture of Indulgence In Our Homes and Schools* schreibt: «. . . alle jungen Menschen brauchen Disziplin, sowohl in positiver wie auch in einschränkender Weise. Wenn Kinder produktive Fähigkeiten erlernen sollen, müssen sie Disziplin entwickeln, damit sie das Beste aus ihren angeborenen Talenten machen können. Sie müssen auch auf feste und konsequente Disziplin stoßen, wann immer sie die Grenzen sozialer Regeln austesten (wie es jedes Kind von Zeit zu Zeit tut).» Tatsächlich ist es unmöglich, einen elterlichen Stil zu entwickeln, der den EQ der Kinder steigert, ohne daß man sie konsequent und wirkungsvoll diszipliniert. Es gibt zwar Hunderte von Büchern darüber, wie man sein Kind am besten diszipliniert. Dabei läuft effiziente Disziplin in Wirklichkeit auf einige wenige einfache Prinzipien und Strategien hinaus: denn dies ist ein Gebiet, auf dem Eltern sich in der Mehrzahl besonders schwertun.

1. Legen Sie klare Regeln und Grenzen fest, und halten Sie sich daran. Sie können sie auch schriftlich fixieren und sie womöglich aufhängen.
2. Geben Sie Ihrem Kind Warnungen oder Hinweise, wenn es anfängt, sich schlecht zu benehmen. Das ist die beste Möglichkeit, ihm Selbstbeherrschung beizubringen.
3. Prägen Sie positives Verhalten, indem Sie gutes Verhalten durch Lob oder Zuneigung verstärken und solches Verhalten ignorieren, das nur Ihre Aufmerksamkeit auf sich ziehen soll.
4. Informieren Sie Ihr Kind über Ihre Erwartungen. Allgemein wenden Eltern nicht genug Zeit dafür auf, mit ihren Kindern über Werte und Regeln zu sprechen und zu erklären, warum diese wichtig sind.
5. Verhindern Sie Probleme, bevor diese auftreten. Laut Verhaltenspsychologie entstehen die meisten Probleme infolge eines spezifischen Stimulus oder Reizwortes. Das Verständnis und die Beseitigung solcher Schlüsselreize helfen, Situationen zu vermeiden, die Fehlverhalten auslösen.
6. Wenn eine eindeutig aufgestellte Regel gebrochen ist oder eine Grenze überschritten wird, ob absichtlich oder nicht, sollte unverzüglich eine angemessene Reaktion erfolgen. Seien Sie konsequent, und tun Sie genau das, was Sie angekündigt haben.
7. Wenn eine Bestrafung nötig wird, achten Sie darauf, daß sie dem Regelbruch oder dem Fehlverhalten entspricht (die Strafe sollte dem Vergehen angemessen sein).
8. Sie sollten sich mit einer Reihe von Disziplinierungsmaßnahmen vertraut machen. Die am häufigsten empfohlenen sind:
   a) Tadel: Zuerst müssen Eltern tadeln, was oft auch geschieht.

In Kapitel 7 wird dargestellt, wie Sie Ihre Kinder tadeln, damit sich deren Verhalten ändert, ohne daß sie Ihnen gegenüber Abneigung oder ein negatives Selbstbild entwickeln.

b) Natürliche Konsequenzen: Diese Strategie bezieht sich darauf, daß Ihre Kinder die Konsequenzen ihres Fehlverhaltens spüren und so erkennen, warum eine bestimmte Regel wichtig ist. Zum Beispiel könnte man ein Kind, das trödelt, während seine Mutter es antreibt, damit es rechtzeitig den Schulbus erreicht, zu Fuß zur Schule schicken, wo es dem Schulleiter auch noch den Grund für seine Verspätung erklären müßte. (Allerdings sind natürliche Konsequenzen manchmal unrealistisch und sogar gefährlich, etwa wenn man seinem Kind beibringen will, nicht auf die Straße zu laufen oder nicht mit Feuer zu spielen.)

c) Auszeit: vielleicht die am häufigsten verordnete Disziplinierunsmaßnahme. Auszeit bedeutet, daß Sie Ihr Kind für eine kurze Zeit vom Ort des Geschehens entfernen, es zum Beispiel aus dem Zimmer schicken. Dies kann auch dann wirkungsvoll sein, wenn Kinder sich an öffentlichen Orten schlecht benehmen.

d) Wegfall eines Privilegs: Beschneidung der Fernseh-, Videospiel- oder Telefonzeit scheint am besten zu funktionieren. In diesem Zusammenhang wäre es aber besser, einem Teenager einen Monat lang Ausgehverbot zu geben, als ihn von einer Klassenfahrt oder ähnlichen Dingen auszusperren.

e) Korrektur: Diese Technik wird oft für schnelle Verhaltensänderungen empfohlen. Wenn sich Ihr Kind schlecht benimmt, muß es das korrekte Verhalten wiederholen. Wenn Ihr Sohn beispielsweise von der Schule heimkommt, Mantel und Bücher auf den Boden wirft und auf Ihre Begrüßung nicht reagiert, fordern Sie ihn auf, nach draußen zu gehen und das Haus auf angemessene Weise wieder zu betreten.

Die größte Schwierigkeit dabei, einem Kind einen hohen EQ beizubringen

Das Problem, das wir damit haben, unseren Kindern Grenzen zu setzen, wird kristallklar, wenn wir deren Fernsehgewohnheiten untersuchen. Meiner Meinung nach sollten Fernseher wie Zigarettenpäckchen mit einem Warnhinweis vom Bundesgesundheitsminister versehen sein. Auch wenn das Fernsehen nicht wie Zigaretten zu körperlichem Schaden führt, könnte man argumentieren, daß es ein wesentlicher Faktor beim Anstieg von Fettleibigkeit in der Kindheit ist, die in den USA auf fast 14 Prozent geschätzt wird. Und Fettleibigkeit trägt sicherlich zu den Hauptkrankheiten und einer Lebenszeitverkürzung bei.

Auch wenn man vom Fernsehen nicht physisch abhängig wird, kann man dessen Fähigkeit, eine psychische Abhängigkeit zu schaffen, kaum in Frage stellen. In einer Umfrage wurden tausend Menschen befragt, um welchen Preis sie das Fernsehen aufgeben würden. Erstaunliche 46 Prozent erklärten, sie würden es nicht für weniger als eine Million Dollar tun, und 25 Prozent der Befragten gaben an, sie würden das Fernsehen nicht einmal für diesen Betrag aufgeben.

Fernsehen an sich ist nicht schlecht, jedoch die passive Zeit, die vor dem Fernseher verbracht wird: Das durchschnittliche amerikanische Kind sieht pro Woche 24 Stunden fern – das ist ein ganzer Tag pro Woche! Tatsächlich verbringen unsere Kinder mehr Zeit mit Fernsehen als mit irgendeiner anderen Beschäftigung, abgesehen vom Schlafen. Wenn das durchschnittliche Kind fünf Jahre alt ist, hat es so viel Zeit mit Fernsehen verbracht wie ein Collegestudent in Hörsälen während eines Zeitraums von vier Jahren!

Zwar behaupten Experten schon seit langem, daß exzessives Fernsehen für Kinder nicht gut sei, doch sind viele Eltern wegen ihrer eigenen Abhängigkeit vom Fernsehen unfähig, die vor dem Fernseher verbrachte Zeit ihrer Kinder zu kontrollieren; es ist ein wenig so, als würde man einen Alkoholiker bitten, für jemandes Nüchternheit zu sorgen. Die meisten Eltern haben die Erfahrung gemacht, daß der Fernseher ein sehr billiger Babysitter ist. Aber wenn es Ihnen ernst damit ist, bei Ihren Kindern eine hohe emotionale Intelligenz auszubilden, müssen Sie Ihrem Kind beim Fernsehen feste Grenzen setzen.

Ich rate Ihnen, Ihrer Familie eine «Fernseh-Diät» von vielleicht zwei Stunden täglich zu verordnen (darin sollten auch Videos und Videospiele enthalten sein). Dies gilt für jeden in der Familie, nicht nur für die Kinder. Setzen Sie sich mit Ihren Kindern zusammen, und wählen Sie mit Hilfe einer Fernsehzeitung die Sendungen aus, die Sie ansehen wollen (und mit denen Sie einverstanden sind). Ein Großteil der Fernsehzeit erfüllt nur die Aufgabe, Zeit totzuschlagen.

Anfangs mag es noch nötig sein, daß Sie die fernsehfreie Zeit Ihres Kindes strukturieren, jedoch wird es allmählich selbst kreativ mit ihr umgehen, wenn es dem Fernsehen entwöhnt ist. Der nächste Schritt besteht darin, Aktivitäten zu planen, die an die Stelle des Fernsehens treten. Holen Sie die Brettspiele aus dem Schrank, gehen Sie zusammen in die Stadtbücherei, erstellen Sie eine Liste mit Hobbys, mit denen man sich beschäftigen kann, oder melden Sie Ihre Kinder zu Sportkursen an. Wie Sie in Teil VIII sehen werden, stelle ich die am Computer verbrachte Zeit zwar nicht auf dieselbe Ebene wie das Fernsehen. Am Computer ist man eher aktiv als passiv, und daher enthält die dort verbrachte Zeit ein größeres Potential zur Vermittlung von EQ-Fähigkeiten. Dennoch bieten Computer nur eine virtuelle Welt und können einem Kind nicht vermitteln, wie sich eine Umarmung anfühlt oder wie ein Fußballfeld riecht. Deshalb sollte auch die Computerzeit begrenzt werden.

Wo fängt man an?

Wenn Sie zu den typischen Lesern von Elternratgebern zählen, werden Sie wahrscheinlich hier zunächst nach Informationen suchen, die für Sie oder Ihre Kinder von besonderem Interesse sind, statt das Buch von vorn bis hinten durchzulesen. Die folgende Checkliste soll Ihnen helfen zu erkennen, wieviel Sie bereits tun, um ein emotional intelligentes Kind heranzuziehen, und was Ihnen noch zu tun bleibt. Das Ziel dieser Checkliste ist nicht zu ermitteln, wie viele Punkte Sie erreichen; vielmehr können Sie ermitteln, welche Abschnitte dieses Buches Ihnen am meisten dabei helfen, den EQ Ihrer Kinder zu fördern.

EQ-Checkliste für Eltern

1. Verbergen Sie ernsthafte Probleme vor Ihrem Kind? Ja Nein
   Nein. Die meisten Psychologen sind der Meinung, daß Eltern ernste Probleme nicht verheimlichen sollten, nicht einmal vor sehr kleinen Kindern. Kinder sind belastbarer, als man glaubt, und profitieren von realistischen Erklärungen von Problemen (siehe Kapitel 6).
2. Sprechen Sie offen über Ihre Fehler? Ja Nein
   Ja. Damit Kinder realistisch denken und Erwartungen hegen, müssen sie lernen, die positiven Eigenschaften wie auch die Fehler ihrer Eltern zu akzeptieren (siehe Kapitel 9).
3. Sieht Ihr Kind in der Woche mehr als zwölf Stunden fern? Ja Nein
   Nein. Das durchschnittliche amerikanische Kind sieht tatsächlich 24 Stunden pro Woche fern, und das ist bei weitem zuviel. Diese passive Beschäftigung kann kaum EQ-Fähigkeiten fördern. Gewalt im Fernsehen ist besonders problematisch für Kinder, die Schwierigkeiten haben, Zorn oder Wut zu kontrollieren.
4. Haben Sie einen Computer zu Hause? Ja Nein
   Ja. Es gab eine Zeit, als Psychologen und Soziologen glaubten, daß Computer und Computerspiele einen schädlichen Einfluß auf die soziale Entwicklung eines Kindes hätten, doch scheint das Gegenteil zuzutreffen. Kinder (und Erwachsene) finden neue Wege, Computer und Online-Dienste zu benutzen, die sogar EQ-Fähigkeiten erhöhen (siehe Kapitel 24 und 25).
5. Halten Sie sich für einen optimistischen Menschen? Ja Nein
   Ja. Untersuchungen zeigen, daß optimistische Kinder

glücklicher, in der Schule erfolgreicher und tatsächlich auch körperlich gesünder sind. Hauptsächlich entwickeln Ihre Kinder durch Vorbilder eine optimistische oder pessimistische Haltung, dadurch, daß sie Sie beobachten und Ihnen zuhören (siehe Kapitel 7).

6. Helfen Sie Ihrem Kind, Freundschaften zu pflegen? Ja Nein
Ja. Forscher im Bereich der Kindesentwicklung glauben, daß ein ganz wichtiger Entwicklungsschritt für die Fähigkeit zu intimen Beziehungen darin besteht, daß man zwischen neun und zwölf Jahren einen «besten Freund» oder eine «beste Freundin» hat. Die Vermittlung von Freundschaftsfähigkeiten sollte einsetzen, wenn Ihr Kind noch ganz klein ist (siehe Kapitel 14).
7. Kontrollieren Sie, ob Ihr Kind im Fernsehen oder bei Videospielen mit Gewalt konfrontiert wird? Ja Nein
Ja. Wenn es auch keinen eindeutigen Beweis dafür gibt, daß das Ansehen von Gewalt im Fernsehen oder das Spielen gewalttätiger Computerspiele zu Aggressivität bei Kindern führt, so desensibilisiert es doch deutlich die Gefühle und die Sorge für andere (siehe Kapitel 2).
8. Verbringen Sie täglich 15 Minuten oder mehr mit Ihrem Kind bei Spielen oder Beschäftigungen, die nicht strukturiert sind? Ja Nein
Ja. Eltern verbringen immer weniger Zeit mit ihren Kindern. Mit kleinen Kindern zu spielen oder mit größeren Kindern unstrukturierten Beschäftigungen nachzugehen stärkt ihr Selbstbild und Selbstvertrauen (siehe Kapitel 2).
9. Sind Sie klar und konsequent bei der Disziplinierung Ihres Kindes, und setzen Sie Regeln durch? Ja Nein
Ja. Eine bedeutsame Anzahl von Problemen, die Kinder heutzutage haben, könnte durch einen autoritativen Elternstil vermieden werden. Autoritatives Elternverhalten verbindet Zuwendung mit konsequenter und angemessener Disziplin. Viele Experten für Elternverhalten glauben, daß übertrieben permissive Eltern der Grund für eine steigende Anzahl von Kindheitsproblemen sind, darunter Trotzhandlungen und antisoziale Verhaltensweisen (siehe Kapitel 2).

10. Nehmen Sie gemeinsam mit Ihrem Kind regelmäßig an Aktivitäten teil, die einer Gemeinschaft zugute kommen? Ja Nein
Ja. Kinder lernen, sich um andere zu kümmern, durch Tun, nicht nur durch Reden. Aktivitäten in einer Gemeinschaft bringen den Kindern viele soziale Fähigkeiten bei und helfen zudem, sie von Schwierigkeiten fernzuhalten (siehe Kapitel 3).

11. Sind Sie immer ehrlich und aufrichtig zu Ihrem Kind, auch bei schmerzlichen Themen wie Krankheit oder Verlust des Arbeitsplatzes? Ja Nein
Ja. Viele Eltern versuchen, Ihre Kinder vor Streß zu schützen, indem sie ihnen ihre kindliche Unschuld erhalten. In Wirklichkeit aber schadet dies mehr, als es nützt. Kinder, die nicht gelernt haben, wirkungsvoll mit Streß umzugehen, werden durch ernsthaftere Probleme leichter angreifbar, wenn sie älter werden, besonders in ihren Beziehungen (siehe Kapitel 4).

12. Zeigen Sie Ihrem Kind, wie es sich körperlich entspannen kann und so mit Streß, Schmerz oder Angst umzugehen lernt? Ja Nein
Ja. Sie können Ihren Kindern schon mit vier oder fünf Jahren Entspannungstechniken beibringen. Das hilft ihnen nicht nur dabei, mit vorhandenen Problemen fertig zu werden, sondern kann ihnen auch zu einem längeren und gesünderen Leben verhelfen (siehe Kapitel 22).

13. Greifen Sie ein, wenn Ihr Kind Schwierigkeiten bei der Lösung eines Problems hat? Ja Nein
Nein. Forschungsergebnisse lassen darauf schließen, daß Kinder Probleme in viel jüngerem Alter lösen können, als wir annehmen. Wenn Ihre Kinder lernen, ihre Probleme selbst zu lösen, gewinnen sie Selbstvertrauen und lernen wichtige soziale Fähigkeiten (siehe Kapitel 10 und 11).

14. Haben Sie regelmäßige Familienzusammenkünfte? Ja Nein
Ja. Vorbildverhalten ist die geeignetste und wichtigste Methode, wie Kinder emotionale und soziale Fähigkeiten erwerben. Familienzusammenkünfte sind eine ideale Möglichkeit, Kindern Problemlösungsstrategien beizu-

bringen und ihnen zu zeigen, wie man sich in einer Gruppe verhält (siehe Kapitel 15).

15. Bestehen Sie darauf, daß Ihr Kind sich anderen gegenüber immer gut benimmt? Ja Nein

Ja. Gutes Benehmen kann man leicht lernen, und es ist in der Schule und für sozialen Erfolg äußerst wichtig (siehe Kapitel 16).

16. Nehmen Sie sich Zeit dafür, Ihren Kindern die auch komischen Seiten im alltäglichen Leben aufzuzeigen, sogar in ihren Problemen? Ja Nein

Ja. Eine wachsende Anzahl von Untersuchungen zeigt, daß Sinn für Humor nicht nur eine wichtige soziale Fähigkeit darstellt, sondern auch ein bedeutender Faktor der geistigen und körperlichen Gesundheit eines Kindes ist (siehe Kapitel 13).

17. Sind Sie flexibel gegenüber den Lerngewohnheiten Ihres Kindes? Ja Nein

Nein. In vielen Bereichen müssen Sie flexibel sein, aber Lerngewohnheiten und Arbeitstechniken gehören nicht dazu. Um in der Schule und später im Beruf erfolgreich zu sein, müssen Ihre Kinder Selbstdisziplin lernen, außerdem, sich ihre Zeit einzuteilen und zu organisieren (siehe Kapitel 18).

18. Leiten Sie Ihr Kind dazu an, sich auch dann weiter anzustrengen, wenn es darüber klagt, daß etwas zu schwierig ist, oder sogar wenn es scheitert? Ja Nein

Ja. Einer der wichtigsten Faktoren bei der Entwicklung zu hohem Leistungsvermögen ist die Fähigkeit, Frustration zu überwinden und sich auch angesichts eines Scheiterns ausdauernd weiter zu bemühen (siehe Kapitel 18).

19. Bestehen Sie darauf, daß Ihr Kind sich gesund ernährt und Sport treibt? Ja Nein

Ja. Abgesehen von den offensichtlichen körperlichen Vorteilen einer guten Ernährung und körperlicher Bewegung spielt ein gesunder Lebensstil in der Biochemie der Gehirnentwicklung Ihres Kindes eine wichtige Rolle.

20. Konfrontieren Sie Ihre Kinder mit einer Unwahrheit, auch wenn diese nur eine Kleinigkeit betrifft? Ja Nein

Ja. Die Einschätzung von Ehrlichkeit verändert sich bei Kindern, wenn sie älter werden, aber Aufrichtigkeit sollte in der Familie immer hervorgehoben werden (siehe Kapitel 4).

21. Respektieren Sie den persönlichen Bereich Ihres Kindes, auch wenn Sie den Verdacht hegen, daß es etwas für sich oder andere Schädliches tut? Ja Nein
Nein. Zieht man Kinder auf, gehen persönliche Sphäre und Vertrauen Hand in Hand. In jeder Altersstufe sollten Kinder wissen, was sie für sich behalten dürfen und was Sie als Eltern wissen müssen (siehe Kapitel 4).

22. Überlassen Sie es dem Lehrer Ihres Kindes, mit Motivationsproblemen in der Schule umzugehen, ohne daß Sie einbezogen werden? Ja Nein
Nein. Die Leistungsmotivation von Kindern beginnt zu Hause. Untersuchungen aus anderen Kulturkreisen zeigen, daß es um so wahrscheinlicher ist, daß Kinder erfolgreich sind, je mehr die Eltern in den Unterrichtsprozeß einbezogen sind (siehe Kapitel 17).

23. Glauben Sie, daß Sie gegenüber Problemen bei Ihren Kindern toleranter sein sollten, weil Sie die gleichen oder ähnliche Probleme haben? Ja Nein
Nein. Es überrascht nicht, daß Kinder oft die gleichen Schwierigkeiten wie ihre Eltern haben. Wenn Sie mit ernsten Problemen wie Depression zu kämpfen haben, sollten Sie Wege suchen, Ihr eigenes Verhalten ebenso wie das Ihres Kindes zu verändern (siehe Kapitel 7).

24. Lassen Sie Ihre Kinder in Ruhe, wenn sie über etwas, das sie verärgert oder verstört, nicht sprechen wollen? Ja Nein
Nein. Nur die wenigsten Kinder sprechen gern über etwas, das sie beunruhigt, aber im Hinblick auf emotionale Intelligenz sollten Sie Ihre Kinder ermutigen, über ihre Gefühle zu sprechen. Über Probleme zu sprechen und Gefühle mit Worten zu benennen kann die Gehirnentwicklung eines Kindes beeinflussen, da Verbindungen zwischen den emotionalen und den denkenden Gehirnteilen hergestellt werden (siehe Kapitel 20).

25. Glauben Sie, daß es für jedes Problem eine Lösung gibt? Ja Nein

Ja. Kindern kann man ebenso wie Jugendlichen und Erwachsenen beibringen, nach Lösungen zu suchen, statt sich in Problemen festzubeißen. Dieser positive Blick auf die Welt kann das Selbstvertrauen Ihres Kindes ebenso stärken wie seine Beziehungen (siehe Kapitel 11).

Teil II

Die moralischen Emotionen

Gewalttätigkeit bei Kindern und Jugendlichen nimmt zu und ist zu einem ernsten Problem geworden, zumal in Amerika. So schockierend die Statistik auch sein mag, die Geschichten, die sich hinter ihr verbergen, sind viel schlimmer.

Da ist zum Beispiel ein Junge, der mit 14 einen Mitschüler mit einem Baseballschläger zu Tode prügelte und dann zu einer Schnellballschlacht bei einem Freund auftauchte, dem er die blutüberströmte Leiche zeigen wollte. Oder der Neunjährige in Kissimmee, Florida, der ein dreijähriges Nachbarkind in einen Swimmingpool stieß und zusah, wie es ertrank. Ein anderer neunjähriger Junge aus Florida nahm kürzlich seine Mutter mit einem an ihren Hals gedrückten Messer als Geisel und drohte, sie zu töten, falls sie nicht zu dem Burger-King-Restaurant zurückging, um die Figur, die er dort zum Mittagessen erhalten hatte, umzutauschen.

Die mangelhafte moralische Entwicklung von Kindern – man könnte sagen, das Fehlen eines vollentwickelten Gewissens – betrifft jeden Aspekt unserer Gesellschaft: die Harmonie in den Familien, die Lehrbefähigung unserer Schulen, die Sicherheit auf unseren Straßen und die Integrität unserer gesellschaftlichen Werte.

Eine erfolgreiche moralische Entwicklung bedeutet, daß man Emotionen und Verhaltensweisen aufweist, die die Sorge um andere widerspiegeln: teilen, helfen, umsorgen, Toleranz gegenüber anderen und die Bereitschaft, gesellschaftliche Regeln einzuhalten. Um zu moralischen Menschen zu werden, schlägt Professor William Damon von der Brown University – der als einer der führenden Experten Amerikas im Bereich der moralischen Entwicklung von Kindern und Jugendlichen gilt – vor, daß Kinder folgende emotionale und soziale Fähigkeiten erwerben müssen:

- Sie sollten verstehen und sich zu eigen machen, was «gutes» von «bösem» Verhalten unterscheidet, und Verhaltensgewohnheiten entwickeln, die mit dem, was sie als «gut» empfinden, übereinstimmen.
- Sie sollten Sorge, Respekt und Verantwortungsgefühl für das Wohlergehen und die Rechte anderer entwickeln. Diese Sorge drücken sie durch Akte der Anteilnahme, Wohltätigkeit, Freundlichkeit und Großzügigkeit aus.
- Sie sollten negative emotionale Reaktionen erfahren, einschließlich Scham, Schuldgefühl, Empörung, Angst und Verachtung angesichts des Bruchs moralischer Regeln.

Der Wunsch, sich um andere zu kümmern und sie zu umsorgen – sogar bis zur Selbstaufopferung –, ist zweifellos Teil unserer genetischen Codierung. Wir können zahllose Beispiele moralischen Verhaltens nicht nur bei Primaten beobachten, sondern auch bei viel niedriger entwickelten Tieren. Ameisenkrieger und Termiten setzen sich häufig einer Gefahr aus, wenn ihr Volk angegriffen wird, um die Aufmerksamkeit von den Artgenossen abzulenken. Vogelweibchen wurden beobachtet, wie sie eine Verletzung vortäuschten und sich von ihrem Nest entfernten, um einen wahrgenommenen Feind von ihrer Brut wegzulocken. Von zahlreichen Arten ist bekannt, daß sie Tiere anderer Arten aufnehmen und wie ihre eigenen aufziehen.

Wissenschaftlern zufolge ist die oft falsch eingeschätzte Ratte, die in Filmen und Literatur gern als schmutzig und bösartig verteufelt wird, tatsächlich eines der fürsorglichsten Tiere. In einem Test zu zwischenartlicher Adoption stellte sich heraus, daß Ratten bereitwillig Mäuse- und Kaninchenbabys annahmen. Sie versuchten Katzenbabys an Kindesstatt anzunehmen und kämpften gegen die Versuchsleiter, als diese die Kätzchen aus ihrem Nest entfernen wollten. Und die Ratten versuchten sogar, die Kätzchen zu säugen, scheiterten aber trotz ihrer starken Bemühungen.

Unsere alltäglichen Erfahrungen liefern ebenso zahlreiche Beispiele, wie Menschen sich um andere kümmern. Aber trotz unserer genetischen Veranlagung zur Fürsorge gegenüber anderen zeigen Untersuchungen über verschiedene Kulturen, daß moralische Entwicklung durch die Praktiken und Werte in der Kinderaufzucht beeinflußt werden kann. In ihrem Buch *The Caring Child* beschreibt Nancy Eisenberg, Professorin an der Arizona State University, das Volk der Ik in Uganda als ein «liebloses Volk», bei dem jegliche Form der Sorge und Großzügigkeit als Schwäche aufgefaßt wurde. Nachdem ihnen die Jagdgründe weggenommen worden waren, bestand der einzige wahre Wert in der Ik-Gesellschaft in der Nahrung, oder «ngag», das ein Synonym für «Güte» war. Ein guter Mensch war daher ein Mensch mit vollem Bauch. Das Streben nach Nahrung war für die Ik so wichtig, daß es sogar die Sorge um ihre engsten Angehörigen verdrängte. Es war nichts Ungewöhnliches, daß Söhne ihren alten und kranken Eltern Essen stahlen, auch wenn das bedeutete, daß diese verhungerten.

Andere Kulturen, wie etwa die traditionellen Hopi-Indianer in Arizona, weisen außergewöhnlich hohe Standards moralischer Entwicklung auf. Die Hopi erkannten, daß Kooperation zwischen Stammesmitgliedern überlebensnotwendig war, da alle Dinge des Universums untereinander zusammenhängen. Von Geburt an lernten Hopi-Kinder, daß im Leben nichts wichtiger sei, als ein «gutes Herz» zu haben, was bedeute, daß man sich auf Wohlergehen und Glück der anderen konzentriere.

Kinder werden durch eine Vielzahl negativer Emotionen motiviert, soziale Verhaltensweisen zu erlernen und zu praktizieren. Dazu gehören:

- Angst vor Strafe,
- Furcht vor sozialer Mißbilligung,
- Schuldgefühl, weil man die eigenen Erwartungen nicht erfüllt hat,
- Scham und Verlegenheit, wenn man bei etwas erwischt wird, das für andere inakzeptabel ist.

Die beiden hauptsächlichen positiven Emotionen, die die moralische Entwicklung des Kindes beeinflussen, sind Empathie und ein Phänomen, das wir als fürsorglichen Instinkt bezeichnen könnten. Es schließt auch die Fähigkeit zur Liebe ein. Wir werden zunächst die positiven Kräfte erörtern, die das Gewissen unseres Kindes herausbilden, weil positives Elternverhalten unseren Erziehungsvorstellungen eher entgegenkommt. Es wäre allerdings ein Fehler, wenn Eltern sich der Tatsache nicht stellten, daß negative Emotionen, besonders Scham und Schuldgefühl, ebenso eine Rolle bei der Ausbildung des kindlichen Charakters spielen. Die Bedeutung negativer moralischer Emotionen wird in Kapitel 5 erörtert.

KAPITEL 3

Empathie und Fürsorge fördern

Dwaina Brooks lernte in der vierten Klasse etwas über Obdachlosigkeit. Wie für die meisten Kinder ihres Alters war es für sie eher einfach ein interessantes Thema, als daß es ihr eigenes Leben betroffen hätte. Doch eines Tages blieb sie auf dem Heimweg von der Schule stehen, um mit einem Obdachlosen zu sprechen und ihm die einfache Frage zu stellen: «Was brauchen Sie?»

«Ich brauche Arbeit und eine Wohnung», erwiderte der Mann sachlich.

Dwaina wußte, daß sie ihm das nicht geben konnte, deshalb erkundigte sie sich: «Brauchen Sie noch etwas anderes?»

«Ich hätte gern ein richtig gutes Essen», antwortete er, und Dwaina war der Ansicht, daß sie helfen könnte, es ihm zu besorgen.

Nach dreitägigem Planen und Einkaufen bereiteten Dwaina, ihre Mutter und zwei Schwestern über hundert Mahlzeiten, die sie zu einem nahegelegenen Heim für Obdachlose brachten. Ein Jahr lang wiederholte sich das fast jeden Freitag abend. Dwaina und ihre Familie sammelten Spenden in der Gemeinde und organisierten die Hilfe von Mitschülern. Dwaina bereitete Tausende von Mahlzeiten für die Obdachlosen in Dallas zu. Einem Reporter von USA Today *erklärte sie ihre Philosophie so: «Jeder sollte sich in irgendeiner Weise Sorgen um andere Leute machen . . . Und das sind wir uns auch schuldig. Es gibt niemanden, der nicht schon einmal Hilfe von anderen bekommen hat. Man sollte immer bereit sein, das zurückzugeben, was Menschen einem gegeben haben.»*

Dwaina erklärt hier beispielhaft, was es bedeutet, empathisch zu sein – sie war in der Lage, sich an die Stelle eines anderen zu versetzen. Tatsächlich war sie mehr als empathisch, weil sie im Interesse des anderen handeln wollte, nachdem sie erkannt hatte, was ihr obdachloser Nachbar empfand, und weil sie schließlich mehreren hundert Menschen half.

Es zahlt sich vielfach aus, Kinder Empathie zu lehren. Menschen mit starken empathischen Fähigkeiten sind in der Regel weniger aggressiv und engagieren sich in sozialen Tätigkeiten, bei denen sie helfen und teilen. Das führt dazu, daß sie bei Gleichaltrigen und Erwachsenen beliebt und in Schule und Beruf erfolgreich sind. Es überrascht nicht, daß empathische Kinder später in ihren Beziehungen mit ihren Ehegatten, Freunden und eigenen Kindern eine größere Fähigkeit zur Intimität beweisen.

Die Stadien der Empathie

Entwicklungspsychologen weisen darauf hin, daß es tatsächlich zwei Komponenten der Empathie gibt: eine emotionale Reaktion auf andere, die sich normalerweise in den ersten sechs Jahren im Leben eines Kindes entwickelt, und eine kooperative Reaktion, die festlegt, bis zu welchem Grad ältere Kinder den Standpunkt oder die Perspektive von jemand anderem einnehmen können.

Bei den meisten Kleinkindern erkennen wir emotionale Empathie im ersten Lebensjahr. Babys drehen sich zu einem anderen Kind um, das weint, und fangen häufig selbst an zu weinen. Der Entwicklungspsychologe Martin Hoffman nennt dies wegen der kindlichen Unfähigkeit, zwischen sich selbst und seiner Umwelt zu unterscheiden, «globale Empathie». Der Säugling deutet den Kummer eines anderen Babys als seinen eigenen.

Wenn die Kinder zwischen ein und zwei Jahre alt sind, erreichen sie eine zweite Stufe der Empathie, auf der sie klar erkennen, daß der Kummer eines anderen nicht ihr eigener ist. Die meisten Kleinkinder versuchen intuitiv, den Kummer eines anderen zu mindern. Wegen ihrer unausgereiften kognitiven Entwicklung wissen sie jedoch nicht genau, was sie tun sollen, wodurch sie in einen Zustand empathischer Verwirrung geraten.

Sara ließ eine solche empathische Verwirrung erkennen, als ihre Spielgefährtin Melanie plötzlich zu weinen anfing. Zuerst sah es so aus, als würde Sara auch in Tränen ausbrechen, aber dann stand sie auf, legte die Klötze hin, mit denen sie gespielt hatte, und fing an, Melanie zu streicheln.

Als deren Mutter ins Zimmer kam und Melanie auf den Arm nahm, um zu sehen, was ihr fehlte, weinte diese nur um so lauter. Sara, die sah, daß Melanie immer noch Kummer hatte, aber nun auch eine andere Person sich um sie kümmerte, fing an, sanft den Arm von Melanies Mutter zu streicheln. Die Mutter erkannte, daß Melanie naß war, und ging mit ihr aus dem Zimmer. Sie ließ Sara allein zurück, offensichtlich mit ihren Diensten unzufrieden. Sara trat zu einem ausgestopften Bär, streichelte ihn und wieder auch ihren eigenen Arm.

Wie bei anderen Fähigkeiten, die emotionale Intelligenz ausmachen, scheinen einige Kinder mit mehr Empathie als andere geboren zu sein. Die Psychologinnen M. Radke-Yarrow und A. Zahn-Waxler fanden in einer Untersuchung an Kleinkindern heraus, daß einige auf den Kummer anderer Kinder mit empathischen Gefühlen und direkten Hilfsbemühungen reagierten, während andere nur zusahen und eher Interesse als Anteilnahme ausdrückten. Eine dritte Gruppe wiederum ließ eine negative Reaktion auf den Schmerz anderer Kinder erkennen; einige zogen sich von den Weinenden zurück, andere beschimpften das klagende Kind oder schlugen es sogar.

In dem Maß, wie ihre Wahrnehmungs- und kognitiven Fähigkeiten heranreifen, lernen Kinder zunehmend, die verschiedenen Anzeichen emotionaler Not bei anderen zu erkennen, und können ihre Anteilnahme durch entsprechende Verhaltensweisen ausdrücken.

Im Alter von sechs Jahren setzt das Stadium kognitiver Empathie ein – das ist die Fähigkeit, Dinge aus der Perspektive eines anderen zu sehen und entsprechend zu handeln. Perspektivische Fähigkeiten ermöglichen es einem Kind zu erkennen, wann es sich einem unglücklichen Freund zuwenden und wann es ihn allein lassen soll. Kognitive Empathie erfordert keine emotionale Kommunikation (wie zum Beispiel Weinen), weil ein Kind mittlerweile einen inneren Bezugspunkt oder ein Modell dafür entwickelt hat, wie ein Mensch sich in einer Notsituation fühlen mag, gleichgültig, ob er dies zeigt oder nicht.

Der achtjährige Kevin beschloß, draußen vor dem Eckladen zu warten, während seine Mutter einkaufte. Er sah eine Frau, ungefähr so alt wie seine Großmutter, die schwer mit Einkaufstaschen beladen war und auf die Tür zuging. Instinktiv öffnete er sie. «Danke, junger Mann, das ist aber nett von dir», lautete ihre Reaktion auf seine aufmerksame Geste.

Augenblicke später näherte sich der Tür eine junge Mutter, die eine Einkaufstasche und ihr in Decken gewickeltes Baby balancierte. Wieder öffnete Kevin geschwind die Tür und erhielt Dank. Dann kam ein Mann mit einer Malermütze und einer Tasse Kaffee in der Hand, dann eine andere ältere Frau, schließlich zwei Teenager, die sich einfach nur unterhielten. Jedem öffnete Kevin die Tür, und jeder bedankte sich bei ihm. Kevin konnte sich vorstellen, wie sich jede dieser Personen fühlte, auch wenn sie nichts sagten, und entsprechend handelte er. Er benutzte seine kognitiven Empathiefähigkeiten.

In der späteren Kindheit, zwischen zehn und zwölf Jahren, weiten Kinder ihre Empathie auf Menschen aus, die sie nicht kennen, und beziehen Gruppen von Menschen ein, denen sie nie begegnet sind. Auf dieser Ebene der abstrakten Empathie äußern sie ihre Sorge um Menschen, die weniger Chancen haben als sie selbst, ob sie nun in der Nachbarschaft oder in einem anderen Land leben. Wenn Kinder wegen dieser wahrgenommenen Unterschiede aktiv werden und wohltätig und altruistisch handeln, können wir davon ausgehen, daß sie die EQ-Fähigkeit der Empathie vollständig erworben haben.

Was Sie tun können, damit Ihr Kind anderen gegenüber einfühlsamer wird

Wie wir gesehen haben, äußert sich Empathie, die Basis aller sozialen Fähigkeiten, bei der überwiegenden Zahl von Kindern ganz natürlich. Vielleicht überrascht es Sie, daß die meisten Untersuchungen keine bedeutsamen Unterschiede bei den empathischen Verhaltensweisen von Jungen und Mädchen ergeben. Im allgemeinen sind Jungen genauso hilfsbereit wie Mädchen, aber eher physisch behilflich, etwa mit Aktivitäten des «Befreier»-Typs (einem anderen Kind zeigen, wie man Fahrrad fährt), während

Mädchen eher psychologisch unterstützen (etwa ein anderes Kind trösten, das sich aufgeregt hat). Empathische Verhaltensweisen sind weder von sozialer Schicht noch Familiengröße abhängig. Festzustellen ist lediglich, daß ältere Kinder in der Regel hilfsbereiter sind als ihre jüngeren Geschwister und hilfsbereites Verhalten unter Geschwistern häufiger vorkommt, wenn zwischen ihnen größere Altersunterschiede bestehen.

Angesichts dieses ausgeglichenen Verhältnisses und des natürlichen Bedürfnisses unserer Kinder, hilfsbereit und rücksichtsvoll zu sein, sollte man erwarten, daß wir auf sehr viel häufigeres und konsequentes einfühlsames Verhalten stoßen, als dies der Fall ist.

Wenn Kinder unfreundlich, gedankenlos und sogar grausam sind, lassen sich die Gründe für dieses «unnatürliche» Verhalten meistens auf ihr Zuhause zurückführen. Wollen Sie ein Kind aufziehen, das sich um andere sorgt und kümmert und sich entsprechend verhält, können Sie folgendes tun:

Heben Sie die Meßlatte Ihrer Erwartungen bezüglich rücksichtsvollen und verantwortlichen Verhaltens Ihrer Kinder an

In einigen Familien spielt Religion eine wichtige Rolle bei der moralischen Erziehung der Kinder. Auch wenn in den meisten Religionen Kinder moralische Regeln, wie etwa die Zehn Gebote, auswendig lernen müssen, scheint dieses einfache Memorieren und Aufsagen wenig Wirkung auf ihr Verhalten zu haben. Nachhaltig beeinflußt die Kinder nur, ob und wie die Eltern sich in ihrem Alltag nach dem Wertesystem ihrer Religion richten. Einige religiöse Gemeinschaften lehren Kinder besonders wirkungsvoll, sich um andere Menschen zu kümmern.

Zum Beispiel definiert Rabbi Neil Kurshan in seinem Buch *Raising Your Child to Be a Mensch* die jüdische Betonung der Sorge für andere. Er schreibt: «(Das Wort) Menschlichkeit* (bedeutet) Verantwortung, verbunden mit Mitleid, ein Gespür dafür, daß die eigenen persönlichen Bedürfnisse und Wünsche durch die

* Im Original deutsch, A.d.Ü.

Bedürfnisse und Wünsche anderer begrenzt sind. Ein Mensch handelt mit Selbstbeschränkung und Demut, immer sensibel für die Gefühle und Gedanken anderer. Als Menschen* empfinden wir eine echte Passion, den Schmerz und das Leiden der Menschen um uns herum zu lindern.»

Rabbi Kurshan beklagt die Tatsache, daß das Wort «Mensch»** beinahe gänzlich aus der jüdisch-amerikanischen Kultur verschwunden ist. Er beschreibt eine Begebenheit, bei der er eine zehnte Schulklasse aufforderte, den Begriff zu definieren, und nur auf verwirrte Blicke stieß. Dann meldete sich ein Junge und erklärte, daß das «eine hübsche Frau ist, die gern mit Männern flirtet».

«Nein», entgegnete der Rabbi, seinerseits verwirrt, «das stimmt nicht.» Er gab den Schülern die passende Definition. Erst später kam ihm der Gedanke, daß der Junge ihm seine Definition für das Wort *wench**** gegeben hatte.

Kurshan führt das auf allen gesellschaftlichen Ebenen feststellbare Verschwinden von «Menschlichkeit» auf gesunkene elterliche Erwartungen zurück. Dies gehe sogar so weit, daß sich Eltern tatsächlich vor der Mißbilligung und Zurückweisung ihrer Kinder fürchten. Er erklärt: «Im Laufe der Jahre bin ich Paaren begegnet, die fünf oder zehn Dollar in ihrer Kommode aufbewahren, damit ihre Kinder sie finden, weil sie fürchteten, daß ihre Kinder ihnen sonst viel mehr aus der Brieftasche entwenden würden. Ich kenne Eltern, die den Kindern deshalb keinen Hausarrest erteilen, weil sie Angst haben, ihre Kinder würden sie ignorieren, und ich kenne Eltern, die sich eine Antwort verkneifen, wenn ihre Kinder ihnen ins Gesicht sagen, sie seien ‹Trottel› oder ‹Idioten›.»

Wenn Sie wollen, daß Ihre Kinder einfühlsam, anteilnehmend und verantwortungsbewußt sind, müssen Sie das von ihnen *erwarten*. Sie müssen Ihre Familienregeln klar und konsequent aufstellen und dürfen nicht davon abweichen. *Fordern* Sie von Ihren Kindern, verantwortungsbewußt zu sein. Bereits von Dreijährigen sollte man erwarten, daß sie ihre Sachen aufräumen und sogar bei einfachen Arbeiten wie Tischdecken helfen. Hausarbeiten und andere Pflichten sollten mit zunehmendem Alter steigen und nicht an Be-

* Im Original deutsch, A.d.Ü.
** Im Original deutsch, A.d.Ü.
*** «Frauenzimmer», A.d.Ü.

lohnungen geknüpft sein, nicht einmal an ein Taschengeld. Man sollte einfach deswegen von Kindern erwarten, daß sie im Haus helfen, weil es richtig ist, anderen zu helfen. Taschengeld bekommen und damit umgehen zu lernen ist eine völlig andere Sache.

Wenn Sie wollen, daß Ihr Kind aufmerksam, rücksichtsvoll und verantwortungsbewußt wird, brauchen Sie nur eines zu tun: Heben Sie die Meßlatte Ihrer Erwartungen an. Es ist leicht, ein permissiver Elternteil zu sein. Es ist leicht, Ihrem Kind das Bett zu machen oder seine Hausaufgaben zu erledigen. Aber um verantwortungsbewußte Kinder heranzuziehen, müssen Eltern selbst verantwortungsbewußter werden. Sie können damit beginnen, indem sie akzeptieren, daß es Kindern schadet, wenn man sie verwöhnt.

Leiten Sie Ihre Kinder zu «beliebigen Freundlichkeitshandlungen» an

Der römische Staatsmann Cicero schrieb: «Nirgendwo kommen die Menschen Gott näher, als wenn sie ihrem Mitmenschen Gutes tun.»

Eine der einfachsten und wirkungsvollsten Möglichkeiten, Kindern Empathie nahezubringen, besteht darin, «beliebige Freundlichkeitshandlungen» auszuführen. Einen Boom ausgelöst hatte das Buch *Random Acts of Kindness*, das Anekdoten darüber enthält, wie einfache Gesten der Aufmerksamkeit und Rücksichtnahme das Leben der Menschen zutiefst verändern können. Ein Collegestudent erhielt anonyme, geheimnisvolle Postkarten von der Mutter eines Freundes, die ihm die ersten paar Monate fern von zu Hause erleichterten. Eine Frau vergaß eine kaputte Lampe in einem Bus, und der Busfahrer machte einen Umweg, um sie ihr zurückzubringen – nachdem er sie repariert hatte. Eine frisch verwitwete Frau stieg aus ihrem Auto und schluchzte am Straßenrand, weil eine Weihnachtsreise mit ihren Kindern im Teenageralter eine große Enttäuschung gewesen war. Eine völlig Fremde hielt mit ihrem Auto an, nahm die Frau tröstend in die Arme und lud ihre Familie zum Tee und einer Weihnachtslichterrundfahrt durch die Stadt ein.

Die Herausgeber von *Random Acts of Kindness*, die weiterhin mit Geschichten über Freundlichkeiten überschüttet werden, waren davon fasziniert, wie die einfachsten guten Taten zu lebensverändernden Ereignissen für Menschen werden konnten. «Aus der Sicht desjenigen, der so viele Geschichten von Menschen gelesen hat . . . taucht Freundlichkeit als eines der mächtigsten Werkzeuge auf, die uns auf unserem Lebensweg zur Verfügung stehen. Ihre Macht ist nicht nur jedem leicht zugänglich, der sie benutzen will, sondern kann auch niemals verringert werden; vielmehr wird sie mit jeder Handlung größer.»

Warum also sollte man Freundlichkeit nicht zu einem Familienprojekt machen? Kaufen Sie ein leeres Heft, und schreiben Sie jeden Tag für jedes Familienmitglied eine gute Tat auf. Eine gute Tat kann so einfach sein – eine Tür für jemanden aufhalten, einen kranken Freund besuchen. In dem Maße, wie Freundlichkeit zu einer Gewohnheit wird, werden Sie bemerken, daß Kinder nicht genug davon bekommen können, und sie werden sogar Umwege dafür in Kauf nehmen.

Wenn Sie Kindern beibringen, sich um andere zu kümmern, kann nichts die Erfahrung ersetzen, Sie müssen es ihnen vorleben, reden reicht einfach nicht aus. Wie wir in diesem Buch sehen werden, können gewisse EQ-Fähigkeiten, besonders diejenigen, die die Beziehungen Ihres Kindes zu anderen betreffen, wirkungsvoll nur dem emotionalen Gehirn vermittelt werden.

Auch wenn Sprache und Logik beim Vermitteln von Werten an Ihr Kind wichtig sind, bilden sie nicht Verhaltensweisen wie Stolz und Zugehörigkeitsgefühle aus, die zur Hilfsbereitschaft dazugehören.

KAPITEL 4

Ehrlichkeit und Integrität

Wie alle Eltern wissen, erzählen Kinder Lügen, beinahe sobald sie zu sprechen anfangen – manchmal auch früher.

Die zweieinhalbjährige Lara zum Beispiel stieß ihre Schale mit Müsli um, nachdem ihre Mutter aus dem Zimmer gegangen war, weil das Telefon klingelte. Als die Mutter zurückkehrte, fragte sie verärgert: «Lara! Hast du das Müsli verschüttet?» Obwohl niemand sonst im Zimmer war, schüttelte Lara heftig verneinend den Kopf.

Wenn kleine Kinder lügen, ist es in der Regel so offensichtlich, daß es Eltern schwerfällt, nicht zu lachen.

Als Marks Vater bemerkte, daß einem Schokoladenosterhasen plötzlich der Kopf fehlte, forderte er seinen dreijährigen Sohn auf, ihm dieses Rätsel zu erklären. Obwohl Marks Gesicht und Hände – morgens um sieben – schokoladenverschmiert waren, erzählte er seinem Vater, er habe keine Idee, wer die Süßigkeit gegessen habe.

Lara und Mark wußten, daß sie etwas Falsches taten und ihre Eltern ärgerlich werden würden, aber sie begriffen nicht genau, daß Lügen ebenfalls falsch ist. Mit zwei und drei Jahren haben Kinder weder die kognitive noch die sprachliche Entwicklung absolviert, um die direkte Verbindung zwischen dem, was sie sagen, und dem, was sie tun, zu erfassen. Kleinkindern sind Verhaltensweisen wichtiger als Worte, die oft unklare und vielfältige Bedeutungen haben.

Aber im Alter von vier Jahren fangen Kinder an zu verstehen, daß die in irreführender Absicht ausgesprochene Lüge auch etwas Schlechtes ist. Tatsächlich werden die meisten Kinder dieses Alters oder wenig später geradezu fanatisch im Hinblick auf die Wahrheit. Sie reagieren mit moralischer Empörung, wenn sie merken, daß ihre Eltern, Geschwister oder Freunde sie in irgendeiner Weise irregeführt haben. Die Absichten von jemandem sind ihnen nicht so wichtig wie die Wahrheit oder Unwahrheit einer bestimmten Äußerung, wie im Fall von Michael und seinem Vater Jeff.

Jeff: Oh, es sieht aus, als würde es regnen. Ich fürchte, wir können nicht zum Fußballplatz gehen.

Michael (fünf Jahre): Aber du hast gesagt, wir würden gehen.

Jeff: Ja, ich weiß, aber es regnet, und das Fußballspiel ist sicher abgesagt worden.

Michael (mit Tränen in den Augen): Aber du hast gesagt, wir würden gehen! Du hast es gesagt! Wenn wir nicht gehen, hast du gelogen!

Jeff: Nein, das ist keine Lüge. Ich kann doch nichts dafür, wenn das Spiel ausfällt. Ich will ja gehen, aber es findet kein Spiel statt, zu dem wir gehen könnten.

Michael (fängt an zu weinen): Aber du hast gelogen. Du hast gesagt, wir würden gehen, und jetzt lügst du, weil wir nicht gehen können.

Die meisten EQ-Fähigkeiten der Kinder bilden sich stärker heraus, je älter sie werden, aber im Fall der Wahrheit trifft das nicht zu. In einer Untersuchung darüber, wie die Einstellung zum Lügen sich bei Kindern mit dem Alter verändert, sagten 92 Prozent der Fünfjährigen, daß Lügen immer falsch sei, und 75 Prozent gaben an, noch nie gelogen zu haben. Aber im Alter von elf Jahren sagten nur noch 28 Prozent, daß Lügen falsch sei, und keines der Kinder behauptete, noch nie gelogen zu haben. Wenn Kinder älter werden, fangen sie an, die Arten von Lügen zu differenzieren und einzuteilen. Sie halten einige für schlimmer als andere. Eine Lüge, die man nur sagt, um nicht bestraft zu werden, ist die schlimmste Art («Ich habe meine Uhr verloren, deshalb kann ich nichts dafür, daß ich zu spät zur Schule gekommen bin»), während eine Lüge, die die Gefühle eines anderen schonen soll, nicht so schlimm ist («Mir gefällt deine neue Brille. Du siehst toll aus damit.»). Eine altruistische Lüge, die jemandem helfen soll, wird fast immer als verzeihlich und sogar ehrenwert erachtet («Es ist mein Fehler, daß Tommy schmutzig ist. Ich hab ihm gesagt, er solle durch den Schmutz laufen, weil es eine Abkürzung war.»).

Laut Paul Ekman, Autor des Buches *Warum Kinder lügen*, gibt es vielfältige Gründe, warum sie die Unwahrheit sagen. Einige sind verständlich, andere nicht. Kleinere Kinder lügen am häufigsten, um Strafe zu vermeiden, um etwas zu erhalten, das sie haben wollen, oder um von einem Gleichaltrigen bewundert zu werden. Jugendliche lügen eher, um ihr Privatleben zu schützen («Ich bin einfach nur so hinausgegangen. Ich habe niemanden getroffen.»), um Autorität zu testen («Wir kriegen dieses Semester keine Endnote in Geschichte. Du kannst Mr. Nathanson anrufen, wenn du willst!») oder um Peinlichkeiten vorzubeugen («Die Party ist abgesagt, deshalb brauchte ich mich sowieso nicht um einen Tanzpartner zu kümmern!»).

Vom Standpunkt der Entwicklung aus ist Lügen zwar oft verständlich, es kann aber zu einem Problem werden, wenn Kinder gewohnheitsmäßig lügen oder wenn sie über Dinge lügen, die für ihr Wohlergehen wichtig sind. Wie Ekman in seinem Buch schreibt: «Das Lügen über gewichtige Dinge ist nicht nur darum ein Problem, weil es den Eltern erschwert, ihre Aufgabe zu erfüllen. Lügen untergräbt die Gefühle von Nähe und Intimität. Lügen erzeugt Mißtrauen, es mißbraucht Vertrauen. Lügen deutet auf eine Geringschätzung der hintergangenen Person hin. Das Zusammenleben mit jemandem, der oft lügt, kann nahezu unerträglich werden.»

Untersuchungen an Kindern, die chronische Lügner sind, zeigen, daß sie häufig auch andere Formen antisozialen Verhaltens an den Tag legen, einschließlich Betrügens, Stehlens und Aggressivität. Das ist teilweise dadurch bedingt, daß Kinder, die lügen, sich bezeichnenderweise mit Kindern anfreunden, die ebenfalls unehrlich sind. So entwickelt sich eine sogenannte Peer-group, in der es als akzeptabel gilt, jeden außerhalb der Gruppe zu belügen. Ekman weist auch darauf hin, daß Kinder, die häufig lügen, Opfer eines verstärkenden Effekts werden: Wenn wir merken, daß unsere Kinder lügen, gehen wir unbewußt davon aus, daß dieses Verhalten charakterbedingt ist, und erwarten weitere antisoziale Verhaltensweisen.

Es lohnt sich auch festzuhalten, daß Scheidungskinder anfälliger für Probleme sind, die mit Ehrlichkeit und Wahrheit zu tun haben. Wenn Eltern sich trennen, lügen die Kinder ihren Freunden vielleicht etwas über die Trennung vor, um das Geschehene zu leugnen und ihre eigenen Phantasien, die Eltern kämen wieder zusammen, zu nähren. Sie lügen vielleicht gegenüber einem Elternteil, um den anderen zu schützen, besonders wenn einer eine neue Partnerschaft eingeht. Oder sie belügen den strengeren Elternteil hinsichtlich lascherer Regeln in dem anderen, eher permissiven Haushalt, um auch hier Extra-Privilegien zu erhalten.

Je bitterer die Scheidung und je bissiger der Umgang der Eltern miteinander, desto wahrscheinlicher ist es, daß es sich die Kinder aus Selbstschutz angewöhnen zu lügen. Das mag dazu beitragen, daß Scheidungskinder häufiger Probleme in ihren erwachsenen Beziehungen haben. Wenn Sie selbst geschieden wurden, sollten Sie besonders aufmerksam beobachten, wie Ihre Handlungen und Entscheidungen die moralische Entwicklung Ihrer Kinder beeinflussen.

Wie Sie Kindern vermitteln, daß Ehrlichkeit wichtig ist

Die Forschung zeigt, daß die Kinder, die am meisten lügen, eher aus Familien kommen, in denen auch die Eltern häufig lügen, sowie aus Elternhäusern mit minimaler Aufsicht oder einer Atmosphäre elterlicher Zurückweisung.

Wenige Eltern würden behaupten, daß sie nie lügen; jedoch sollten Sie sich der direkten und indirekten Wirkung bewußt sein, die Ihr Lügen auf Ihre Kinder hat. Es gibt gewiß nie einen guten Grund dafür, daß Sie Ihre Kinder belügen. Das heißt nicht, daß Sie ihnen alles erzählen sollten – Kinder brauchen vieles nicht zu wissen –, aber es gibt keine Notwendigkeit, ihnen eine Unwahrheit zu sagen. Wenn etwas privat oder jenseits der Verständnismöglichkeiten Ihrer Kinder ist, dann sagen Sie ihnen genau das.

Machen Sie die Bedeutung von Ehrlichkeit zu einem ständigen Gesprächsthema in Ihrer Familie. Sorgen Sie dafür, daß sie zu einem festen Bestandteil in der moralischen Erziehung Ihres Kindes wird, und lesen Sie Geschichten vor, in denen Ehrlichkeit hervorgehoben wird.

Vertrauen aufbauen

Vertrauen wird gewöhnlich zwar erst im Vorteenageralter zu einem heißen Thema unter Kindern, doch kann man nie zu früh anfangen, darüber zu sprechen. Vertrauensspiele sind in der humanistischen Psychologiebewegung seit den siebziger Jahren beliebt und sind immer noch Bestandteil von Übungen für Therapie- und Selbsthilfegruppen. Hier einige vertrauensbildende Aktivitäten, die zudem Spaß machen:

- *Einen Blinden führen* (ab sieben Jahren): Bei dieser klassischen vertrauensbildenden Übung, die seit Jahren in Beratungsgruppen, Sportteams und beim Managementtraining durchgeführt wird, verbinden Sie Ihrem Kind die Augen und führen es durch ein Zimmer. Während Sie um Möbel herumgehen und Hindernisse vermeiden, die Kinder normalerweise für selbstverständlich halten, verläßt sich Ihr Kind zunehmend auf Ihre physische Führung. Zuerst mögen sich Kinder dem Gefühl der Hilflosigkeit und Abhängigkeit widersetzen, aber allmählich akzeptieren sie es und finden sogar Spaß daran. Richtiges Vergnügen setzt dann ein, wenn Sie die Rollen tauschen und Ihr Kind *Sie* durch das Zimmer führt, ohne daß Sie sehen können, wohin Sie laufen. Wie bei jeder Aktivität, die eine Fähigkeit vermitteln soll, ist es wichtig, die Fähigkeiten zu Vertrauen und Gruppenverhalten vor und nach der tatsächlichen Übung zu besprechen.
- *Nach hinten fallen* (ab fünf Jahren): Stellen Sie sich hinter Ihr Kind, und geben Sie ihm die Anweisung, sich einfach nach hinten fallen zu lassen. Fangen Sie es unter den Armen auf. Dann tauschen Sie die Rollen. Ihr Kind ist vielleicht zu klein, um Sie beim Zurückfallen aufzufangen, aber wenn nicht extreme Größenunterschiede vorliegen, können Sie diese Übung mit Ihrem Ehepartner vor den Kindern demonstrieren. Die Kinder haben Vergnügen und lernen, wenn sie beobachten, wie sich ihre Eltern gegenseitig vertrauen.

- Das *«Geheimnis»-Spiel* (ab sieben Jahren): Dieses Spiel macht Spaß und ist eine Möglichkeit, Vertrauen aufzubauen und zu Offenheit zu ermuntern. Fordern Sie zuerst jedes Familienmitglied auf, ein Geheimnis auf ein Stück Papier zu schreiben. Dann sollte jeder das Papier zusammenfalten, seinen Namen darauf schreiben und es in eine Schale legen. Daraufhin nimmt jeder ein Geheimnis heraus, auf dem der Name eines anderen steht.
  Wenn alle Spieler das ungeöffnete Geheimnis von jemand anderem in den Händen halten, lassen Sie reihum jeden Spieler über eine Zeit berichten, als er oder sie jemandem etwas Wichtiges anvertraut hat. Dann folgt eine weitere Runde, in der jeder Spieler von einer Gelegenheit erzählen muß, bei der jemand sein Vertrauen mißbraucht hat. Die Spieler erhalten einen Punkt, wenn sie sich zu diesen Themen äußern, sie haben aber die Option zu «passen», wenn sie wollen.
  In einer dritten Runde fragt jeder Spieler die Person, deren Geheimnis er in Händen hält, ob es vorgelesen werden sollte oder nicht. Wenn die betroffene Person mit «Nein» antwortet, wird es ihr ungeöffnet zurückgegeben. Wenn die Person mit «Ja» antwortet, wird das Geheimnis vorgelesen und die Person, die es aufschrieb, erhält einen Punkt dafür, daß sie darüber spricht.

Respektieren Sie die Intimsphäre Ihres Kindes

Mary Ann Mason Ekman schlägt vor, daß Eltern die Intimsphäre ihrer Kinder – und ganz besonders die von Jugendlichen – ebenso respektieren sollten, wie sie ihnen beibringen sollten, ihre eigene Intimsphäre zu respektieren. In dem Kapitel «Wie können Eltern mit den Lügen ihrer Kinder fertig werden?» schreibt sie in dem Buch ihres Mannes *Warum Kinder lügen*: «Eines der größten Konfliktpotentiale zwischen Eltern und Kindern entsteht aus dem wachsenden Bedürfnis des Kindes, unabhängiger und damit verschwiegener zu werden, und dem gleich starken, doch entgegengesetzten Bedürfnis der Eltern, das Kind zu schützen, zu beaufsichtigen und zu lenken.» Sie empfiehlt Eltern, eine Checkliste darüber anzulegen, was sie wirklich «wissen müssen» und was sie angemessenerweise «nicht zu wissen» brauchen, eine Liste, die sich natürlich mit zunehmendem Alter der Kinder verändert.

Die Privatsphäre der Kinder			
Datum	Alter	Was Eltern wissen müssen	Dinge, die privat sind

Sie könnten Ihrem acht- oder neunjährigen Kind eine Checkliste wie diese vorlegen, bevor die Intimsphäre Gegenstand eines Machtkampfes wird. So benutzen Sie die Liste als Möglichkeit, um zu thematisieren, daß das Recht Ihres Kindes auf eine Intimsphäre im Konflikt zu Ihrer elterlichen Verantwortung stehen kann. Überprüfen Sie sie zu Beginn eines jeden Jahres oder um den Geburtstag Ihres Kindes herum. Je mehr Vertrauen und Offenheit zwischen Ihnen besteht, desto weniger werden Ihre Kinder Sie täuschen müssen.

EQ-Punkte, die man sich merken sollte

Hier sind noch einmal wichtige Punkte zusammengefaßt, die man sich merken sollte, wenn man ein verantwortungsbewußtes Kind heranzuziehen versucht, das sich um andere sorgt und kümmert und sich den Anforderungen des Lebens mit Ehrlichkeit und Integrität stellt.

- Zeigen Sie Kindern den Wert von Ehrlichkeit auf, wenn sie klein sind, und verhalten Sie sich auch im Einklang mit Ihren

Maßregeln, wenn sie älter werden. Das kindliche Verständnis von Ehrlichkeit verändert sich, aber Ihres sollte das nicht tun.

- Sie können schon sehr früh Ehrlichkeit und Moral zu einem Gesprächsthema machen, indem Sie Bücher und Videos auswählen und sie gemeinsam mit Ihren Kindern betrachten. Auch vertrauensbildende Spiele und Ihr Verständnis für die sich verändernden Bedürfnisse des Kindes nach einer eigenen Intimsphäre tragen dazu bei.

KAPITEL 5

Die negativen moralischen Emotionen: Scham und Schuld

Als Ambrose Robinson herausfand, daß sein zehnjähriger Sohn in einem kleinen Laden einen Schokoladenriegel hatte mitgehen lassen, zwang er ihn, zu dem Laden zurückzugehen und sich bei dem Verkäufer zu entschuldigen. Nachdem er die Entschuldigung angenommen hatte, wollte der Verkäufer David den Riegel zurückgeben, aber sein Vater erlaubte es nicht. «Er darf ihn nicht haben», erklärte er dem Verkäufer, «weil er nicht ihm gehört.» Darauf ging Ambrose mit David und dessen Bruder nach Hause und gab beiden eine Tracht Prügel; David für die Tat und seinem Bruder dafür, daß er mitgemacht hatte.

Zwanzig Jahre später erinnerte sich David Robinson, klassischer Pianist, Computergenie und engagierter Sozialaktivist: «Ich werde nie das Gefühl vergessen, als ich hinter dem Tresen stand und als Dieb entlarvt war. Es hat einen bleibenden Eindruck in mir hinterlassen. Das war die Art meines Vaters, mir zu zeigen, welche Sorte Mensch ich nicht werden sollte. Danach war Stehlen kein Thema mehr für mich.»

Diese Anekdote berichtet David Robinson in der Einleitung seines an Eltern gerichteten Buches *How To Raise an MVP (Most Valuable Person).* David Robinson ist mit seinen Eltern der Meinung, daß Kinder den Unterschied zwischen richtig und falsch am wirkungsvollsten in solchen Familien erfahren, wo die Eltern eher streng als permissiv sind. Vor nur einer Generation hätten die meisten Eltern ähnlich wie Ambrose Robinson reagiert, nachdem sie herausbekommen hätten, daß ihr Kind auch nur etwas Geringfügiges gestohlen hätte. Aber in den letzten 20 Jahren hat es eine stetige Bewegung dahin gegeben, Strafen bei jedem Vergehen, außer bei ganz ungeheuerlichem Fehlverhalten, zu vermeiden. Wie Professor William Damon von der Brown University in seinem Buch *Greater Expectations: Overcoming the Culture of Indulgence* bemerkt: «Wir leben in einer Zeit, in der die ‹kindzentrierte› Ethik zu einer Rechtfertigung für jegliche übertrieben nachsichtige Erziehungspraxis geworden ist. Sie hat eine Unmenge an permissiven Doktrinen hervorgebracht, die den Eltern davon abraten, konsequent Disziplin zu Hause durchzusetzen . . . (Die) an sich richtige Philosophie des kindzentrierten Verhaltens wurde gebraucht (oder vielmehr mißbraucht), um in den Kindern und Jugendlichen von heute Egozentrik zu stärken.» Wie wir in diesem Kapitel aufzeigen, bestätigt unser Verständnis von emotionaler Intelligenz Damons Ansicht, daß unsere Kultur zu weit gegangen ist bei dem Versuch, Kinder vor Dingen zu schützen, vor denen sie gar nicht beschützt werden müssen. Um es einfach zu sagen: Zuviel Verständnis und Nachsicht mag für einige Kinder genauso schädlich sein wie zuwenig.

Einige führen die übertriebene Nachsicht gegenüber der gegenwärtigen Generation von Kindern der amerikanischen Mittelklasse auf das 1945 erschienene Buch von Benjamin Spock *Säuglings- und Kinderpflege* zurück. Spock gründete seine Empfehlungen auf die damals sehr populären psychoanalytischen Theorien von Sigmund Freud und anderen progressiven Denkern jener Zeit, wie John Dewey und William Kilpatrick. Sie alle reagierten auf die repressiven und rigiden Kindererziehungspraktiken der viktorianischen Zeit. Ihrer Überzeugung nach konnten viele, wenn nicht alle neurotischen Probleme auf Eltern zurückgeführt werden, die Liebe und Zuneigung zurückhielten und/oder die «normalen» sexuellen und aggressiven Impulse ihrer Kinder unterdrückten.

Nach der Popularität von Spocks Buch zu urteilen, das in den drei Jahrzehnten, als die geburtenreichen Jahrgänge aufwuchsen, über 24 Millionen Male verkauft wurde, wollten Eltern nach den Kriegsjahren eine solche Botschaft hören. Vor seiner Veröffentlichung herrschte noch weitgehend der Glaube vor, daß die strenge Kontrolle von Kindern gut sei. Das Children's Bureau, eine Bundesagentur, die Müttern zu Fragen der Kindererziehung Ratschläge erteilte, gab die Empfehlung aus, daß Babys nach einem auf die Minute festgelegten Zeitplan gefüttert, gebadet und ins Bett gesteckt werden sollten, unabhängig von Alter oder individuellen Bedürfnissen.

In dem Maße, wie die «Spock-Babys» aufwuchsen und in den sechziger und siebziger Jahren zu jungen, rebellischen Erwachsenen wurden, leistete die Verschiebung hin zu einem liberaleren Lebensstil einem permissiven Elternstil weiter Vorschub. Idealisten wie Carl Rogers und Virginia Axline standen an der Spitze derer, die proklamierten, daß jeder Mensch das Recht und die Macht habe, sich auf seinem Weg zu verwirklichen. Man glaubte, daß das Kindern innewohnende Gute – und baute dabei auf den Glauben an die Fähigkeit des einzelnen – unweigerlich zutage treten werde, wenn die restriktiven Hindernisse und Erwartungen erst einmal beseitigt waren und die Kinder ihre Gefühle und Bedürfnisse ausdrücken dürften.

Zurückblickend scheint dieser Glaube an das inhärente Gute des Individuums naiv zu sein. Trotzdem werden die Kinder immer noch nach Prinzipien erzogen, von denen man mittlerweile weiß, daß sie falsch verstanden wurden – wie die Prinzipien vieler Befürworter der «Selbstachtungsbewegung» in den USA. Martin Seligman, ein herausragender Psychologe, der jahrzehntelang die lebenszerstörerischen Wirkungen von Depressionen studierte, widerspricht zum Beispiel der Behauptung, daß gesteigerte Selbstachtung bei Kindern solche epidemischen sozialen «Krankheiten» wie Teenagerschwangerschaften, Drogenkonsum und sich bekriegende Gangs verhindern könne.

Aber nach dem, was wir nun über emotionale Intelligenz wissen, hat der bedeutendste Fehler der Befürworter permissiver Erziehung darin bestanden, unbewußt die «guten Emotionen» zu den Helden unserer Psyche und die «bösen Emotionen» zu den Übeltätern zu machen. Aus evolutionärer Sicht hat sich jede menschliche Emotion zweckgerichtet entwickelt. Die negativen Emotionen aus unserem Verständnis von Kindesentwicklung zu entfernen, ist so, als entfernte man die Grundfarben aus der Palette eines Malers. Nicht nur einzelne Farben gehen verloren, sondern auch Millionen Schattierungen. Zusätzlich sind, wie wir sehen werden, negative Emotionen wie Scham und Schuld im Zusammenhang mit emotionalem Lernen und Verhaltensänderungen unbestreitbar so wichtig wie positive.

Der Wert von Schamgefühlen

Auch wenn Amerikaner sich mit Scham- und Schuldgefühlen schwertun und Psychotherapeuten sie traditionell als Einschränkungen der geistigen Gesundheit sehen, können wir ihre Wirksamkeit bei der Anleitung unserer Kinder zu sozialem Verhalten nicht bestreiten. Scham wird als eine Form extremer Verlegenheit definiert. Sie resultiert aus der Feststellung der Kinder, daß es ihnen nicht gelungen ist, den Erwartungen anderer entsprechend zu handeln. Schuldgefühle treten auf, wenn Kinder ihre internalisierten Verhaltensstandards nicht einhalten können.

Scham hinterläßt bei Kindern einen unauslöschlichen Eindruck, viel stärker als Erlebnisse, bei denen positive Gefühle beteiligt sind. Gemäß den Theorien der Neuroanatomie kürzen die extremen Emotionen wie Scham die normalen Wege ab, auf denen das Gehirn Informationen aufnimmt und Erinnerungen bewahrt. Extreme Emotionen umgehen den denkenden Teil des Gehirns, die Hirnrinde, und elektrisieren das emotionale Kontrollzentrum des Gehirns, den Mandelkern, den Sitz des emotionalen Lernens und der Erinnerung. So hat jede Erfahrung, bei der eine extreme Emotion einbezogen ist, sowohl eine entscheidende unmittelbare Wirkung auf das Verhalten Ihrer Kinder wie auch eine längerfristige Wirkung auf ihre Persönlichkeitsentwicklung.

Falls Sie nicht von der Macht negativer Emotionen wie Scham und Schuld überzeugt sind, machen Sie folgendes einfache Experiment. Überprüfen Sie mit Ihrer Armbanduhr, wie lange Sie brauchen, sich drei Vorfälle aus Ihrer Kindheit in Erinnerung zu rufen, bei denen Sie bis zum Schamempfinden peinlich berührt waren. Ist Ihnen ein Mißgeschick vor Ihren Mitschülern oder Freunden widerfahren? Haben Ihre Eltern etwas gesagt oder getan, womit sie Sie bloßstellten? Haben andere Kinder Sie wegen Ihres Aussehens aufgezogen? Ordnen Sie jeden Vorfall einer Skala von eins bis zehn zu, wobei zehn sehr stark und eins sehr schwach ist. Nun erinnern Sie sich an drei positive Vorfälle, bei denen Sie stolz darüber waren, wie Sie jemandem halfen. Ordnen Sie wiederum jeden Vorfall auf einer Skala von eins bis zehn ein.

Wenn Sie wie die meisten Menschen reagieren, haben Sie drei- bis fünfmal länger gebraucht, um sich an positive emotionale Erfahrungen zu erinnern, und ihre Stärke um ein Drittel geringer als die der negativen Emotionen eingeordnet.

In vielen Kulturen ist Scham ein gebräuchlicher Weg, antisoziales Verhalten zu bestrafen, und wir sehen auf Gesellschaften hinab, die öffentliche Bloßstellung praktizieren. Zweifellos fühlen wir Unbehagen bei der Beschämung unserer Kinder als Erziehungstechnik, weil dies unserer Kultur fremd ist. In Ländern wie Japan hingegen sind Schande und Ehrverlust Bestandteile traditioneller Werte und Moralvorstellungen des Landes, und Geständnisse, sogar erniedrigende, werden als der direkteste Weg zur Reue angesehen.

Angesichts zunehmender sinnloser und brutaler Verbrechen in den USA, besonders unter Teenagern, erwägen Juristen mittlerweile Maßnahmen öffentlicher Beschämung als Strafe wie auch als Abschreckungsmittel bei anderen als Kapitalverbrechen. Beispielsweise veranlaßte der wegen seiner ungewöhnlichen Urteile berühmte Bezirksrichter Ted Poe aus Houston einen Teenager, der in 13 Schulen Verwüstungen angerichtet hatte, in jede Schule zu gehen und sich vor der versammelten Schülergemeinde zu entschuldigen. Dabei mußte er Fragen zu den Gründen seines Verhaltens beantworten. Männer, die ihren Verpflichtungen zu Alimentenzahlungen nicht nachkamen, wurden namentlich und mit Fotos in den örtlichen Postämtern und sogar im Internet angeprangert, und Männer, die ihre Frauen mißhandelt hatten, verurteilt, sich vor Gericht bei ihren Frauen sowie vor Frauengruppen zu entschuldigen.

Sollte Beschämung also als Teil unserer normalen Kindererziehungsmethoden betrachtet werden? Könnten «negative» moralische Emotionen eine sinnvolle Reaktion auf unsere moralische Krise sein? Die Antwort lautet in beiden Fällen: ja, aber mit Einschränkungen.

John Braithwaite, Professor der Sozialwissenschaften an der Australian National University in Canberra und Befürworter von Beschämung als Strafe für antisoziale Handlungen, bringt einen wichtigen Einwand gegen Beschämung als Strafe vor. Braithwaite erklärt, daß Beschämung nur dann als human erachtet werden könne, wenn sie nicht nur die Mißbilligung der Gemeinschaft ausdrücke, sondern auch Vergeben und erneutes Akzeptieren beinhalte. Er benutzt den Begriff «reintegrative Beschämung», um hervorzuheben, daß diese Art der Bestrafung weder ein Ausdruck des Zorns noch eine Form der Vergeltung ist, sondern vielmehr ein Ritual, das den angemessenen Grad an Reue seitens des Übeltäters und Vergebung seitens der Gemeinschaft oder Familie hervorlockt.

Die Anwendungen von Schuld

Da ein Schuldgefühl eher auf inneren Standards und Erwartungen beruht als darauf, daß man von anderen «erwischt» wird, ist es tatsächlich eine stärkere und längerfristige moralische Motivierung als Scham. Und viele Psychologen würden zustimmen, daß Schuldgefühle ihren Sinn haben. Donald Miller und Guy Swanson haben Geschichten von Kindern und ihre Reaktionen auf Abbildungen untersucht. Sie unterscheiden zwischen neurotischen Schuldgefühlen, bei denen man sich selbst aus ungerechtfertigtem und irrationalem Grund bestraft, und interpersonalen Schuldgefühlen, die aus der Sorge um die Meinung eines anderen erwachsen. Letztere tragen dazu bei, Selbstkritik zu vermindern und die persönlichen Beziehungen eines Kindes zu stärken. Viele Studien weisen darauf hin, daß interpersonale Schuldgefühle, die wir auch «Gewissen» nennen können, kindliche Verhaltensweisen wirkungsvoller kontrollieren als irgendeine äußere Drohung oder Furcht. Tatsächlich neigen unsere Kinder, wenn wir ihre Schuldgefühle stimulieren können, zu einer noch strengeren Auslegung der Regeln und der Konsequenzen für Regelverstoß als wir.

Als beispielsweise der siebenjährige Bruce bei einem Schreibtest beim Abschreiben erwischt wurde, fragten ihn seine Eltern, wie er seiner Meinung nach bestraft werden müsse. Unter Tränen schlug Bruce vor, daß man ihm drei Monate lang seine Videospiele wegnehmen und für einen Monat Fernsehverbot verhängen solle und er bis zum Ende des Schuljahrs Zusatzpflichten erledigen werde. Das war eine viel strengere Bestrafung, als seine Eltern ins Auge gefaßt hatten, aber auf Empfehlung des Schulberaters gingen sie darauf ein.

Die Forschung von Donald McAbe, einem Professor an der Rutgers University in New Jersey, führt zu dem Schluß, daß Schuldgefühle weit über die Kindheit hinaus das moralische Verhalten wirkungsvoller beeinflussen als die Angst vor Strafe. In einer Untersuchung über Schummeleien an Privatschulen, die von Konkurrenzdenken geprägt sind, geben laut McAbe bis zu 78 Prozent der Schüler zu, wenigstens einmal betrogen zu haben. Hingegen sinkt dieser statistische Wert an Schulen auf 57 Prozent, an denen ein Ehrenkodex herrscht, Schüler eine Absichtserklärung unterzeichnen, daß sie nicht betrügen, Prüfungen ohne Aufsichtsperson ablegen und an Entscheidungen darüber teilhaben, wie man mit Unehrlichkeit in der Schule umgeht.

Wie und wann man die «negativen» moralischen Emotionen angemessen anspricht

1. Sie sollten konsequente Regeln und bei Regelverstoß konsequente Strafen haben. Sorgen Sie dafür, daß Strafen gerecht, unmittelbar und wirkungsvoll sind.
2. Wenn Kinder über zehn Jahren gegen wichtige Regeln verstoßen und sich offenbar auch durch Ihre Strafen nicht abschrecken lassen, bitten Sie sie, für den Verstoß gegen jede Regel sich eine Liste eigener Strafen aufzustellen. Dann einigen Sie sich auf einen neutralen Vermittler (etwa einen Freund der Familie, eine Tante oder einen Onkel), um zu entscheiden, welche Strafen am besten wirken. Wenn der Vermittler einverstanden ist, könnten Sie ihn bitten, die Strafe zu beaufsichtigen. In den meisten Fällen bringt dies Ihre Kinder dazu, höhere Erwartungen an sich selbst zu stellen, und läßt sie mit größerer Wahrscheinlichkeit diese Erwartungen auch erfüllen.
3. Reagieren Sie härter, wenn Ihr Kind etwas tut, das jemand anderen verletzt. Wenn es zum Beispiel eine schriftliche Arbeit verspätet einreicht, verringert es seine Chance auf eine gute Note, aber es ist die einzige Person, die Schaden leidet. Wenn es andererseits zwei Stunden nach der vereinbarten Zeit nach Hause kommt, verursacht es ihnen extreme Sorgen. Das erfordert auch extremere Maßnahmen. Wenn die verantwortungs-

losen Handlungen Ihres Kindes jemand anderen verletzen, scheuen Sie sich nicht, Ihre eigenen starken Gefühle darüber zu äußern und eine angemessene Strafe festzulegen. Fühlt sich Ihr Kind deswegen verletzt, sollten Sie es nicht zu schnell trösten. Erlebte Schuldgefühle hindern es daran, beim nächstenmal rücksichtslos zu sein.

4. Machen Sie aus Entschuldigungen ein großes Thema. Schriftliche Entschuldigungen sollten mit mündlichen einhergehen. Falls die Entschuldigung Ihres Kindes nicht ernst gemeint ist, geben Sie nicht so leicht auf, sondern fordern weiterhin Ihren Anspruch auf Entschuldigung ein, bis Sie eine emotionale Reaktion erhalten.

Der achtjährige Sohn meines Klienten Arthur war frech zu ihm, wann immer er ihn um etwas bat. Wenn Arthur zum Beispiel sagte: «Es wird Zeit, daß du aufräumst und dich fürs Abendessen fertig machst», antwortete Kevin: «Warum sollte ich? Ich esse, wenn ich fertig bin.»

Ich gab Arthur den Rat, Kevin beim nächstenmal, wenn er wieder frech war, den Satz aufschreiben zu lassen: «Ich will meinem Vater und meiner Mutter gegenüber Respekt zeigen.» Beim zweitenmal sollte Kevin den Satz zweimal schreiben. Dann dreimal – und so weiter. Während er dies schreibe, solle Arthur, empfahl ich, entschlossen hinter Kevins Schreibtisch stehen und dafür sorgen, daß jede Aufgabe vollständig und leserlich geschrieben wurde.

Arthur berichtete, daß zehn solcher Vorfälle nötig waren, bis Kevin anfing, eine Emotion gegenüber dieser Strafe zu zeigen. Als er aber die Hälfte der zehn Sätze geschrieben hatte, fing er an zu weinen und fiel seinem Vater in die Arme. Arthur tröstete seinen Sohn nicht, sondern brachte ihn zurück an den Schreibtisch, wo er seine Sätze fertigschreiben sollte. Danach verbesserte sich das Verhalten des Jungen in allen Bereichen dramatisch.

In den vergangenen 30 Jahren wollten Psychologen und Pädagogen die Erzeugung von Scham- und Schuldgefühlen meistens nicht als Weg empfehlen, um gesunde Kinder großzuziehen. Sie haben viel zu viele Fälle emotionalen Mißbrauchs gesehen, die manchmal noch schlimmer waren als körperlicher Mißbrauch, um guten Gewissens auch nur die Erwägung solcher Strategien vorzuschlagen. Aber von dem Standpunkt der emotionalen Intelligenz aus kann jeder Exzeß einem Kind schaden; zuviel Nachsicht kann genauso schädlich sein wie zuviel Zorn. Kinder haben unterschiedliche emotionale Stärken und Schwächen, wie sie auch unterschiedliche kognitive oder intellektuelle Stärken und Schwächen haben. Als grobe Regel bei der Kindererziehung sollte man immer abschätzen, was ihnen am meisten dient und was man tun kann, um ihre Entwicklung zu glücklichen, erfolgreichen und verantwortungsbewußten Erwachsenen zu fördern.

EQ-Punkte, die man sich merken sollte

- Scham- und Schuldgefühle sind, wenn sie angemessen eingesetzt werden, wichtige Möglichkeiten, wie Eltern ihren Kindern moralische Werte vermitteln können.
- Der angemessene Einsatz von Scham- und Schuldgefühlen hängt vom Temperament Ihres Kindes ab, aber Sie können es auf diesem Weg wieder in die familiäre Gemeinschaft integrieren.

Teil III
Denkfähigkeiten und EQ

Im Gegensatz zu jeder anderen Spezies verfügen die Menschen über die Fähigkeit, durch einfaches Denken Gefühle hervorzurufen oder zu kontrollieren. Die Entwicklung des Neokortex, jenes Teils des Gehirns, der Sprache und logisches Denken kontrolliert, erlaubt uns, über unsere Gefühle zu reflektieren und tatsächlich die Gefühle selbst zu verändern. Wenn ein Student vor einer Prüfung Angst hat, kann er sich auf Techniken der Selbstberuhigung besinnen. Wenn eine Kurzstreckenläuferin sich lethargisch und unmotiviert fühlt, kann sie sich vorstellen, im Mittelpunkt zu stehen, und so ihre Reaktionszeit beschleunigen, wenn sie vom Startblock lossprintet.

Seit fast einem Jahrhundert wissen Psychologen, daß die Seele uns buchstäblich körperlich krank machen kann, und haben zahlreiche Methoden entwickelt, um diesen Prozeß umzukehren. Wir erkennen mittlerweile, daß der denkende Teil unseres Gehirns auch emotionale und physische Störungen verhindern und daß jeder diese Techniken erlernen kann – auch ohne eine Jahre dauernde Therapie.

Die in den folgenden drei Kapiteln dargestellten Techniken verdanke ich einigen der aufregendsten Erkenntnissen der modernen Psychologie. Sie werden als kognitive Therapien klassifiziert, weil sie auf der Annahme basieren, daß unsere Gedanken oder Erkenntnisse der einfachste Weg seien, um unser Fühlen zu verändern.

Viele der Theorien und Strategien, die ich in diesem Teil vorstelle, wurden für Risikokinder entwickelt, aber heute gibt es wenige Kinder, die nicht in diese Kategorie fallen. Vor dem Industriezeitalter lehrten Eltern ihre Kinder, eßbare Pflanzen von schädlichen zu unterscheiden, wie man ein Pferdehuf beschlägt oder einen Acker bebaut. Heute brauchen Kinder andere Überlebensfähigkeiten. Eltern müssen ihren Kindern beibringen, wie man seinen Verstand gebraucht und ebenso seine emotionalen und sozialen Fähigkeiten, um mit einem zunehmend komplexen Aufgebot an Personen, mit Familie und gesellschaftlichen Belastungen zurechtzukommen.

KAPITEL 6

Realistisches Denken

Die menschliche Fähigkeit zur Selbsttäuschung ist beinahe grenzenlos. Das macht es uns schwer, die Bedeutung der Aufgabe einzuschätzen, Kindern wirklichkeitsorientiertes Denken zu vermitteln. Unser emotionales Gehirn verfügt offenbar über die Fähigkeit, sich einen Panzer zuzulegen, um seine innigsten Wünsche vor dem Angriff des logischen Gehirns zu schützen. Folglich tun wir ständig Dinge, die wir nicht tun sollten. Wer je eine selbstzerstörerische Beziehung eingegangen, zu einem betrunkenen Fahrer ins Auto gestiegen ist oder einfach nur mehr Geld ausgegeben hat, als er sich leisten konnte, hat die fein abgestimmte Kunst der Selbsttäuschung betrieben.

Daß wir so häufig Dinge tun, die nicht zu unserem Besten geschehen, deutet darauf hin, daß bei der Evolution etwas schiefgelaufen ist, als der sogenannte «logische» Teil unseres Gehirns entwickelt wurde. Glücklicherweise kann das behoben werden. Kinder können dazu erzogen werden, sowohl zu ihrem eigenen Besten zu handeln als auch zum Wohl der anderen.

Ein Leben in Verleugnung

Mariane haßte ihre neue Schule wirklich. Sie tat alles lieber als lernen. Abends vier oder fünf Stunden lang mit ihrem Freund David zu telefonieren war sicher interessanter, als ein Buch über die Weltgeschichte zu lesen. Ihre Lehrer wußten, daß Mariane die Lernmotivation fehlte, und benoteten sie entsprechend.

Mariane war klar, daß ihre Eltern sehr enttäuscht wären, wenn sie ihre

Noten sähen, und sie wahrscheinlich streng bestrafen würden, daher fand sie eine einfache Lösung: Sie versteckte ihr Zeugnis, als es per Post nach Hause kam. Merkwürdigerweise schien das zu klappen. Marianes Eltern, die drei Kinder in drei verschiedenen Schulen hatten und in anstrengenden Berufen gefordert waren, bemerkten nicht, daß sie nie ein Zeugnis von ihr zu Gesicht bekamen.

Dann rief am 10. Mai, genau einen Monat vor Schulende, der Schulleiter bei Marianes Eltern an und erkundigte sich, warum sie nie auf seine Briefe reagiert hatten. Der anschließende Besprechungstermin war für dieses Elternpaar ein Schock und ein Signal, daß die Verleugnung in der Familie nicht mehr funktionierte.

Häufig konspirieren wir unbewußt mit unseren Kindern, um schmerzhaften Wahrheiten aus dem Weg zu gehen, sogar wenn wir mit harten Fakten konfrontiert werden. Zum Beispiel gaben in einer von der Regierung unterstützten Umfrage im August 1996 10,9 Prozent der Teenager zu, Drogen zu nehmen, eine beängstigende Zunahme von 105 Prozent seit 1992. Das schloß einen 183prozentigen Anstieg der monatlichen Einnahme von LSD und anderen Halluzinogene und einen 166prozentigen Anstieg des monatlichen Kokainkonsums ein.

Einige Experten geben «permissiven und laschen» Eltern die Schuld für diesen alarmierenden Anstieg. Nahmen diese selbst als Teenager Drogen und führten dennoch danach ein produktives Leben, so fragen sie sich, warum sie bei ihren eigenen Kindern wegen der «Entspannungs»-Droge und Alkoholkonsum ein großes Theater machen sollten. Aber diese Argumentation, die manche als Rechtfertigung für permissives Verhalten geltend machen, bezieht nicht die ernüchternden Statistiken zum frühen Drogenkonsum ein. In demselben Zeitraum, in dem der Drogenkonsum sich erhöht hatte, stiegen auch die Notfallbehandlungen im Zusammenhang mit Marihuanakonsum von Zwölf- bis Siebzehnjährigen um 96 Prozent an, und heroinbedingte Noteinsätze erhöhten sich um 58 Prozent.

Wir Menschen unterliegen alle der Verleugnung und Rationalisierung. Millionen von durchaus vernünftigen Erwachsenen steigen täglich in ihre Autos und schnallen sich nicht an. Oder sie zünden sich eine Zigarette an und tun so, als ob nur diese eine Zigarette keine schädliche Auswirkung auf ihre Gesundheit haben könne.

Einige neigen eher als andere dazu, den Kopf in den Sand zu stekken, aber in dem Maße, wie wir körperlich und emotional gesunde Kinder heranziehen wollen, müssen wir lernen, der Wirklichkeit ins Gesicht zu sehen, sei sie gut oder schlecht, rauh oder sanft.

Die Gedanken klären

Das Gegenteil von Selbsttäuschung ist realistisches Denken – die Welt genauso sehen, wie sie ist, und mit angemessenen Entscheidungen und Verhaltensweisen darauf reagieren. Aber wir vernachlässigen es häufig, unseren Kindern diese EQ-Fähigkeit zu vermitteln, ja wir bringen ihnen manchmal sogar das Gegenteil bei. Indem wir unsere Kinder vor der «rauhen Wirklichkeit» des Lebens schützen wollen, bekräftigen wir in Wahrheit nur diese Verleugnung.

Anstatt Kinder von einem Problem fernzuhalten, können wir ihnen am meisten helfen, indem wir ehrlich sind, egal wie schmerzhaft die Situation auch sein mag. Indem wir unseren Kindern die Situation erklären und ihnen die einzelnen Fakten aus unserer Sicht darstellen, erfahren unsere Kinder, daß wir die emotionale Kraft besitzen, mit einer noch so schmerzhaften Situation fertig zu werden. Dadurch erhalten sie implizit die Botschaft, daß sie das gleiche schaffen können.

Der Kinderpsychiater Richard A. Gardner erklärt zum Beispiel in einem der am meisten verbreiteten Selbsthilfebücher für Kinder, *The Boys' and Girls' Book About Divorce*, daß diese sich auf sich selbst verlassen müssen, um mit der Scheidung ihrer Eltern klarzukommen. Sie sollten weniger davon ausgehen, daß ihre Eltern immer zu ihrem Besten handelten. Der gegenwärtige Stand der Forschung bestätigt diese Empfehlung.

Judith Wallerstein untersuchte 60 Familien mit 131 Kindern bis zu 20 Jahren nach einer Scheidung. Sie fand heraus, daß viele Eltern sich der Illusion hingeben, Scheidung sei eine vorübergehende Krise, die nach ein oder zwei Jahren gelöst wäre. Aber die Untersuchungsergebnisse der Psychologin Wallerstein widersprechen dem. Scheidung hat auf Kinder dauerhafte Auswirkungen, die auch noch lange nachdem sie erwachsen geworden sind, ein Trauma auslösen können, sogar dann, wenn es zum Zeitpunkt der

Scheidung anscheinend keine ernsten Schwierigkeiten gab. Wallerstein nennt dies den «Schläfer-Effekt».

Laut ihrer Untersuchung lassen sich viele Probleme, die Kinder mit sich herumtragen, auf das «Überlastetes-Kind»-Syndrom zurückführen. Während der Scheidung fällt es den Eltern häufig schwer, die Bedürfnisse der Kinder und ihre eigenen auseinanderzuhalten, auch wenn sie oft angeben, daß sie sich ihnen nie näher gefühlt hätten. Wallerstein berichtet, daß im zehnten Jahr ihrer Untersuchung 25 Prozent der Mütter und 20 Prozent der Väter ihr Leben auch jetzt, ein Jahrzehnt nach der Scheidung, immer noch nicht wieder im Griff hätten und daß auch der verminderte Grad an elterlicher Zuwendung weiter anhalte. In ungefähr 15 Prozent der Familien galten die Kinder als «überlastet» – wegen der Unfähigkeit ihrer Eltern, ihre Elternrollen zu erfüllen und sich nur um ihre eigenen Bedürfnisse zu kümmern. Die betroffenen Kinder werden als besonders anfällig für ernste psychische Probleme eingestuft, die oft die Fehlfunktion ihrer Eltern widerspiegeln.

In seinem Selbsthilfebuch erklärt Richard Gardner seinen jungen Lesern, daß die meisten Eltern ihre Kinder sehr lieben und sich bemühen, bei einer Scheidung das Richtige zu tun, und dennoch tun Eltern manchmal nicht das Richtige. Manchmal tun und sagen sie etwas, das für Kinder nicht gut ist, und Kinder müssen lernen, dies zu erkennen und selbst Entscheidungen zu treffen, die zu ihrem eigenen Besten sind.

Die Martinellis zum Beispiel gingen zur Schulberaterin und besprachen, wie sie ihrer sechsjährigen Tochter am besten die bevorstehende Scheidung vermitteln könnten. Als liebevolle Eltern wollten sie beide das Richtige sagen und tun. Die Schulberaterin gab ihnen verschiedene Bücher zu lesen und besprach mit ihnen die wichtigsten Punkte, die gesagt beziehungsweise nicht gesagt werden sollten. Sie versicherte ihnen, daß Tina zurechtkäme, wenn sie weiterhin zu ihrem Besten zusammenarbeiteten.

Nur zwei Wochen später setzten dann die Vorfälle ein. Herr und Frau Martinelli schrien sich auf dem Schulparkplatz an. Herr Martinelli zerrte die weinende Tina aus dem Wagen seiner Frau. Abends wurde der Lehrer angerufen mit Drohungen, daß Tina nach einem Besuch nicht mehr zurückgebracht würde, und ähnliches mehr. Nach jedem Vorfall trafen sich die Martinellis wieder mit der Schulberaterin und wirkten immer noch größtenteils vernünftig und um das Wohl ihrer Tochter besorgt. Als die Beraterin erklärte, die Beratungen sollten am besten mit Tina stattfinden, kam diese nur widerstrebend zu den Sitzungen und sprach nicht. Zur Beraterin sagte sie: «Ich will einfach nicht darüber nachdenken.»

Gardner erklärt Kindern, daß einige Eltern sogar ihre Kinder bezüglich ihrer Liebe zu ihnen verwirren. Er erläutert, daß Eltern möglicherweise ihre Kinder lieben *wollen* und ihnen auch *sagen*, daß sie sie lieben, aber ihre Handlungen drücken etwas anderes aus. Gardner empfiehlt Kindern:

«Die meisten Eltern lieben ihre Kinder sehr. (Aber) manchmal sagen Eltern, die ihre Kinder sehr wenig oder überhaupt nicht lieben, daß ihre Liebe zu ihnen sehr groß sei. Das kann einen sehr durcheinanderbringen. Aus diesem Grund ist es manchmal keine gute Möglichkeit, aus dem, was ein Mensch sagt, zu erkennen, daß er einen liebt.

. . . Der Vater (der nicht mehr zu Hause wohnt) liebt seine Kinder gewöhnlich sehr, wünscht, er könnte mit ihnen leben, und ist sehr, sehr traurig darüber, daß er sie verlassen muß. Ein paar Väter aber, die von zu Hause fortgehen, lieben ihre Kinder nicht wirklich oder nur sehr wenig.

Manchmal liebt ein geschiedener Vater seine Kinder nicht, und trotzdem erzählt die Mutter den Kindern, daß er sie liebt, auch wenn sie weiß, daß das nicht stimmt . . . Sie glaubt wirklich, daß sie für ihre Kinder das Beste tut, wenn sie ihnen erzählt, ihr Vater liebe sie, auch wenn sie weiß, daß das nicht wahr ist.»

Gardner zeigt Kindern, daß sie selbst herausfinden können, ob ein Elternteil sie liebt oder nicht. Sie sollen sich realistisch ansehen, wie die Eltern handeln, nicht nur, was sie sagen. Er fordert die Kinder zu folgendem auf:

- Achtet darauf, wie sehr eure Eltern versuchen, bei euch zu sein. Manchmal können Eltern aus guten Gründen nicht mit euch zusammen sein, aber sie sollten euch zeigen, daß sie sich sehr darum bemühen.
- Achtet darauf, wie sehr Eltern sich Zeit nehmen, um euch zu helfen, wenn ihr in Schwierigkeiten steckt, und wieviel Anteil-

nahme und Sympathie sie erkennen lassen, wenn ihr krank oder verletzt seid.

- Erkennt, ob eure Eltern sich über Dinge, die ihr lernt oder tut, freuen. Eltern, die ihre Kinder lieben, sind stolz auf sie und erzählen anderen von den Fähigkeiten ihrer Kinder.
- Achtet darauf, wie eure Eltern sich verhalten, wenn sie zornig auf euch sind. Alle Eltern ärgern sich mal über ihre Kinder, aber wenn sie sich jeden Tag die *meiste* Zeit über euch ärgern, dann lieben sie euch vielleicht nicht so, wie Kinder geliebt werden müssen.
- Achtet darauf, wie gern eure Eltern euch im Arm halten und zärtlich mit euch sind. Wenn man älter wird, haben Eltern nicht mehr so oft Körperkontakt mit ihren Kindern, aber jeder muß manchmal umarmt oder gehalten werden, und das ist eine wichtige Aufgabe von Eltern.

Gardner glaubt nicht, daß das Urteil eines Kindes unfehlbar sein kann, aber er glaubt, daß Kinder lernen müssen, ihre Situation realistisch einzuschätzen und zu ihrem eigenen Besten zu handeln. Kinder können das nicht lernen, wenn Eltern verschwiegen oder bei echten Problemen unehrlich sind. Er warnt Eltern:

- Verstecken Sie nicht Ihre Gefühle.
- Verstecken Sie nicht Ihre Fehler.
- Haben Sie keine Angst davor, den Kindern die Wahrheit zu sagen.

Wie man Kinder dazu erziehen kann, sich durch realistisches Denken um ihr eigenes Wohl zu kümmern

Eindeutig besteht die wichtigste Methode, wie Sie Ihrem Kind helfen, ein Muster für realistisches Denken zu entwickeln, darin, daß Sie selbst ehrlich und aufrichtig sind. Es ist nicht sinnvoll, Kinder vor Streß und unvermeidbarem Schmerz zu schützen; tatsächlich tun Sie ihnen damit keinen Gefallen.

Aber realistisches Denken und Wahrhaftigkeit können nur dann wirkungsvoll geprägt werden, wenn Sie sich die Zeit nehmen, mit Ihrem Kind zu sprechen. Wie ich in Kapitel 2 dargestellt habe, verwenden amerikanische Eltern immer weniger Zeit darauf, einfach nur mit ihren Kindern zu reden. Familien sehen beim Abendessen fern. Im Auto hören sie Radio, oder die Eltern sorgen dafür, daß die Kinder etwas «zu tun» haben, während sie fahren. 1982 gab die Puppenspielerin Shari Lewis die Stimmung im Lande wieder, als sie ein Buch schrieb, das als Antwort auf den gehetzten Elternteil aufgefaßt wurde: *The One-Minute Bedtime Story,* auf das andere «Ein-Minuten»-Bücher folgten, wie etwa *The One-Minute Bible Story, The One-Minute Scary Story* und viele andere.

Eltern bei der noch schnelleren Erledigung von Dingen zu unterstützen, ist jedoch nicht die Antwort auf das, was Kinder brauchen. Vielmehr ist Ihre Zeit der wichtigste Faktor bei der Erziehung eines emotional intelligenten Kindes. Shari Lewis' Standpunkt ist besonders bedauerlich, wenn man die große Bedeutung des Geschichtenerzählens für die kindliche Entwicklung bedenkt. Jahrzehntelang haben Psychologen auf die positiven Auswirkungen des Geschichtenerzählens und -vorlesens auf Kinder hingewiesen. Es ist eine besonders gute Art, Kindern realistisches Denken nahezubringen, da Geschichten Kinder zeigen können, wie man wirklichkeitsnah seine Probleme löst.

Viele Menschen erkennen nicht, wie sehr Geschichten unser Verhalten beeinflussen und sogar unsere Kultur formen. Aber denken Sie einmal daran, wie die biblischen Geschichten die Grundlagen der Religion und Verhaltensregeln lehren. Denken Sie an die Fabeln und Parabeln, die Ihre Werte mitgeprägt haben. Denken Sie daran, wie Erzählungen über Ihre nationale, kulturelle oder familiäre Geschichte Ihre Einstellungen zu sich selbst und anderen geprägt haben.

Geschichten können besonders effektiv die Denkart und das Verhalten unserer Kinder beeinflussen, denn sie hören oder lesen sie gern immer wieder aufs neue. Diese Wiederholung, zusammen mit der Phantasie Ihrer Kinder und dem unschätzbaren Wert Ihrer Gegenwart, macht Geschichten zu einer der besten Möglichkeiten, das Denken der Kinder zu beeinflussen.

In seinem Buch *The Competent Child* bringt der Psychologe Joseph Strayhorn Jr. Eltern bei, wie sie «positive Vorbildgeschichten» – wie er sie nennt – erfinden können, die die Probleme oder Sorgen aus dem wirklichen Leben Ihres Kindes ansprechen. In diesen Geschichten liefert die Hauptfigur, die ähnliche Züge wie das Kind hat, das Vorbild für wirklichkeitsnahes Denken und Problemlösungen in ihren Gedanken, Gefühlen und Verhaltensweisen. Diese Hauptfigur mag für besondere psychologische Fähigkeiten von anderen belohnt werden oder auch nicht, aber sie belohnt sich immer selbst dafür, daß sie innerlich motiviert ist.

Einige Eltern sind zwar geborene Geschichtenerzähler und können spontan positive Vorbildgeschichten erfinden, wenn sie die Grundprinzipien einmal verstanden haben, doch viele Eltern möchten die Geschichten aufschreiben, die sie ihren Kindern dann vorlesen können. Wenn Sie ein Buch mit positiven Vorbildgeschichten anlegen, sollten Sie das Format und die Sprachebene anderer Bücher benutzen, die Ihr Kind gern liest oder hört. Für kleinere Kinder können Sie das Buch mit Zeichnungen, Fotos aus einer Sofortbildkamera oder Computerclip-Kunst illustrieren. Ihre Kinder werden mit Freude an dem Entwurf des Buches mitarbeiten.

Ziehen Sie bei der Themenwahl für das Buch eine Handlungslinie in Betracht, die einem Problem, das Ihr Kind zur Zeit haben mag, ähnelt, wenn auch nicht genau gleicht. Wenn Sie eine Geschichte schreiben und den Namen und die völlig gleiche Situation Ihres Kindes verwenden, bekommt es vielleicht Angst und regt sich auf, besonders wenn das Problem gravierend ist. Folglich wird es seine Angst wahrscheinlich durch zur Schau gestelltes Desinteresse und Langeweile ausdrücken, wodurch dieses Erlebnis für Sie beide frustrierend wird.

Schreiben Sie statt dessen die Geschichte so, daß sie von jemandem «wie» Ihrem Kind handelt, und schaffen Sie so eine Metapher für seine Situation. Der Held der Geschichte könnte ein anderes Kind, ein Tier, ein Wesen aus dem Weltraum sein – irgendeine Persönlichkeit, mit der sich Ihr Kind identifizieren kann.

Bei der Erfindung einer positiven Vorbildgeschichte wählt man am besten ein Thema, das Elemente enthält, die Ihrem Kind vertraut sind. Die folgenden Beispiele enthalten Handlungen, die für Kinder mit den gewöhnlichen Kindheitsproblemen geschrieben wurden.

Diese Handlung wurde für die sechsjährige Annie erfunden, die Angst vor Hunden hatte:

Barry wohnt direkt neben einem sehr bösen Hund, der die ganze Zeit bellt. Er hat gehört, daß der Hund Kinder beiße und sogar einmal versucht haben soll, ein Baby zu fressen! Barry bekommt ein Buch über Hunde und liest von dieser Hunderasse. Er begegnet dem Hund und seinem Besitzer während eines Spaziergangs und streichelt ihn tatsächlich! Er erfährt von dem Hundebesitzer, warum Hunde bellen, was sie wütend macht und was man tun muß, wenn ein Hund einen belästigt.

Als Miguels Familie wegen eines Hurrikans, der ihr Haus stark beschädigte, evakuiert wurde, bot die folgende Geschichte dem Vierjährigen Trost:

Der Hund Rover lebt im Süden von Florida, wo es viele Wirbelstürme gibt. Als seine Hundehütte fortgeweht wurde, mußte Rover vorübergehend in ein Heim für obdachlose Hunde. Aber Rover sah, daß in dem Heim auch andere Hunde waren, die ebenfalls vorübergehend kein Zuhause hatten, und es gefiel ihm, mit ihnen an ein oder zwei Knochen zu nagen und über den Hof zu jagen. Nach einigen Wochen beschlossen seine Besitzer, in ein neues Heim mit einer neuen Hundehütte zu ziehen. Rover war traurig, daß er seine neuen Freunde in dem Heim zurücklassen mußte, aber er dachte auch an die Freunde, die er in seiner neuen Umgebung finden würde.

Die folgende, hier zusammengefaßte Geschichte wurde für die neunjährige Stephanie geschrieben, deren Eltern mitten in einer bitteren Scheidung steckten. Sie verdeutlicht, daß einige Geschichten subtiler und von der direkten Erfahrung des Kindes weiter entfernt sein müssen, damit sie erzählt werden können, ohne im Kind zu viele Ängste zu wecken.

Diana lebt in einem fernen Land, in dem immer Krieg zwischen dem Roten Volk und dem Grünen Volk herrscht. Diana lebt bei ihren Eltern, aber ein Elternteil ist rot und der andere grün (Diana ist genau zur Hälfte rot und grün). Da Diana ihre Farbe oder die ihrer Eltern nicht verändern und auch dem Krieg kein Ende setzen kann, findet sie Wege, mit der Situation fertig zu werden und in ihrem Inneren Frieden zu schließen.

Hier nun die Zusammenfassung einer Geschichte für die elfjährige Nalaia, die immer wegen ihres Übergewichtes aufgezogen wird:

Helen Keller, Stevie Wonder und Ray Charles treffen sich an einer Bushaltestelle auf ihrem Weg nach New York City. Sie sprechen darüber, wie es ist, blind zu sein und anders als andere Leute auszusehen. Sie unterhalten sich über vergangene Zeiten, in denen es ihnen sehr schlecht ging, und darüber, wie sie diese Phasen überwunden haben. Sie unterhalten sich so intensiv, daß sie ihren Bus verpassen, aber sie kriegen den nächsten. Sie sind froh darüber, Freunde zu sein.

Diese Technik wird vor allem bei Kindern zwischen drei und zehn Jahren angewandt, wenn sie gern Geschichten erzählt oder vorgelesen bekommen. Für das Ausdenken und Vorlesen der Geschichten empfiehlt Strayhorn, daß Eltern eine freundliche Atmosphäre schaffen, indem sie folgende Punkte beachten:

- eine Zeit aussuchen, in der keine besonderen, ablenkenden Aktivitäten stattfinden;
- eine Geschichte aussuchen, die zeitlich dem Konzentrationsvermögen Ihres Kindes angepaßt ist;
- mit Begeisterung und dramatischer Betonung vorlesen;
- während des Vorlesens häufigen Augenkontakt mit dem Kind aufnehmen;
- Ihr Kind ermutigen, Sie mit Kommentaren oder Fragen zu unterbrechen;
- die Zeit zu einem beiderseitigen Vergnügen statt zu einer Pflichtübung machen;
- kleinere Kinder zu körperlicher Nähe ermutigen;
- einen zustimmenden Ton anschlagen, um das Ende der Geschichte zu signalisieren;
- Ihr Kind ein alternatives Ende vorschlagen lassen, damit es seinen eigenen gedanklichen Prozeß erforscht.

Ausgedachte Geschichten sind für Kinder immer die wirkungsvollsten. Wenn Sie sich allerdings beim Erfinden von Geschichten nicht wohl fühlen, gibt es eine ständig wachsende Zahl an positiven Vorbildbüchern für Kinder über so unterschiedliche Themen wie den Umgang mit Ängsten, Scheidung, Krankheit eines Elternteils und ähnliches.

EQ-Punkte, die man sich merken sollte

- Realistisches Denken ist das Gegenteil von Selbsttäuschung.
- Vorbildgeschichten vermitteln diese Fähigkeit wahrscheinlich am besten, ob Sie aus bereits vorliegenden Büchern vorlesen oder sie selbst erfinden.
- Ihre Kinder werden schließlich lernen, über ihre Probleme oder Sorgen realistisch zu denken, wenn Sie das gleiche tun. Verbergen Sie vor Ihrem Kind nicht die Wahrheit, auch wenn diese schmerzhaft ist.

KAPITEL 7

Optimismus: ein Gegenpol zu Depression und Leistungsschwäche

Sharon, eine selbstsichere Sechsjährige, tauchte zu Fotoaufnahmen 15 Minuten zu früh auf. «Wissen Sie was?» fragte sie den Fotografen, als sie ihm vorgestellt wurde, ohne auf eine Antwort zu warten. «Letztes Jahr war ich in Disney World und bin auf allem zweimal gefahren!»

«Das ist schön», erwiderte der Werbeleiter, der die Aufnahmen koordinierte. «Wie wär's, wenn du dich hierhersetzt? Wir wollen die Beleuchtung testen.»

«Wissen Sie was?» sagte Sharon, während sie sich vor den Lampen niederließ. «Ich habe schon mit vier angefangen, Modell zu stehen, weil meine Schwester Holly das auch gemacht hat und ich ihr dabei zugesehen hab. Und ich hab gesagt, ich will das auch machen, und meine Mama hat gesagt: ‹Gut, das darfst du›, und deshalb mach ich das jetzt, aber Holly nicht.»

«So?» entgegnete der Leiter, der von der Begeisterung dieses redseligen Mädchens ganz eingenommen war. «Stehst du gern Modell?»

«Ich liebe es», erwiderte Sharon, und ihr Gesicht strahlte.

«Genau das Gesicht brauche ich», sagte der Fotograf, und irgendwie gelang es Sharon, das Lächeln beizubehalten, während sie weitersprach.

«Ich liebe es», wiederholte sie. «Ich mußte nach New York fahren, und Mama ist mit mir in ein Theaterstück gegangen, und ich treffe immer Leute, und sie fotografieren mich, und ich werde sogar in einer richtigen Werbesendung zu sehen sein. Holly mag das nicht mehr, und Mama und ich fahren zusammen.»

Optimismus ist mehr als nur positives Denken. Es ist eine *Angewohnheit*, positiv zu denken, oder wie es ein Wörterbuch definiert: «eine Veranlagung oder Neigung, mehr die günstige Seite von Ereignissen oder Bedingungen zu sehen und von dem günstigsten Ausgang auszugehen.»

Optimistische Kinder wie Sharon um sich zu haben ist eine Freude. Ihr Eifer und ihre Begeisterung sind ansteckend. Aber laut dem Psychologen Martin Seligman, Autor von *The Optimistic Child*, ist Optimismus viel mehr als nur ein gewinnender Persönlichkeitszug. Er mag tatsächlich eine Art psychologischer Immunisierung gegen eine Heerschar an Lebensproblemen darstellen. Seligman schreibt, daß in über tausend Untersuchungen, die an mehr als einer halben Million Kindern und Erwachsenen durchgeführt wurden, optimistische Menschen sich seltener deprimiert zeigten, erfolgreicher in Schule und Beruf und überraschenderweise sogar körperlich gesünder waren. Das vielleicht wichtigste Ergebnis: Auch wenn ein Kind nicht mit einer optimistischen Veranlagung geboren wird, ist Optimismus eine EQ-Fähigkeit, die man lernen kann.

Seligman bemerkt, daß Amerika bis vor kurzem eine Nation von Optimisten war: «Die erste Hälfte des 19. Jahrhunderts war die große Ära der Sozialreformen, deren Eckpfeiler der optimistische Glaube war, daß die Menschen sich verändern und verbessern könnten ... Einwanderungswellen fanden grenzenloses Land vor, und der Mythos vom Tellerwäscher zum Millionär war für sie kein leerer Traum. Die Optimisten des 19. Jahrhunderts institutionalisierten die allgemeine Schule, gründeten öffentliche Büchereien, befreiten die Sklaven, rehabilitierten die Geisteskranken und kämpften für das Wahlrecht der Frauen.»

Seligman glaubt, daß Pessimismus ursprünglich als Reaktion auf den Nachkriegsaufschwung der fünfziger Jahre in Mode kam und in den Sechzigern durch die Attentate gegen einige unserer hoffnungsvollsten Führer genährt wurde, wie auch von Watergate und natürlich von Vietnam.

Optimistische versus pessimistische Gedanken

Um Ihr Kind dazu anzuleiten, optimistisch zu sein, müssen Sie zuerst zwischen pessimistischen und optimistischen Gedanken unterscheiden. Laut Seligman liegt der Hauptunterschied in der Art, wie Optimisten und Pessimisten jeweils die Ursachen von guten und schlechten Ereignissen erklären.

Der Optimist glaubt, daß positive, glückliche Ereignisse sich durch Dinge erklären lassen, die *dauerhaft* und *vorherrschend* sind (die also über lange Zeit in verschiedenen Situationen stattfinden). Der Optimist übernimmt auch die *angemessene Verantwortung* dafür, daß gute Dinge geschehen. Wenn sich etwas Schlechtes ereignet, sieht er es als *vorübergehend* und *situationsspezifisch* an, und er schätzt realistisch ein, ob er das schlechte Ereignis verursacht hat.

Andy ist ein optimistisches Kind. Als er herausfand, daß seine Familie zum drittenmal in drei Jahren umziehen sollte, war er verständlicherweise ärgerlich. Er mochte seine Schule, seine Freunde und sein Haus, das nur zwei Häuserreihen vom öffentlichen Schwimmbad entfernt lag. Aber nach anfänglichen Beschwerden begann er, an sein neues Zuhause zu denken, das nur eine Stunde von Orlando in Florida entfernt war, wo Disney World und andere große Vergnügungsparks sind.

Andy wußte, daß sein Vater wegen seiner Arbeit umziehen mußte und nicht wegen irgend etwas selbst Verschuldetem. Auch wußte er, daß seine Familie zu den «guten Umziehern» gehörte. Sie hielten den Kontakt mit alten Freunden aufrecht und gaben nach ihrem Einzug immer eine große Party, um die neuen Nachbarn kennenzulernen. Andy beschloß, seine Erfahrungen in einem Schulaufsatz darzustellen. Er nannte ihn «In Bewegung bleiben».

Der Pessimist denkt genau anders herum: gute Ereignisse sind *vorübergehend*, schlechte *dauerhaft*, gute Ereignisse sind das Ergebnis von Glück oder Zufall, schlechte Ereignisse sind leichter vorhersehbar. Der Pessimist macht auch Fehler bei Schuldzuweisungen. Er neigt dazu, immer entweder sich selbst oder jedem anderen für alles Schlechte die Schuld zu geben.

Ein Pessimist hat oft auch die Veranlagung, in allem eine Katastrophe zu sehen. Auf den «schlimmsten Fall» vorbereitet zu sein ist unter schrecklichen Umständen angemessen, nicht jedoch im Alltagsleben. Das Kind, das weint und beleidigt ist, weil es das Basketballteam nicht aufstellen durfte oder seine Eltern ihm nicht erlauben, sich die Ohren durchstechen zu lassen, verzerrt absichtlich die Wichtigkeit solcher Ereignisse. Es stimmt seine emotionale

Reaktion auf diese Verzerrung ab und weniger auf die Realität. Wenn Sie eher auf die pessimistische Weltsicht Ihres Kindes als auf die logische reagieren, verstärken Sie möglicherweise seine Tendenz, die Dinge so düster wie möglich zu sehen.

Die Gefahren des Pessimismus

Für Seligman ist Pessimismus nicht einfach nur eine negative Art zu denken, sondern ein Symptom für das, was er als eine der größten Gesundheitsbedrohungen für unsere Kinder in heutiger Zeit ansieht, nämlich eine «Epidemie der Depression». Seligman stellt seine Schlußfolgerungen auf die breite Basis von vier umfangreichen Untersuchungen, für die von über 16 000 Menschen jeden Alters Informationen eingeholt wurden. Seligman erklärt, daß verglichen mit den im ersten Drittel dieses Jahrhunderts geborenen Menschen die Wahrscheinlichkeit, daß ein heutiges Kind ernsthaft depressiv ist, zehnmal höher ist. Beunruhigender noch: Gravierende Depressionen scheinen früher im Lebenszyklus einzusetzen. Seligman zitiert die Ergebnisse einer Umfrage bei 3000 Neun- bis 14jährigen, bei der neun Prozent mit einer voll ausgebildeten depressiven Störung ermittelt wurden.

Glücklicherweise gibt es einen deutlichen wissenschaftlichen Beleg dafür, daß Pessimismus und sogar die Neigung zur Depression abgewendet werden können, indem man Kindern (oder Jugendlichen und Erwachsenen) buchstäblich neue Wege des Denkens beibringt. Aaron Beck und seine Kollegen von der University of Pennsylvania entwickelten als erste ein systematisches Therapieprogramm. Es bewies, daß das logische Gehirn so trainiert werden kann, daß es das emotionale Gehirn kontrolliert.

Beck glaubt, daß deprimierte Menschen *gewohnheitsmäßig* denken, die Zukunft sehe düster aus. Er fand heraus, daß die depressiven Symptome von Patienten, denen man beibringt, anders zu denken, signifikant verringert wurden.

Seligman und sein Team von dem Penn-Präventions-Programm der University of Pennsylvania erweiterten Becks System und entwickelten ein zwölfwöchiges Programm zur Behandlung von depressionsanfälligen Kindern. Diese lernten mit Hilfe des

Penn-Programms neue Arten, über sich zu denken und zwischenmenschliche Probleme zu lösen. Es hatte eine unmittelbare Wirkung. Vor dem Programm zeigten je 24 Prozent der Kinder in der Präventions- und in der Kontrollgruppe gemäßigte bis schwere depressive Symptome. Unmittelbar nach dem Programm sank die Depressionsrate in der Präventionsgruppe auf 13 Prozent, während sie in der Kontrollgruppe unverändert blieb.

Angesichts der Tatsache, daß Prävention das Hauptanliegen des Programms war, mußte sein wirklicher Wert an seinen Langzeitwirkungen gemessen werden. In einer Folgeuntersuchung wurde zwei Jahre später deutlich, daß zwar 24 Prozent der Kinder in der Präventionsgruppe allmählich wieder gemäßigte bis schwere Symptome zeigten, in der Kontrollgruppe aber wiesen zweimal so viele, nämlich 46 Prozent, Symptome auf. Mit anderen Worten: Das Penn-Programm verminderte die Anzahl der Kinder, die vorhersehbar depressive Symptome entwickelten, um 100 Prozent.

Wie man ein optimistisches Kind heranziehen kann

Optimismus kann man lernen. Hier sind einige Richtlinien.

Achten Sie darauf, wie Sie Ihre Kinder kritisieren

Seligman weist darauf hin, daß es richtige und falsche Arten zu kritisieren gibt. Dies kann einen wesentlichen Einfluß darauf haben, ob Ihr Kind zu einem Optimisten oder Pessimisten wird.

Die erste Regel lautet, genau zu sein, wenn Sie Ihr Kind kritisieren. Seligman schreibt: «Übertriebene Schuldzuweisung ruft Schuld- und Schamgefühle hervor, die über das hinausgehen, was notwendig ist, um dem Kind einen Anstoß zur Veränderung zu geben. Aber überhaupt keine Schuldzuweisungen zu machen, untergräbt das Verantwortungsgefühl und den Willen, sich zu ändern.»

Entwickeln Sie zweitens einen optimistischen Erklärungsstil; erklären Sie Probleme mit wirklichkeitsnahen Begriffen, so daß man den Grund als spezifisch und veränderbar erkennt.

Nehmen Sie zum Beispiel die achtjährige Suzie, die ihr Zimmer unordentlich hinterließ, obwohl ihre Eltern sie dreimal gebeten hatten, es aufzuräumen, bevor sie mit Freunden zu einem Picknick ging. Ihre Eltern waren besonders verärgert, weil sie an dem Morgen das Haus einem Immobilienmakler zeigen wollten und nun hektisch an Suzies Stelle aufräumen mußten.

Als Suzie nachmittags heimkam, war ihre Mutter sichtlich verärgert und ging mit ihrer Tochter sofort in ihr Zimmer, um ihr den Grund für ihren Zorn zu erklären. Hier lesen Sie zwei Versionen dessen, was Suzies Mutter sagte. Die erste ist von einem optimistischen Erklärungsstil geprägt, die zweite von einem pessimistischen.

Optimistischer Stil:
Suzie, du hast etwas getan, das deinem Vater und mir ziemliche Unannehmlichkeiten bereitet hat, und wir sind sehr ärgerlich. (Die Kritik der Mutter ist spezifisch. Sie beschreibt ihre Gefühle genau.)

Wir haben dir dreimal gesagt, daß du dein Zimmer aufräumen sollst, aber du hast es jedesmal vor dir hergeschoben. (Ihre Mutter beschreibt den Vorfall genau und stellt Suzies Problem als vorübergehend dar.)

Da du dein Zimmer nicht aufgeräumt hast und ein Immobilienmakler zu uns gekommen ist, mußten wir selbst aufräumen und konnten deswegen wichtige andere Dinge nicht erledigen. Es liegt in deiner Verantwortung, dein Zimmer sauberzuhalten, nicht in unserer. (Ihre Mutter erklärt genau, was passiert ist – die Ursache des Problems und die Wirkung. Sie weist die Schuld korrekt zu.)

Ich möchte, daß du 15 Minuten in deinem Zimmer bleibst und über das nachdenkst, was ich gesagt habe. Dann möchte ich, daß du mir sagst, was du tun kannst, damit dein Zimmer aufgeräumt bleibt und so etwas nicht noch einmal passiert. (Das ist ein realistischer Zeitraum für eine Achtjährige, um über ein Problem nachzudenken. Suzies Mutter hat eine spezifische Aufgabe gestellt, die Suzie meistern und bei der sie das Problem aus der Welt schaffen kann.)

Pessimistischer Stil:
Warum bist du immer so rücksichtslos? Ich bin über dein Verhalten wütend! (Das Wort «immer» impliziert, daß das Problem global ist und sich nie ändert. Die emotionale Reaktion von Suzies Mutter ist übertrieben und ruft zu viele Schuldgefühle hervor.)

Ich habe dir schon tausendmal gesagt, du sollst dein Zimmer sauberhal-

ten, aber du hörst ja nie zu! Was ist los mit dir? (Suzies Mutter beschreibt das Problem als vorherrschend [«tausendmal»] wie auch als global [«du hörst ja nie zu»], um Schuldgefühle zu wecken. Des weiteren gibt sie zu verstehen, daß etwas mit ihrem Kind dauerhaft oder charakterlich nicht stimmt, da es in dieser Weise handelt.)

Der Immobilienmakler ist heute morgen gekommen, und es war fast eine Katastrophe! Es heißt, der erste Eindruck, den jemand von einem Haus bekommt, kann über alles entscheiden. Du hättest es uns versauen können, einen guten Makler zu bekommen! Durch so was kann man Tausende Dollars beim Hausverkauf verlieren! Es könnte bedeuten, daß wir uns das neue Haus nicht leisten können! (Suzies Mutter stellt das Problem als Katastrophe dar. Sie gibt zu verstehen, daß allein Suzies rücksichtslose Handlung schlimme Folgen für die Familie nach sich ziehen könnte.)

Ich will jetzt, daß du in deinem Zimmer bleibst und über das, was du getan hast, nachdenkst. (Die Strafe ist undeutlich und nicht spezifisch. Dadurch hat Suzie Zeit, zu brüten und sich schuldig zu füh-

Mit Ihrer Kritik oder Zurechtweisung haben Sie einen Einfluß darauf, ob Ihre Kinder die Welt optimistisch oder pressimistisch sehen.

len. Ihr bietet sich keine Gelegenheit, etwas zu lernen oder zu tun, um ihren Fehler wiedergutzumachen.)

Gehen Sie mit gutem Beispiel voran

Für Ihre Kinder ist Ihr Verhalten ein Vorbild, und Sie nehmen sowohl Ihre guten wie schlechten Seiten in sich auf. Wenn Sie ein Pessimist sind, werden Ihre Kinder möglicherweise auch so denken. Wollen Sie, daß die Kinder von optimistischem Denken profitieren, müssen Sie auch die Art Ihres eigenen Denkens ändern.

Das ist nicht einfach, aber Sie können es schaffen, wenn Sie begreifen, daß pessimistisches Denken eine Gewohnheit ist (und Sie sie als solche behandeln können), und wenn Sie wirklich motiviert sind. Sie können mit Hilfe der nachfolgenden Beispiele die Veränderung negativer Gedanken in realistische positive einüben. Die mittlere Spalte hilft Ihnen zu erkennen, welchem Typ von Verzerrung (spezifisch versus vorherrschend, Schuldzuweisung, Katastrophierung) Sie zuneigen. Sie können dieses Formblatt auch mit Kindern über zehn Jahren benutzen, um ihnen zu helfen, ihre Probleme realistischer und optimistischer einzuschätzen.

Gedanken-Pingpong (ab acht Jahren)

Gedanken-Pingpong ist ein Spiel, bei dem sich optimistische und pessimistische Gedanken direkt gegenüberstehen. Es soll Ihnen und Ihren Kindern helfen, wachsamer gegenüber Ihren automatischen Negativstimmen zu sein, und sie dann in Frage zu stellen. Dies ist ein Kooperationsspiel, bei dem alle auf ein gemeinsames Ziel hin zusammenspielen. Wie in anderen Kooperationsspielen gewinnen oder verlieren alle.

Um sich dieses Spiel vor Augen zu führen, denken Sie an Comics, die Sie gesehen haben, in denen ein Engel auf der einen Schulter einer Figur sitzt und ein Teufel auf der anderen. Der Engel und der Teufel tragen dann beide ihre Argumente vor, was die Figur tun sollte.

Für dieses Spiel braucht man drei Leute, die nebeneinander auf einer Couch oder auf drei nebeneinander aufgestellten Stühlen sitzen. Man benötigt noch jeweils eine Karteikarte mit einem «+» und eine mit einem «-» darauf.

Beginnen Sie das Spiel so, daß der jüngste Spieler in der Mitte sitzt. Der nächstältere Spieler hält die «-»-Karte und der älteste Spieler die «+»-Karte.

Die Person in der Mitte stellt ein Problem dar, das sie hat. Dann sagt die Person mit der «-»-Karte etwas Negatives oder Pessimistisches zu dem Problem. Als nächstes sagt die Person mit der «+»-Karte etwas, das den negativen Kommentar bestreitet. Denken Sie aber daran, daß es nicht einfach nur eine positive Äußerung sein soll, sondern sie *muß realistisch und «beweisbar»* sein. Beispielsweise ist ein Kommentar wie: «Du schaffst alles, was du dir vornimmst», zu vage und stimmt auch nicht wirklich. Niemand ist in allem gut. Ähnlich ist eine Äußerung, wie «Versuch's doch mal», einfach nur eine Art fröhlicher Anfeuerung. Optimismus ist *kein* fröhliches Anfeuern, es ist eine positive und realistische Art, ein Problem zu betrachten.

Sagen wir zum Beispiel, das Problem lautet: «Ich bin so schlecht in Naturwissenschaft, ich kriege wahrscheinlich eine Fünf.»

- *Negative Äußerung: Du hast keine Ahnung von Naturwissenschaft. Warum machst du dir überhaupt die Mühe, es zu versuchen?*
- *Positive Äußerung: Wenn du mehr lernst oder zusätzlich an einer AG teilnimmst, kannst du den Abschluß schaffen.*
- *Negative Äußerung: Naturwissenschaft ist langweilig, und die Bücher, die wir benutzen, sind zu schwer.*
- *Positive Äußerung: Du kannst Bücher suchen, die interessanter sind, oder vielleicht sogar ein Computerprogramm, das es dir erklären würde; oder du kannst jemanden um Hilfe bitten, der darin gut ist und gut erklären kann.*
- *Negative Äußerung: Stell dich der Wirklichkeit: Was du auch unternimmst, du wirst doch nur eine schlechte Note bekommen. Du bist ja schon dreimal durchgefallen.*
- *Positive Äußerung: Auch wenn du diesmal eine schlechte Note kriegen solltest, kannst du sie noch mit einer guten Note in Literatur ausgleichen. Wenn du zwei zusätzliche Bücher liest, kannst du eine Eins schaffen.*

Die Person in der Mitte, die das Problem ursprünglich aufgebracht hat, stellt den «Richter» dar. Sie sollte jede negative und positive Äußerung auf das Punkteblatt schreiben und nur dann jede positive Bemerkung einkreisen, wenn sie sowohl zutreffend als auch realistisch ist. Jede Runde sollte fünf Minuten dauern, und dann tauschen die Spieler die Rollen. Der Spieler in der Mitte stellt nun ein neues Problem dar, das er hat, und schreibt wiederum die positiven und negativen Äußerungen der beiden anderen Mitspieler auf. Das Spiel sollte ungefähr 20 Minuten dauern. Wenn 30 realistische positive Äußerungen in diesem Zeitraum notiert worden sind, hat das «Team» das Spiel gewonnen.

EQ-Punkte, die man sich merken sollte

Aus vielfältigen Gründen neigt die derzeitige Kindergeneration mehr zu Pessimismus als die Generationen zuvor. Die Kinder sind anfälliger denn je für Depressionen und die damit verbundenen Probleme wie schlechte schulische Leistungen, Mangel an Freunden oder sogar körperliche Krankheiten. Sie können Ihrem Kind helfen, indem Sie an folgendes denken:

- Kinder können lernen, optimistisch zu sein. Das ist eine Möglichkeit, sie gegen Depressionen und andere psychische wie physische Gesundheitsprobleme zu wappnen.
- Optimismus leitet sich von realistischem Denken ab, ebenso von der Bewältigung altersgerechter Herausforderungen.
- Sie selbst müssen optimistischer sein im Zusammenhang mit Ihren Kindern. Kinder lernen am schnellsten, indem sie beobachten, was ihre Eltern tun und sagen.

KAPITEL 8

Wie man kindliches Handeln verändert, indem man kindliches Denken verändert

An Universitäten und Forschungszentren in ganz Amerika kommen Wissenschaftler zu dem Ergebnis, daß eine Veränderung der Art zu denken tatsächlich auch die Gehirnchemie verändert. Die entsprechenden Methoden zielen auf die Modifikation des «kognitiven Verhaltens», weil sie die Verbindungen zwischen dem, was wir denken, und dem, was wir tun, verändern sollen und dabei den allgemeinen Prinzipien der Verhaltenspsychologie folgen.

Eine der rätselhaftesten und schwerwiegendsten psychischen Störungen, die Zwangsneurose, ist hier nur ein Forschungsbereich unter vielen. Kinder, Jugendliche und Erwachsene mit einer Zwangsneurose bringen sich und andere mit ihren irrationalen Gedanken und Verhaltensweisen zur Verzweiflung.

Barry war ein siebenjähriges Kind mit einer Zwangsneurose. Er mußte in jedes geparkte Auto sehen, an dem er vorbeikam, und kontrollieren, ob das Innenlicht an war. Sein Vater erzählte seinem Therapeuten, daß sie fast eine Stunde gebraucht hätten, um zum nahe gelegenen Spielplatz zu gelangen, weil Barry jedes Auto überprüfen mußte und einen Wutanfall bekam, wenn er das nicht durfte. Barry verbrachte auch Stunden vor der Digitaluhr in der Küche und beobachtete, wie die Zahlen wechselten, und er mußte zwanghaft «Glücksrad» im Fernsehen anschauen, damit er in dieser Show dem sich drehenden Rad zusehen konnte. Er konnte das Haus nicht verlassen, wenn er nicht ein rotes und ein blaues Kleidungsstück anhatte.

Andere Kinder (und Erwachsene) mit einer Zwangsneurose sind von Sauberkeit besessen. Sie können keine öffentlichen Toiletten benutzen, vermeiden es, Türgriffe zu berühren, und müssen sich zwölfmal am Tag oder öfter duschen. Eine Jugendliche, die ich kenne, wusch sich ihre Hände so häufig, daß sie Geschwüre bekam. Natürlich verursacht diese Art von zwanghaftem Denken Chaos im Leben des Kindes und aller, die mit ihm zu tun haben. In vielen Fällen sind diese Kinder monatelang nicht in der Lage, das Haus zu verlassen.

Die Gehirnchemie verändern

Neueste Forschungen an Zwangsneurotikern zeigen, daß diese eine andere Gehirnchemie aufweisen als Menschen ohne diese Störung. Die Psychiater Jeffrey Schwartz und Lew Baxter von der University of California in Los Angeles injizierten Freiwilligen mit und ohne Zwangsneurose zu Forschungszwecken eine glukoseartige Substanz. Mit Hilfe einer neuen Hirnrastertechnik fanden sie heraus, daß Zwangsneurotiker übereinstimmend mehr Energie in ihrem Orbitalkortex, der Unterseite des vorderen Gehirns, verbrauchen.

Es überrascht nicht, daß bestimmte Medikamente (darunter Prozac, dt. Fluctin) die Wege verändern können, auf denen die Nervenzellen Information und Energie weiterleiten, und so zwangsneurotische Symptome mildern. Wie aber Dr. Schwartz in seinem Buch *Brain Lock* berichtet, kann die Modifikation kognitiven Verhaltens die gleichen chemischen Veränderungen im Gehirn hervorrufen wie psychoaktive Drogen. Andere Forschungen stützen dies, daß nämlich die Veränderung von Denkweisen eine genauso wirkungsvolle Medikation bei der Behandlung von Depression, Phobien und Angstneurosen und gewissen psychosomatischen Erkrankungen sein kann.

In diesem Kapitel werfen wir einen Blick auf spezifische Techniken zur Modifikation kognitiven Verhaltens, die bei einer großen Bandbreite von psychischen wie physischen Problemen angewandt werden können. Vielleicht finden Sie diese Techniken nützlich bei Problemen, die Ihre Kinder bereits haben, wie etwa Angst vor dem Arzt oder Zahnarzt. Viele dieser Techniken werden für Ihr Kind in der Zukunft sogar noch wichtiger sein. Die gleichen kognitiven Fähigkeiten, die Ihrem Kind heute bei einem Diktat helfen, werden ihm beim Hochschuleignungstest helfen oder es im Beruf dazu befähigen, trotz Drucks seine Leistung zu erbringen.

Diese Fähigkeiten sind für Kinder besonders wichtig, wenn sie mit Problemen oder Konflikten konfrontiert werden. Der Psychiater John March, Leiter des Angstneurosenprogramms für Kinder und Jugendliche an der Duke University, fordert Kinder auf, sich einen «Werkzeugkasten» an Strategien zurechtzulegen, der, wie er sagt, immer bei ihnen ist, weil sie ihn im Kopf haben. Zu den Werkzeugen Ihres Kindes könnte jede der in diesem Buch dargestellten Ideen gehören. An dieser Stelle aber wollen wir nur die kognitiven Fähigkeiten erörtern, die sich bei Kindern mit vielfältigen Schwierigkeiten als wirkungsvoll erwiesen haben.

Ein Problem als den «Feind» definieren

Als erstes werden die Kinder in den meisten Formen kognitiver Psychotherapie dazu angeleitet, sich selbst von ihrem Problem zu unterscheiden und zu erkennen, daß ihr Problem außerhalb von ihnen liegt. John March fordert Kinder auf, ihr Problem als einen Feind zu betrachten, ihm einen Namen zu geben und gegen ihn zu kämpfen.

Josh hatte im Alter von fünf Jahren viele Phobien. Er fürchtete sich vor Aufzügen, Rolltreppen, Brücken, Tunnels, der Dunkelheit, lauten Geräuschen und anderem. Sein Therapeut verdeutlichte dem Kind, daß all diese Ängste ihm das Leben schwermachten und es regelrecht «unter Dauerbeschuß» seiner Ängste stand.

«Du mußt daran denken, daß deine Ängste dein Feind sind», erklärte Joshs Therapeut, «und dein Feind greift dich aus allen Richtungen an! Wenn du hinausgehst, steht hinter jeder Tür ein böser Junge. Du mußt aufpassen und wachsam sein und dich wehren! Nicht der Aufzug oder die Rolltreppe ist dein Feind, sondern deine Angst vor diesen Dingen.

Wir brauchen also einen Namen für diese Ängste, für diesen Feind. Wer so etwas einem so netten Kind wie dir antut, ist ein sehr schlimmer Feind, und ich werde wütend, wenn ich nur darüber spreche! Ich hasse diesen Feind, du nicht? Wie sollten wir diesen Feind nennen, der dich so unglücklich macht?»

Josh sah mit weitaufgerissenen Augen zu, wie sein sonst so sanfter Therapeut sich aufregte und auf einen Kampf vorbereitete. «Ich weiß nicht, wie ich ihn nennen soll», erklärte Josh. Er dachte noch etwas nach und fragte dann: «Wie wäre es mit Ungeheuer?»

«Ungeheuer ist ein guter Name», erwiderte der Therapeut. «Was denkst du, wenn du diesen Namen hörst?»

«Ich weiß nicht», sagte Josh leise, «es ist doch nur ein Name.»

«Aber wir wollen nicht einfach ‹nur einen Namen›, wir wollen einen schrecklichen Namen. Wir wollen einen Namen, der dich wütend macht! Einen Namen, der dich in Rage versetzt! Einen Namen, der aus dir einen Krieger macht!» Mit jedem Satz wurde der Therapeut heftiger und entschlossener. «Welcher Name bringt also dein Blut zum Kochen? Nenn mir einen Namen, bei dem du schon zornig wirst, wenn du ihn nur aussprichst. Nenn mir einen Namen für deinen verfluchten, nichtsnutzigen Feind – deine unfairen, dummen Ängste, die sich um ihre eigenen Sachen kümmern sollen!»

«Robert!» rief Josh aus. «Ich nenn meinen Feind Robert! Ich hasse Robert, er war ein dicker, fetter Rüpel, der immer auf mir rumgehackt hat und mich Baby genannt hat und sich auf mich gesetzt hat und mich an den Haaren gezogen hat! Ich hasse ihn!»

«Robert», wiederholte der Therapeut, mit Joshs neuem Kampfgeist offensichtlich zufrieden, «ja, das klingt nach einem guten Namen für deinen Feind. Paßt nur auf, ihr Ängste namens Robert! Wir kriegen euch!»

Ein Problem neu formulieren und es aus dem Leben Ihres Kindes herausschreiben

Psychologen nennen den Prozeß, den Josh durchlief, «reframing» («neu rahmen»). Wenn Kinder dazu gebracht werden können, ein inneres Problem als eines anzusehen, das sich außerhalb von ihnen befindet, eröffnet sich ihnen eine neue Betrachtungsmöglichkeit, ein neuer Bezugsrahmen. Zusätzlich regt die Benennung eines Problems als «Feind» Ihr Kind dazu an, etwas Neues zu tun. Es erkennt, manchmal zum erstenmal, daß nicht es *selbst* schlecht ist, sondern das Problem, das sein Verhalten kontrolliert.

Im nächsten Schritt sollen die Kinder laut den neuseeländischen Psychologen Michael White und David Epston ein Problem aus ihrem Leben *aufschreiben*. Diese Autoren entwickelten einen kognitiven Ansatz, den sie Narrative Therapie nennen. Sie arbeitet mit einer Vielzahl an schriftlichen Beschäftigungen, um die Distanz zwischen den Kindern und ihren Problemen zu erhöhen. Narrative Therapie hilft Kindern zu erkennen, daß sie durch ihre Entscheidungen und Verhaltensweisen im metaphorischen Sinne ihre Lebensgeschichte schreiben: Wenn ein Kind wie Josh ängstlich ist, dann beeinflußt die Angst jedes Kapitel seiner Lebensgeschichte. Gibt es ein Kapitel über den Schulanfang, so ist die Angst darin. Gibt es ein Kapitel über die Fahrt ins Ferienlager, so ist die Angst darin. Doch laut White und Epston können Kinder, genauso wie sie ihre Lebensgeschichte mit einem Problem in jedem Kapitel aufschreiben können, ebensogut das Problem aus ihrem Leben herausschreiben. Sie stellten fest, daß eine schlichte schriftliche Erklärung ein Kind dazu motivieren kann, seine Einstellung und sein Verhalten vollständig zu ändern. Sie beschreiben, wie sie zum Beispiel den 14jährigen Daniel, der unter lebensbedrohlichem Asthma litt, dabei unterstützten, die Erklärung seiner Unabhängigkeit von seinem Asthma zu verfassen. Daniel wurde als ein vertrauensvoller und unkomplizierter Jugendlicher dargestellt, der sich im Umgang mit seiner Krankheit passiv verhielt. Sein Therapeut erklärte, daß Daniel sein Asthma als einen «Schwindler» betrachten sollte, der ihn hereinlegen würde, wenn er die Chance dazu hätte. Mit Hilfe von Briefen an seinen Therapeuten sowie in gelegentlichen Sitzungen bemühte er sich zu verstehen, wodurch seine Asthmaanfälle hervorgerufen wurden und wie sie vermieden werden konnten, und wachsam darauf zu achten, wie sein medizinischer Zustand ihn «hereinlegen» könnte. Vor der Therapie erklärten Daniels Eltern, daß sie sich zu 99 Prozent für die Behandlung von Daniels Asthma zuständig fühlten. Ihrer Meinung nach war ihr Sohn die ganze Zeit über nur zu einem Prozent dem Problem gegenüber aufmerksam. Das Ziel der Therapie bestand darin, daß Daniel zu 100 Prozent die Verantwortung dafür übernahm, mit seinem Problem fertig zu werden.

Die kognitive Therapie bringt Kinder (oder auch Erwachsene) im wesentlichen dazu, ihre Probleme auf eine neue Art zu betrachten, eine neue Sichtweise zu entwickeln, wodurch wiederum andere Gefühle und Verhaltensweisen begünstigt werden.

Problemschlachtplan

Dein persönlicher Schlachtplan gegen ein Problem, das dir (oder anderen) zu schaffen macht

Benenne deinen Feind (dein Problem):

Welche Art von Kampf wirst du führen? Beschreibe verschiedene Strategien:

Überraschungsangriff (nähere dich dem Problem auf eine neue und trickreiche Art. Überraschung ist dabei ein Schlüsselelement):

Kampf mit allen Waffen (nenne so viele Möglichkeiten, wie dir einfallen, wie man das Problem angreifen kann):

Guerillataktik (alles erlaubt!):

Wo soll der Kampf stattfinden?

Wann ist die beste Zeit für einen Kampf?

Wer sind deine Verbündeten? (Welche Leute helfen dir vertrauenswürdig, das Problem zu lösen? Wie werden sie helfen?)

Lege eine problemfreie Zone fest (Ort und Zeit, wo du dich von der Anstrengung des Kampfes erholen kannst):

Feinde können raffiniert sein. Wie, glaubst du, könnte dein Feind deine besten Pläne durchkreuzen?

Was steht in deinem Friedensvertrag? Womit kannst du leben und womit nicht?

Woran erkennst du, wann der Kampf gewonnen ist?

Wie sieht nun, da der Kampf vorbei ist, die Zukunft aus?

Der *Problemschlachtplan* ist eine schriftliche Übung, mit deren Hilfe Ihre Kinder ihre emotionalen Probleme und Konflikte externalisieren und «angreifen» können. Bei jedem Problem Ihrer Kinder sollten Sie eine gewisse Kontrolle übernehmen: bei Furcht, Ängstlichkeit, Lernproblemen und so weiter. Man kann mit dieser Übung das Problem dann mit vereinter Kraft lösen. Wenn Probleme sehr ernst oder chronisch sind, sollte natürlich ein Therapeut aufgesucht werden, der Ihnen und Ihrem Kind Unterstützung geben kann.

Selbstgespräch

Im Gegensatz zu Tieren haben Menschen die Fähigkeit, mit sich selbst zu sprechen und einen inneren Dialog zu führen. Und bei der Frage, in welcher Weise das Denken unsere Gefühle und Verhaltensweisen beeinflußt, sind Forscher auf eine enorme Bandbreite gestoßen, wie Kinder ihre Fähigkeit zur inneren Rede einsetzen. Diese Unterschiede sind möglicherweise ein Element zur Bestimmung unserer geistigen Funktionsweisen.

Laut Lawrence Kohlberg, Entwicklungspsychologe und Kognitionsforscher, durchlaufen Kinder fünf Stadien des Sprachgebrauchs, wenn sie mit sich selbst sprechen. Zuerst kann ihre private Sprache als eine Form der Selbstunterhaltung beschrieben werden, wenn sie Worte und Reime wiederholen. Im zweiten Stadium ist die Sprache nach außen gerichtet. Kleinkinder hört man oft ihre eigene Beschäftigung beschreiben und zu sich selbst Bemerkungen machen, als ob sie zu jemand anderem sprächen. Zwischen fünf und sieben Jahren aber entwickeln die meisten Kinder eine «Sprechsteuerung»: Man kann hören, wie sie sich selbst Fragen stellen und sich damit durch einen Handlungsverlauf lenken. Im vierten Stadium wird dieses gesteuerte Sprechen allmählich zu internalisiertem Denken. Kinder murmeln vor sich hin oder artikulieren mit Lippensprache ihre Gedanken, ohne dabei einen Laut von sich zu geben. Im fünften Stadium ist der innere Dialog eines Kindes völlig lautlos, auch wenn Untersuchungen ergeben haben, daß die Kinder weiterhin beim Denken Zungenbewegungen machen.

Kohlbergs Entwicklungsstufen sind zwar bei den meisten Kindern anzutreffen, doch haben Psychotherapeuten herausgefunden, daß einige Kinder ihre Probleme nicht mit Hilfe von Gedanken zu bewältigen suchen. Sie sind entweder impulsiv und denken im wahrsten Sinne des Wortes nicht, bevor sie handeln, oder ihre Gedanken haben einfach keine Richtung, sondern sind vage, widersprüchlich oder sogar unsinnig. Kindern zu zeigen, wie sie mit schwierigen Situationen klarkommen, indem sie mit sich selbst sprechen, hat sowohl kurz- als auch langfristig positive Auswirkungen.

Viele Therapeuten empfehlen «Selbstgespräche» als Möglichkeit, neue Verhaltensweisen zu erlernen, mit stressigen Problemen fertig zu werden und Ängstlichkeit zu vermindern. Einige Programme sehen Autotraining vor, um Kindern beizubringen, vorauszuplanen und ihre impulsiven Reaktionen zu kontrollieren. In seinem Buch *Positive Self-Talk for Children* empfiehlt Douglas Block Eltern, Sätze aufzuschreiben, die Kindern helfen, ihre Stärken und Grenzen zu akzeptieren, nein zu Drogen und anderen Versuchungen zu sagen, ihren Zorn zu kontrollieren und mit vielfältigen schwierigen Situationen umzugehen. Beispielsweise wurden die folgenden Sätze für Isaac entwickelt, auf dem ständig ein Rüpel herumhackte:

«Rüpel sind verängstigte Leute, die gern andere einschüchtern.
Ich kann mit Tim (dem Rüpel) fertig werden.
Ich kann einfach mit fester Stimme sagen: ‹Laß mich in Ruhe.›
Ich laß Tim wissen, welche Folgen sein Verhalten haben wird.
Ich weiß, wie ich Hilfe bekomme, wenn ich welche brauche.»

Hinter dieser Strategie steckt die Vorstellung, daß Sie Ihr Kind die Äußerung so oft wiederholen lassen, daß es sie allmählich glaubt. Und das funktioniert tatsächlich.

Auch wenn das auswendige Wiederholen eines Satzes als eine zu einfache psychologische Strategie erscheint, hat es doch zweifellos eine Wirkung. Schauspieler sprechen mit sich selbst, bevor sie auf die Bühne gehen, um Lampenfieber entgegenzuwirken. Frauen «coachen sich» durch die Wehen, Passagiere, die Angst vor dem Fliegen haben, sagen sich immer wieder die Statistik der Flugreisensicherheit vor, um ihre Sorgen zu beschwichtigen.

Wir können dieses Phänomen aus der Sicht der Gehirnphysiologie erklären. Das Wiederholen von Gedanken erzeugt im Neokortex, dem höheren Gehirnzentrum, Aktivität. Diese hindert das emotionale Gehirn daran, Hormone und andere chemische Botenstoffe freizusetzen, die dem Körper das Signal zu erhöhtem Herzschlag oder einer Übelkeitsreaktion gegeben hätten. Unsere Kinder können diese hemmende Reaktion mit der Zeit lernen, so daß eine bestimmte Situation, etwa Angst vor einem Test, eher einen inneren Dialog auslöst (eine angemessene, adaptive, der Situation angepaßte Reaktion) als eine physiologische Reaktion (ein schlecht auf die Situation eingestellter, maladaptiver, Zustand). Ein Kind kann sich dann selbst durch den Test «sprechen», statt sich aufzuregen.

Positives Selbstgespräch automatisieren

Chris, ein lernbehinderter und übergewichtiger Zehnjähriger, kam mit einer Vielzahl von Problemen zu mir. Er kam mit seinem Stiefvater nicht zurecht, er hatte schlechte Noten, und er haßte seinen jüngeren Bruder, der anscheinend alles richtig machte. Am meisten aber beunruhigte ihn, daß seine Mitschüler auf dem Pausenhof gnadenlos auf ihm herumhackten. Fast täglich verließ Chris die Schule weinend und lieferte so seinen Peinigern noch mehr Anlaß, ihn zu ärgern.

Chris und ich hatten in verschiedenen Sitzungen über seine Eigenschaften gesprochen und sein Selbstvertrauen aufzubauen versucht. Er war zwar schwach in Rechtschreibung, aber gut in Mathe. Er koordinierte seine Bewegungen bei Soft- und Basketball zwar unzulänglich, aber er war ein guter Schwimmer. Wir stellten eine Liste mit zehn Tätigkeiten auf, die er gut beherrschte, und ich bat Chris, diese Liste bis zur nächsten Sitzung auswendig zu lernen. Ich kündigte ihm an, daß wir einige Situationen, in denen er geärgert wurde, im Rollenspiel nachstellen würden und daß es ihm helfen würde, die Quälereien zu erdulden, wenn er sich im Geiste die Liste der positiven Eigenschaften aufsagen konnte.

Wie ich hätte voraussehen können, antwortete er mir bei der nächsten Sitzung auf meine Frage, ob er seine Liste gelernt hätte, daß er sie beinahe im selben Moment verloren hätte, als er mein Büro verließ. «In Ordnung», sagte ich, «wir versuchen es noch mal» und gab ihm eine Kopie der Liste.

Beim nächsten Besuch wiederholte sich diese Szene. Diesmal hatte Chris eine unwesentlich bessere Entschuldigung dafür, daß er sich die Liste nicht eingeprägt hatte, aber letztlich lief es aufs gleiche hinaus. Ich wußte, daß ich in Chris' Kreislauf der Niederlagen gefangen war. Wie es so häufig vorkommt, wenn wir jemandem zu helfen versuchen, unterschätzte ich die Kraft der menschlichen Fähigkeit, sich jedweder Veränderung zu widersetzen, sogar wenn sie zum Besseren ist.

Aber ich hatte in zweierlei Hinsicht Glück: Ich hatte unten im Eingangsbereich einen Kopierer, und Chris' Mutter hatte Sinn für Humor. Ich entschuldigte mich für eine Minute, legte eine neue Liste auf den Kopierer und gab am Ende der Sitzung Chris und seiner Mutter einen Stapel mit 300 Kopien der Liste seiner positiven Eigenschaften. Bei der nächsten Sitzung erklärte mir Chris' Mutter, sie habe sein Zimmer mit den Listen tapeziert. Sie seien an allen Wänden, der Decke, dem Spiegel, buchstäblich überall, wo Chris überhaupt hinsehen könnte. Es erübrigt sich zu sagen, daß Chris die Liste gelernt hatte und das Rollenspiel nun beginnen konnte.

Wie die Geschichte von Chris deutlich macht, ist das Auswendiglernen von positiven Äußerungen für viele Kinder eine mühsame Aufgabe, und wenn auch noch ein Konfliktbereich berührt wird, bei dem es ohnehin natürliche Widerstände gibt, wird es noch schwieriger. Dennoch können Sie Wege finden, um diese Technik einzusetzen. Wie wir in den Kapiteln 24 und 25 sehen werden, beinhaltet eine der leichtesten und wirkungsvollsten den Einsatz von Computern, die die Wiederholung leicht und vergnüglich machen.

Visualisierung

Dwayne war ein achtjähriger Junge, der an Sichelzellenanämie litt. Er wurde zu mir geschickt wegen seiner Weigerung, zu seinen häufigen Blutkontrollen zu gehen, und wegen seiner panischen Angst vor einer Bluttransfusion. Ich erklärte Dwayne, daß ich ihm beibringen könne, sein Gehirn so einzusetzen, daß er seinen Arm betäuben könne und so kaum noch die Nadel spüren werde. «Seit Jahrhunderten lernen Menschen so etwas, von Magiern über Medizinmänner bis zu den großen Helden», sagte ich.

«Das Gehirn arbeitet wie eine riesige Computerkommandozentrale», erklärte ich. «Wenn wir gehen oder sprechen wollen, schickt es eine Botschaft an unsere Beine oder unseren Mund und sagt den Muskeln dort, was sie tun sollen. Es kontrolliert Teile unseres Körpers, ohne daß wir auch nur daran denken müssen. Zum Beispiel gibt es unserem Herzen die Anweisung, das Blut schneller zu pumpen, wenn wir Sport treiben, und unserem Magen, die Nahrung zu verdauen, wenn wir eine Mahlzeit beendet haben.»

Dann fragte ich Dwayne: «Ist dir schon einmal deine Hand oder dein Fuß ‹eingeschlafen›, so daß es sich fast so anfühlte, als gehörten sie nicht zu dir?»

«Klar», sagte er, «das passiert mir oft.»

«Ich bringe dir bei, wie du in deinem Kopf Filme ablaufen lassen kannst. Mit ihrer Hilfe bringt dein Gehirn Teile deines Körpers dazu einzuschlafen, aber unter deiner Kontrolle. Was, wenn du deinen Arm ‹betäuben› könntest, wann immer du es willst? Du würdest kaum noch etwas spüren, wenn du eine Spritze oder Blut übertragen kriegst.»

Ich bat Dwayne, seinen Arm hochzuhalten, die Augen zu schließen und langsam bis 100 zu zählen. Während er zählte, gab ich ihm die Anweisung, seine Muskeln zu entspannen, tief zu atmen und sich vorzustellen, er sitze, in eine Decke gehüllt, an einem kalten Wintertag vor einem Kaminfeuer in einem Schaukelstuhl (bevor Dwayne gekommen war, hatte ich die Heizung im Büro höher gestellt, um Dwaynes Vorstellungsvermögen ein wenig zu unterstützen).

«Ich möchte nun, daß du dir vorstellst, du gehst hinaus», sagte ich. «Du nimmst etwas Schnee vom Boden und machst daraus einen Schneeball. Er ist ganz schön kalt, nicht wahr? Nun nimm den Schneeball und lege ihn direkt auf die Stelle an deinem Arm, wo die Krankenschwester zur Blutentnahme die Nadel einsticht. Kannst du spüren, wie taub dein Arm geworden ist? Ist es fast so, als könntest du ihn kaum noch spüren? Los, kneif die Haut an der Stelle. Spürst du etwas?»

«Nur ein bißchen», antwortete Dwayne zögernd, «ich kann es nur ein bißchen spüren.»

«Das stimmt», entgegnete ich, «und mit Übung kannst du das gleiche tun, wann immer du willst. Du kannst deinen Arm taub machen, so daß du nie wieder Angst vor einer Spritze oder Blutabnahme haben mußt. Cool, was?»

«Ja», sagte Dwayne und kniff sich wieder in den Arm, «er ist wirklich taub!»

Jeder, der schon einmal schweißnaß zwischen zerwühlten Bettlaken aus einem Traum aufgewacht ist, nachdem er vor einem Phantasiemonster davongelaufen ist, kennt die Kraft, mit der das Gehirn Bilder erschaffen kann, die unter bestimmten Bedingungen nicht von der Wirklichkeit zu unterscheiden sind. Sogar im Wachzustand können wir Menschen auffordern, sich ein beängstigendes Erlebnis vorzustellen, und ihr Herzschlag beschleunigt sich. Wenn wir sie bitten, sich vorzustellen, daß sie ihre Hand auf eine heiße Oberfläche legen, können wir sogar eine erhöhte Hauttemperatur und vermehrtes Blutvolumen messen.

Zwischen drei und vier Jahren entwickeln Kinder die Fähigkeit, in ihrem Kopf ein Bild zu erschaffen und es sogar wie einen Film laufen zu lassen. Diese Fähigkeit zur Visualisierung ist in der Kindheit besonders stark und erlischt dann offensichtlich bei den meisten Menschen gegen Ende der Pubertät.

Visualisierung kann ein wichtiges Werkzeug bei der Reduzierung psychischer und physischer Beschwerden sein. Indem mittels Bilder der denkende Teil des Gehirns vom Leiden abgelenkt wird, werden die Nervenimpulse geschwächt, die das Leiden hervorrufen. Die intensive Konzentration, die wir einsetzen, um ein Bild heraufzubeschwören, kann ein Schlüsselfaktor bei der Auslösung eines inneren Schmerzunterdrückungssystems sein. Laut Patricia McGrath, Autorin von *Pain in Children*, ist diese Art der Ablenkung nicht einfach eine Zerstreuungstaktik, bei der Kinder nicht auf Schmerz achten, vielmehr vermindert sie den Schmerz, indem sie ein natürliches Analgetikum hervorbringt.

Sie können Ihrem Kind beibringen, innere Bilder zu entwikkeln und so mit einer Vielfalt an schwierigen Situationen umzugehen. Wenn es fällt und sich das Knie aufschlägt, kann es sich einen Eisbeutel vorstellen, der ihm auf die Wunde gelegt wird und den Schmerz betäubt. Bei Angst vor Zahnschmerzen kann es lernen, die Augen zu schließen, sich zu entspannen und vorzustellen, es würde auf einem Zauberteppich davonfliegen. Wenn es bis zur Übelkeit Angst hat, vor der ganzen Klasse ein Gedicht aufzusagen, kann es sich vorstellen, die Luft sei mit unsichtbaren, magischen «Kraftsternen» gefüllt, die es hinunterschlucken kann, worauf es zuversichtlich wird und sein Magen sich entspannt.

Ohne Frage hilft das Bildertraining oft sogar besser als Medikamente, um schlimmen und chronischen Schmerz zu kontrollieren. Zu einer wissenschaftlichen Studie, bei der Kindern gezeigt wurde, wie sie mit Migränekopfschmerzen umgehen konnten, erklärt Karen Olness, Professorin für Pädiatrie an der Case Western University: «Auch wenn wir den spezifischen Grund der Migräne nicht kennen, wissen wir aus Kontrolluntersuchungen, daß regelmäßige Entspannungsübungen mit Bildern zu weit weniger Migräneanfällen führen, als wenn man ein herkömmliches Medikament einnimmt. Kindern, die Selbstregulierungstechniken beherrschten, ging es weit besser als Kindern, die Medikamente einnahmen, und deutlich besser als den Kindern, die Placebos oder überhaupt keine Medikamente erhielten.»

Diese Techniken mögen vor allem deshalb funktionieren, weil den Kindern die Werkzeuge verfügbar gemacht werden, mit denen sie Schmerz und Streß kontrollieren können. Viele Untersuchungen zeigen, daß der Schmerz sie viel weniger stört, wenn Menschen feststellen, daß sie ihn auf irgendeine Weise kontrollieren können. Vor Jahren war ich Laborassistent des Psychologen David Glass der New York University, der die Wirkungen der Umweltverschmutzung durch Lärm erforschte. Bei diesen Untersuchungen fanden wir heraus, daß allein die Tatsache, daß Versuchspersonen einen Knopf hatten, mit dem sie ein lautes Geräusch leiser stellen konnten, ihre Leistungen bei Routineaufgaben verbesserte. Diese Versuchspersonen stuften den Lärm auch als viel weniger belästigend ein als solche, die keinen Knopf hatten. In einer anderen Untersuchung durften Krebspatienten sich selbst ihre Morphiumspritzen geben im Gegensatz zu denen, die sie von einem Arzt erhielten. Die erstgenannte Gruppe berichtete über eine bessere Schmerzkontrolle, obwohl sie tatsächlich weniger Betäubungsmittel brauchte.

Ein passendes Bild wählen

Wenn Sie Ihr Kind auffordern, sich für den Umgang mit einem bestimmten Schmerz oder Streßfaktor ein Bild vorzustellen, wählen Sie eines, das sowohl altersentsprechend ist als auch zu dem betreffenden Problem paßt. Die folgenden Bilder wurden von verschiedenen Kindern benutzt, um ihre Probleme zu überwinden:

- *Angst vor Hunden:* Das Kind beobachtet einen bellenden Hund, während Superman neben ihm steht. Das Kind nähert sich dem Hund unter Supermans aufmerksamem Blick. Er gibt ihm Anleitungen, wie es weiter verfahren soll. Der Hund wird dann freundlich, und das Kind ist furchtlos.
- *Kopfschmerzen:* Das Kind sieht seinen Kopfschmerz als dröhnende Pauke. Es visualisiert kühle «Zauber»-Decken, die um die Pauke gewickelt werden, bis sie gedämpft ist.
- *Asthma:* Das Kind sieht seine Bronchien als leere Luftballons vor sich. Es stellt sich vor, daß in jedem Ballon Zauberpumpen sind, die sie dehnen. Das Atmen wird dadurch leichter.
- *Sorge und Frustration wegen einer schwierigen Hausaufgabe:* Das Kind stellt sich vor, daß sein Schreibstift verzaubert ist, aber daß er seine Zauberkraft verliert, wenn er nicht direkt das Papier berührt. Der Stift spricht mit ihm und ermutigt es, sich für eine bestimmte Zeitdauer noch weiter anzustrengen.

Wie Sie Ihrem Kind das Visualisieren beibringen können

Wenn Sie sich die Zeit nehmen, Ihren Kindern den Einsatz von Bildern beizubringen, damit sie mit körperlichem und psychischem Schmerz umgehen können, lernen sie Fähigkeiten für ihr ganzes Leben.

Erklären Sie zuerst, was Sie tun und warum Sie es tun. Selbst für kleine Kinder ist es wichtig zu wissen, daß die Visualisierung ein Werkzeug für ihren Werkzeugkasten ist und ebenso zur Gesundheitserhaltung gehört wie eine nährstoffreiche Kost und sportliche Betätigung.

Ich finde es hilfreich, Kindern zu erzählen, daß die besten Athleten der Welt Visualisierungstechniken benutzen, um Höchstleistungen zu erbringen, die niemand für möglich gehalten hat. Eine olympische Kanufahrerin visualisiert den Flußverlauf, bevor sie die Strecke fährt. Überall gibt es Felsen und Wasserstrudel, aber sie manövriert sich geschickt um sie herum. Wenn es Zeit für ein temporeiches Rennen wird, macht sie schnellere Wendungen und gewinnt das Rennen. Ein Schlagmann übt im Geist mehrmals am Tag, weit auszuholen, und dann noch einmal direkt vor dem Schlag. Seine Trefferquote steigt fast um 20 Prozent an.

Leicht kann man von der Kraft der Phantasiebilder begeistert sein und diese Begeisterung auf sein Kind übertragen, denn diese Geschichten und tausend andere sind alle wahr. Shane Murphy, Sportpsychologe für das US-amerikanische Olympische Komitee und Autor von *The Achievement Zone*, berichtete in einer im Olympischen Trainingszentrum in Colorado Springs durchgeführten Studie, daß über 90 Prozent dieser Eliteathleten ihre Phantasie einsetzten, um ihre sportlichen Fähigkeiten zu verstärken. In einem Experiment bat Murphy eine Gruppe von Collegestudenten, ihren Golf-Putt an sieben aufeinanderfolgenden Tagen zu üben. Ein Drittel der Studenten sollte dabei vor dem Versuch den Putt visualisieren, ein Drittel sollte visualisieren, wie sie den Putt verschlugen, und ein Drittel visualisierte nicht. Die Gruppe, die positive Visualisierungen praktizierte, hatte sich am Ende der Woche um 30 Prozent verbessert, die nicht visualisierende Gruppe nur um 10 Prozent. Ein unerwartetes Ergebnis war, daß die Gruppe, die sich vorgestellt hatte, daneben zu schlagen, tatsächlich um 21 Prozent weniger treffsicher wurde, sogar nach einer Woche der Übung.

Bevor Sie Ihrem Kind diese EQ-Fähigkeit beibringen, versuchen Sie selbst ein oder zwei Minuten lang zu visualisieren. Lehnen Sie sich zurück, schließen Sie die Augen, atmen Sie tief durch und stellen sich vor, wie Sie an einem einsamen Strand still auf dem warmen weißen Sand liegen. Lassen Sie die Erfahrung so real wie möglich werden, indem Sie bewußt all Ihre Sinne einbeziehen. Können Sie den warmen Sand spüren? Die salzige Luft riechen? Den Klang der Wellen hören, die gegen das Ufer schlagen, oder die Möwen über Ihnen? Können Sie einen kalten Vanilleeisriegel schmecken und ihn im Mund spüren?

Die stärksten Bilder lösen Gefühlserinnerungen aus und lassen einen «Wachtraum» entstehen, wie Hypnotherapeuten ihn nennen. Nun stufen Sie Ihr Bild auf einer Skala von eins bis zehn ein, wobei zehn bedeutet, daß es «fast genauso wie auf einem Strand» ist, und eins «ein undeutliches und unvollständiges Strandbild» anzeigt. Wenn Sie die Vorstellung bei sieben oder darüber einstufen, haben Sie zweifellos diesen Fünf-Minuten-Urlaub genossen.

Lassen Sie nun Ihr Kind an einem ruhigen Ort in einem bequemen Sessel Platz nehmen, wo Sie nicht gestört werden. Bevor Sie das Bild beschreiben, lassen Sie Ihr Kind langsam und tief atmen. Seine Muskeln sollen sich entspannen, bis Sie erkennen, daß sein Körper alle Spannung verloren hat.

Beschreiben Sie detailliert die Szene, die Ihr Kind sich vorstellen soll. Es sollte nicht einfach nur «das Bild sehen», sondern bei der Erschaffung eines Bildes, das so lebensnah wie möglich ist, alle Sinne einbeziehen.

Wenn Sie Ihr Kind dazu anleiten, das Bild zu sehen, nehmen Sie sich die Zeit, jede Einzelheit zu beschreiben. Sprechen Sie langsam und mit Gefühl, wie wenn Sie eine spannende Geschichte erzählen. Denken Sie daran, daß Ihr Kind in seinem Kopf ein Bild mit all Ihren Anregungen heraufbeschwört, also lassen Sie ihm dazu genügend Zeit.

Bilder sind für Kinder bedeutsamer, wenn man sie aus Elementen zusammensetzt, die ihnen bereits Spaß machen. Das folgende Bild wurde Mike vermittelt, einem siebenjährigen Jungen, der nachts schreckliche Ängste durchlebte. Es sollte ihm beim Einschlafen helfen und ihn zudem beruhigen, wenn er aus einem Alptraum erwachte. Eine von Mikes Lieblingsbeschäftigungen bestand darin, mit seinem Vater an einem See zu angeln.

Du läufst in einem Wald. Je tiefer du in den Wald hineingehst, desto entspannter fühlst du dich. Ein kühler Wind weht, und du riechst die Kiefernnadeln und hörst das leichte Knistern der Blätter auf dem Boden, während du läufst. Nach einer Weile kommst du bei deinem Ziel an. Ein See, wo Papa schon mit den Angelruten im Wasser wartet. Du und Papa, ihr setzt euch auf Stühle und beobachtet, wie die Brandung des Sees kommt und geht. Die Sonne geht unter, und es wird dunkel. Der See ist so still, daß du fast die Fische darin schwimmen hören kannst. Du bist so entspannt und zufrieden, daß du einschläfst.

Wie jede EQ-Fähigkeit muß die Visualisierung geübt werden, um wirkungsvoll zu sein. Wenn Ihr Kind chronische Gesundheitsprobleme hat, helfen wenige Dinge so gut wie Verbildlichungen bei der Schmerzkontrolle, besonders wenn sie mit anderen Entspannungs-/Ablenkungstechniken einhergehen. Visualisierung ist eine Fähigkeit, die alle Kinder ebenso erlernen sollten wie gutes Benehmen, Freundschaften zu schließen oder sich durchzusetzen.

Andere Möglichkeiten, wie Ihr Kind die Kraft der Bilder nutzen kann

Das hier beschriebene Verfahren für das Training Ihres Kindes, gelenkte Bildertechniken einzusetzen, ist einfach und direkt, aber es gibt auch andere Tätigkeiten, die den zusätzlichen Vorteil haben, Ihrem Kind den Wert von Musik und Kunst nahezubringen und sein ästhetisches Bewußtsein zu stärken.

1. Fordern Sie Ihr Kind auf, die Augen zu schließen, lassen Sie es verschiedenartige Instrumentalmusikstücke anhören (Symphonien, Jazz, Pop) und sagen, welche Bilder die jeweilige Musik hervorruft.
2. Zeigen Sie Ihrem Kind Bilder abstrakter Kunst, und fordern Sie es auf, nach Formen zu suchen, die es an etwas erinnern. Dann lassen Sie es ein Bild zeichnen, das von einer bestimmten Form ausgeht.
3. Bitten Sie Ihr Kind, ungefähr eine Minute lang ein Bild mit vielen Details anzublicken. Dann schließt es die Augen, stellt sich das Bild vor und versucht, sich so viele Merkmale wie möglich zu merken.
4. Verbinden Sie Ihrem Kind die Augen, und lassen Sie es an verschiedenen unterschiedlichen Dingen im Haus (einer Orange, Parfüm, einer Pflanze) riechen. Anschließend lassen Sie es ein Bild zeichnen, auf dem die Gegenstände vorkommen, von denen jeder dieser Gerüche ausging.
5. Fordern Sie Ihr Kind auf, sich an ein angenehmes Ereignis aus der Vergangenheit zu erinnern. Dann soll es seine Augen schließen und die Szene so detailreich wie möglich beschreiben.

In vielerlei Hinsicht sind die in diesem Kapitel beschriebenen «denkenden» EQ-Fähigkeiten einfacher zu lernen als andere. Andererseits erfordern sie häufigere Wiederholung, und vielleicht wirken sie manchmal auch unnatürlich oder peinlich. Dennoch sind ihre Vorzüge unbestritten, wenn Sie die Zeit und Energie aufwenden, sie Ihren Kindern beizubringen.

EQ-Punkte, die man sich merken sollte

- Kinder über sechs können lernen, mit sich selbst zu sprechen, um so ihre Konzentrations- und Leistungsfähigkeit zu stärken, indem sie als ihr eigener Trainer handeln.
- Wenn Selbstgesprächstechniken effektiv sein sollen, müssen sie durch Wiederholung und Verstärkung in das Denk- und Verhaltensrepertoire Ihres Kindes eingehen.
- Sie können mit gelenkten Visualisierungen Ihre Kinder befähigen, mit Schmerz und Unwohlsein ebenso umzugehen wie mit psychischem Leiden.
- Je früher Sie Ihren Kindern diese Fähigkeiten vermitteln, desto wirkungsvoller sind sie.
- Wiederholung ist wesentlich, damit Ihre Kinder diese Denkfähigkeiten beherrschen. Daß die Techniken Spaß machen, können Sie durch Ihren eigenen Enthusiasmus vermitteln.

Teil IV

Probleme lösen

Ein Fünfjähriger sieht mit an, wie sein Vater sich mit einer Motorsäge verletzt, läuft ins Haus und wählt den Notruf. Eine Siebenjährige, die es leid ist, daß ihr Vater sie jedesmal zu den Wochenendbesuchen zu spät abholt, kauft ihm zum Geburtstag eine Armbanduhr mit Weckfunktion und stellt sie für ihn so ein, daß sie eine Stunde, bevor er sie abholen soll, klingelt. Ein Zehnjähriger ist außer sich, weil sein Cousin bei einer Autofahrt von einer Pistolenkugel verletzt wurde, und schreibt dem Bürgermeister und dem Polizeipräsidenten von seinen Ängsten. Er fordert beide auf, für mehr Polizeieinsatz in dem Viertel zu sorgen. Vom Bürgermeister erhält er ein persönliches Antwortschreiben, in dem er dem Jungen dies zusagt.

Oft unterschätzen wir unsere Kinder, was ihre Fähigkeit betrifft, Probleme zu lösen. Zu häufig greifen wir helfend ein, bevor Hilfe wirklich nötig ist, oder wir gehen davon aus, daß wir Entscheidungen für unsere Kinder treffen sollten. Wenn sie jedoch die Gelegenheit dazu erhalten und bestärkt werden, sind unsere Kinder durchaus in der Lage, ein Thema von allen Seiten zu betrachten und sehr komplexe Probleme zu lösen, wobei sie sowohl ihre wie auch anderer Lebensqualität erhöhen.

Einige Eltern mögen sich nicht die Zeit für die Vermittlung problemlösender Fähigkeiten nehmen. Sie gehen naiverweise davon aus, daß die Kindheit so unbeschwert wie möglich verlaufen sollte. Ein Vater drückte das folgendermaßen aus, als er von dem Problemlösungstraining als Teil der Kindergartenerziehung seines Kindes erfuhr: «Aber er ist doch noch so klein! Er hat doch noch viel Zeit vor sich, um mit Problemen konfrontiert zu werden.»

Dieser Vater erkannte nicht, daß die Fähigkeit zur Problemlösung zum Großwerden dazugehört. Unsere Kinder werden bereits in den ersten Lebensmonaten zu Problemlösern. Ihr intellektuelles und emotionales Wachstum wird von einem Problemlösungsprozeß vorangetrieben. Wie andere EQ-Fertigkeiten ist jedoch auch die Fähigkeit zur Problemlösung altersspezifisch. Wir brauchen nur Kinder zu beobachten, die ein neues Problem zu lösen versuchen, um zu begreifen, daß diese Probleme für ihre Entwicklung erforderlich sind:

- Der Säugling versucht stundenlang, seinen Daumen in den Mund zu stecken (wobei er sich oft irrt und seine Nase oder Stirn trifft), bis er es irgendwann schafft und zufrieden ist.
- Der Einjährige arbeitet schwer, um drei Klötzchen zu einem Turm aufzuschichten. Mal ist er verblüfft, mal frustriert und am Rande der Tränen, aber wenn man ihm die Klötze wegnimmt, fängt er an zu schreien.
- Der Dreijährige will sich unbedingt selbst die Schuhe zubinden. Es ist ihm egal, daß er mitten im Gang eines Lebensmittelladens steht und eilige Kunden ihre Wagen um ihn herumschieben müssen. Er läßt sich von seiner Aufgabe nicht abbringen, bis er sie bewältigt hat, und protestiert lauthals, wenn man ihn unterbricht, selbst wenn es dabei um seine eigene Sicherheit geht.

Eltern, die ihr eigenes Glück oder ihren Erfolg so definieren, daß sie nun weniger beunruhigende Probleme haben, finden es vielleicht schwer verständlich, daß Kinder tatsächlich den Problemlösungsprozeß genießen. Aber beobachten Sie doch einmal eine Gruppe Achtjähriger, die im Hof eine Burg bauen, wie sie Pläne entwirft, Kartons, Bauholz und Seile sammelt und in der Garage oder im Keller nach allem stöbert, was ihre baulichen Vorstellungen umzusetzen hilft. Sie können dabei das Mittagessen vergessen und den Nieselregen nicht bemerken. Sie sind sichtlich unbeeindruckt von der elterlichen Skepsis gegenüber ihrem endgültigen Ergebnis. In vielen Fällen empfinden Kinder tatsächlich mehr Begeisterung und Vergnügen, wenn sie das Problem des Burgbauens lösen, als wenn sie hinterher damit spielen.

Oft wird fälschlicherweise davon ausgegangen, daß Problemlösung mehr mit der intellektuellen Entwicklung (dem IQ) als mit emotionalen und sozialen Fähigkeiten (dem EQ) zu tun habe. Der wegweisende Entwicklungspsychologe Jean Piaget nahm an, daß Logik, zuerst die konkrete und dann die abstrakte, das entscheidende Element bei der Problemlösung sei, und er stellte eine direkte Verbindung zwischen ihr, dem Alter und den intellektuellen Begabungen eines Kindes her. Aber immer mehr spricht dafür, daß die entscheidenden Faktoren soziale Erfahrung und Vertrautheit mit dem Problem sein könnten.

Stephanie Thornton, Psychologieprofessorin an der University of Sussex, zitiert in ihrem Buch *Children Solving Problem* umfassende Forschungen, die besagen, daß Kinder bei Problemlösungen geschickter sind, als man früher annahm. Sie kommt zu dem Ergebnis, daß erfolgreiche Problemlösung weniger davon abhängt, wie schlau Kinder sind, als vielmehr von ihren Erfahrungen. Thornton erklärt, daß die frühe Forschung über das Erlernen von Problemlösungsfähigkeiten bei Kindern, einschließlich der von Jean Piaget, sich auf Tests stützte, bei denen die Kinder mit der Art des ihnen dargebotenen Problems nicht vertraut waren. Nicht viele Zwei- oder Dreijährige können zum Beispiel ein abstraktes Problem beantworten wie etwa:

1. Wenn A zutrifft, trifft auch B zu.
2. A trifft zu. Was folgt daraus?

Wenige Dreijährige aber hätten Schwierigkeiten mit demselben Schlußfolgerungskonzept, wenn es folgendermaßen dargestellt würde:

1. Wenn du dich beim Einkauf benimmst, darfst du ein Eis haben.
2. Du hast dich beim Einkauf gut benommen. Was geschieht jetzt also?

Kleine Kinder können ziemlich komplizierte Probleme lösen, wenn sie in bekannten und konkreten Begriffen formuliert werden. Gleichwohl würden sie an denselben Problemen scheitern, wenn sie in einer abstrakten, faktisch ungenauen oder hypothetischen Art vorgelegt würden.

Tatsächlich haben sogar Erwachsene Schwierigkeiten mit logischer Problemlösung, wenn sie nicht auf vorheriges Wissen und Überzeugungen hinsichtlich der realen Welt zurückgreifen können. Das ergibt dann einen Sinn, wenn wir bedenken, wie sehr Vertrautheit zu unserem logischen Denkvermögen beiträgt. Nehmen Sie einmal an, Sie müßten jemandem den Weg zu einem speziellen Ort in Ihrer Heimatstadt beschreiben, gemessen an der gleichen Wegbeschreibung in einer Stadt, die Sie nur ein- oder zweimal zuvor besucht haben. Von einem strikt kognitiven Standpunkt aus sind beide Probleme gleich, und doch können Sie bei dem einen auf Informationen und Erfahrungen zurückgreifen und so das Problem sehr viel leichter lösen.

Dieses Prinzip gilt auch, wenn wir unseren Kindern beibringen, wie sie ihre zwischenmenschlichen Probleme lösen können. Mit jeder positiven Problemlösung, die wir unseren Kindern vermitteln können, füllen wir eine Schatzkammer an Erfahrungen, auf die sie zurückgreifen können, um das nächste Problem zu lösen. Auf diese Weise schaffen wir vielfältig verzweigte und miteinander verbundene Pfade für Problemlösungen.

KAPITEL 9

Lehren durch Vorbild: Die Erziehung Ihres Kindes zu einem Problemlöser

Wenn Kinder uns dabei beobachten, wie wir ruhig ein Problem besprechen, vernünftig über Dinge nachdenken und alternative Lösungen abwägen, lernen sie dieses Verhalten ganz natürlich schätzen und imitieren. Wenn wir hingegen zornig und streitsüchtig, deprimiert oder von unseren Problemen überwältigt sind, oder wenn wir so tun, als würden die Probleme einfach von allein verschwinden, was können unsere Kinder da wohl lernen?

Aus vielerlei psychologischen Gründen sind Eltern zu Hause vielleicht keine Vorbilder diesbezüglich, auch wenn sie bei der Arbeit fähige Problemlöser sind. Betrachten Sie die Reaktionen von Dan, Vater von drei Kindern, Apotheker in einer Supermarktkette. Dan arbeitet neun, manchmal zehn Stunden am Tag und macht zusätzlich eine Fortbildung in der Hoffnung, eines Tages bei einer Pharmafirma eine Forschungsstelle zu bekommen. Dan ist stolz auf seine Fähigkeit, «alles, was er anfaßt», in den Griff zu kriegen. Er hält sich selbst für einen rationalen, kühlen Kopf, einen Mann, den man ruft, wenn ein Problem auftaucht.

Aber zu Hause will er von Problemen nichts wissen. Seiner Frau sagt er, daß sein Zuhause für ihn ein Ort der Zuflucht sein soll, wo er sich ausruhen und seinen Geist neu auftanken kann.

Wenn er allerdings abends um halb sieben von der Arbeit heimkommt und ihm seine Frau mitteilt, daß das Abendessen später fertig ist, schimpft er: «Später! Schon wieder später?! Kann ich nicht einmal im Monat mein Abendessen pünktlich bekommen?» Bei Tisch verkündet seine älteste Tochter, daß sie im Diktat eine Fünf geschrieben hat. «Wenn du gelernt hättest, wie ich es dir gesagt habe», knurrt Dan, «hättest du eine Eins bekommen, nicht wahr?

Niemand in diesem Haus will seine Arbeit tun. Jeder nimmt alles auf die leichte Schulter. Ich habe Kopfschmerzen.» Er springt auf und stürmt davon.

Es ist sehr rätselhaft, warum wir beiläufige Bekannte und sogar Fremde so oft besser behandeln als die, die wir lieben. Und doch läßt sich das mit etwas Mühe leicht vermeiden. Wie die Sozialpsychologin Louise Hart in *The Winning Family* erklärt, sind Eltern die besten Modelle für ihre Kinder, wenn sie die Verantwortung für ihre Rollen als Familienoberhäupter annehmen. Für ihre Kinder sind Eltern Menschen mit enormer Macht – mehr noch als der Präsident! Hart erklärt, daß es sechs Führungsqualitäten gibt, die Eltern an den Tag legen sollten, um in der Familie Glück und individuelle Wertschätzung aufrechtzuerhalten:

- Sie müssen Visionen, Richtung und Ziele haben.
- Sie müssen Ihre Führung wirkungsvoll vermitteln.
- Sie müssen dafür sorgen, daß die Familie auf die Ziele konzentriert bleibt.
- Sie müssen die Bedürfnisse der anderen mit einbeziehen.
- Sie müssen Fortschritt unterstützen.
- Sie müssen Erfolg erwarten und bekommen.

Demonstrieren Sie Ihrem Kind durch Ihre alltäglichen Worte und Taten, wie man Probleme löst? Denken Sie an ein kurze Zeit zurückliegendes Problem, das Ihre Familie betraf. Haben Sie Rechnungen zu spät bezahlt? Hatten Sie eine Krankheit, die Sie von Ihren üblichen Beschäftigungen abhielt? Ist einem Ihrer Kinder etwas passiert? Kreuzen Sie nun mit Hilfe der Tabelle die Äußerungen an, die beschreiben, wie Sie das Problem gelöst haben.

Problemlösungs-Checkliste für Eltern

- Haben Sie sich verschiedene Strategien zur Lösung des Problems ausgedacht?
- Haben Sie das Problem klar definiert?
- Durfte jeder von dem Problem Betroffene gleichberechtigt seine Meinung zur Problemlösung sagen?
- Haben Sie die guten und schlechten Seiten aller Vorschläge besprochen, auch wenn es nicht Ihre eigenen waren?
- Sind Sie ruhig geblieben und haben davon abgesehen, anderen die Schuld zuzuweisen?
- Haben Sie ernsthaft versucht, die Lösung umzusetzen?
- Haben Sie die Bemühungen anderer beim Zustandekommen der Lösung gewürdigt?
- Haben Sie einen Hilfsplan gemacht, für den Fall, daß die Lösung nicht funktionieren würde?

Familientreffen

Wenige Eltern würden bestreiten, wie wichtig es ist, daß man Kindern beim Erlernen von Problemlösungsstrategien hilft, aber viele nehmen sich nicht die Zeit dafür. Wöchentliche Familientreffen bieten Gelegenheiten, bei denen Sie Ihren Kindern ein Vorbild für Problemlösungsfähigkeiten sein können. Diese Zusammenkünfte sollten zu einer Zeit stattfinden, die jedem paßt. Die obligatorische Teilnahme an den Familienzusammenkünften für Eltern wie für Kinder übermittelt den Kindern die Botschaft, daß Sie Ihre Rolle als Familienoberhaupt ernst nehmen und sich für sie engagieren.

Normalerweise dauern Familienzusammenkünfte eine halbe Stunde. In ihrer Funktion als Sitzungsleiter sollten die Eltern auf der Einhaltung folgender Grundregeln bei allen Zusammenkünften bestehen:

- Pünktlich anfangen und aufhören.
- Nicht unterbrechen, wenn ein anderer spricht.
- Nicht die Meinung oder Gefühle eines anderen kritisieren.
- Jedem eine Chance geben, sich zu beteiligen, aber niemanden zur Beteiligung zwingen, wenn er oder sie nicht will.

In etwa der Hälfte der Zeit sollte man sich um individuelle Belange kümmern, in der anderen Hälfte um Probleme, die die Familie als Gruppe betreffen. Jeder sollte die Gelegenheit haben, ein Pro blem, das er hat, zu besprechen und zu «durchdenken». Das ist die Gelegenheit für Sie, Ihre eigenen Themen einzubringen, die für eine Besprechung in der Familie angemessen sind.

Während Sie ein Problem diskutieren, dient Ihnen ein fünfschrittiges Problemlösungsverfahren als Vorlage:

1. Das Problem identifizieren.
2. Alternative Lösungen ausdenken.
3. Alle Lösungen miteinander vergleichen.
4. Die beste Lösung auswählen.
5. Bei der nächsten Besprechung berichten, zu welchem Ergebnis die Lösung geführt hat, und eventuell notwendige Modifikationen besprechen.

Zum Beispiel kam Mrs. Garvey jeden Tag mit Kopfschmerzen nach Hause und war ungewohnt gereizt gegenüber ihren drei Kindern und ihrem Mann. Bei einer Familienbesprechung fragte sie ihr zehnjähriger Sohn, was los sei, und sie erklärte, daß der Druck bei ihrer Arbeit ihr Streß und Angst verursache. Mrs. Garvey war Anwaltsassistentin in einer großen Anwaltskanzlei, und zwei der Anwälte, mit denen sie zusammenarbeitete, hatten ihr mehr Arbeit gegeben, als sie bewältigen konnte. Sie wollte sich nicht darüber beschweren, weil ihre Beförderung anstand, aber beide Anwälte wollten, daß sie deren Arbeit vorrangig erledigte. Sie ging das Problem bei einer Familienbesprechung in mehreren Schritten an:

- *Das Problem identifizieren:* «Ich habe mehr Arbeit, als ich schaffen kann.»
- *Alternative Lösungen ausdenken:* «Ich könnte: A. Beiden Anwälten sagen, daß ich überlastet bin. B. Arbeit nach Hause mitnehmen und abends und an Wochenenden erledigen. C. Empfehlen, daß eine Aushilfskraft eingestellt wird, und diese anleiten.»
- *Alle Lösungen miteinander vergleichen:* «Lösung A verschiebt das Problem nur auf die Anwälte und beschert ihnen mehr Streß, was ihnen nicht gefallen wird. Lösung B erschwert die Lage für

mich und meine Familie. Lösung C benennt das Problem, liefert eine vernünftige Lösung und erschwert die Arbeit weder für mich noch für jemand anderen.»

- *Die beste Lösung auswählen:* «Lösung C. Kurzfristig kostet sie die Firma etwas Geld, aber auf lange Sicht wird die Arbeit schneller und effektiver erledigt.»

Man erkennt leicht, was Mrs. Garveys Kinder daraus lernen können, daß ihre Mutter nachvollziehbar ihr Problem löst: sie können diesen Prozeß auf ihre eigenen Probleme und Konflikte anwenden. Ein zusätzlicher Vorteil dieses Modells ist, daß Mrs. Garvey sich die Zeit nimmt, ihr Problem zu durchdenken, ihre Familie daran teilnehmen läßt, ihnen erklärt, warum sie so reizbar ist, und ihnen die Gelegenheit gibt, sie emotional zu unterstützen.

Haben Sie erst einmal ein Modell für den Problemlösungsprozeß erarbeitet, sollten Ihre Kinder auf Wunsch die Gelegenheit erhalten, ihrerseits ein Problem zu besprechen. Kleinere Kinder brauchen eine Anleitung, um die fünf Schritte nachzuvollziehen, aber Sie werden überrascht sein, wie schnell sogar Fünfjährige das Schema begreifen. Jeder in der Familie kann auch Hilfe von anderen Familienmitgliedern erbitten. Kinder mögen es, wenn man ihnen die Möglichkeit gibt, ihren Eltern in wichtigen Angelegenheiten zu helfen, und ihre Meinungen sollten respektiert werden. Denken Sie daran, daß die Problemlösung ein Prozeß ist, bei dem es nicht immer richtige oder falsche Antworten gibt. Sie ist auch eine Beschäftigung, die nicht nur zur emotionalen Intelligenz Ihrer Kinder beiträgt, sondern auch den Sinn für Familienzusammengehörigkeit und gegenseitige Unterstützung stärkt.

EQ-Punkte, die man sich merken sollte

- Kleine Kinder lernen durch Erfahrung, Probleme zu lösen. Fordern Sie sie dazu auf, anstatt einzugreifen und sie selbst zu lösen.
- Entwickeln Sie zu Hause eine Atmosphäre der Problemlösung, indem Sie Familienzusammenkünfte abhalten und Ihren Kindern zeigen, wie Sie selbst in Ihrem Leben Probleme lösen.

KAPITEL 10

Die Sprache der Problemlösung

Eines der am gründlichsten erforschten Programme zur Vermittlung von Problemlösungsfähigkeiten wurde in den frühen Siebzigern von den Psychologen David Spivak und Myrna Shure aus Philadelphia begonnen. Nach 25 Jahren klinischer Forschung hat das I-Can-Problem-Solve-Programm (ICPS) gezeigt, daß sogar Drei- und Vierjährige lernen können, ihre Probleme zu *durchdenken*, anstatt sie *auszuagieren*: Sie haben gelernt, ein Spielzeug miteinander zu teilen, anstatt es sich zu nehmen, zu sagen, sie seien wütend, anstatt zu kämpfen, und ihre Meinung selbst vorzutragen, anstatt sich beleidigt zurückzuziehen. Und sind sie einmal erlernt, bleiben diese Fähigkeiten auch weiterhin erhalten. Forschungsstudien zeigen, daß Kinder, die in der Vorschule das ICPS-Training erhalten haben, weniger Probleme im Kindergarten haben als Kinder, die dieses Training nicht durchliefen. Nicht nur sind die ICPS-erfahrenen Kinder weniger unsensibel und aggressiv, sie erreichen auch mehr in ihrer schulischen und beruflichen Laufbahn.

Das ICPS-Programm beginnt damit, daß kleinen Kindern sechs Wortpaare beigebracht werden: die Grundbausteine zu den problemlösenden Fähigkeiten. Sie können diese Wortpaare spielerisch einsetzen, um Ihre Kinder zum regelmäßigen Gebrauch anzuregen und um sie ihnen auch als vergnügliche Beschäftigung nahezubringen. Diese Wortpaare helfen Ihren Kindern, wenn sie darüber nachdenken, ob sie ihre Hausaufgaben *jetzt* oder *später* erledigen sollten, oder was *vor* einem Streit und was *danach* geschah. Die Anfangswortpaare sind:

- ist/ist nicht (oder: kein)
- und/oder
- einige/alle
- davor/danach (bevor/nachdem)
- jetzt/später
- gleich/anders

Sie können mit Ihren Kindern Wortspiele machen, um den Gebrauch dieser Problemlösungssprache einzuüben. Spielen Sie so häufig und an so vielen Orten wie möglich: im Eßzimmer, im Lebensmittelgeschäft, bei einer Autofahrt . . . immer wenn Sie mit Ihren Kindern zusammen sind. Natürlich können auch alle anderen Erwachsenen, die mit Ihren Kindern regelmäßig zusammen sind – Lehrer, Babysitter, Großeltern – diese Wortspiele mit ihnen spielen. Wie beim Erlernen einer Fremdsprache gilt auch hier: Je stärker und häufiger die Kinder mit der Problemlösungssprache konfrontiert werden, desto besser.

Die Wortspiele sollen kleinen Kindern die Unterschiede bei den Wortpaaren vermitteln, wie etwa in den folgenden Beispielen:

Mama (im Lebensmittelgeschäft): Spielen wir beim Einkaufen «ist/ist nicht (kein)». Hier ist ein Kuchen. Kuchen ist *ein Nachtisch, er* ist kein *Hauptgericht. Was ist mit diesem Apfel? Ist er ein Hauptgericht?*

Stacie: Nein, das ist *er* nicht. *Er ist* Obst. *Das ist wie ein Snack.*

Mama: Das stimmt. Der Apfel ist kein *Hauptgericht. Er* ist *ein Nachtisch oder ein Snack. Kannst du mir helfen, etwas anderes zu suchen, das wir heute abend essen können, was aber* kein *Hauptgericht ist?*

Oder wenn Ihr Kind etwas älter ist, könnten Sie auf dem Weg zur Schule folgendes Gespräch in Gang setzen:

Papa: Erinnerst du dich an das Spiel «davor/danach»? Wollen wir es jetzt spielen und unseren Tag einteilen?

Jeremy: Einverstanden.

Papa: Machst du deine Hausaufgaben vor *oder* nach *dem Abendessen?*

Jeremy: Vor *dem Abendessen.*

Papa: Das stimmt. So lautet die Regel bei uns. Hausaufgaben müssen vor *dem Abendessen fertig sein. Ißt du dein Schulbrot,* bevor *du den Lektürekurs hast, oder* danach*?*

Jeremy: Vorher. *Miß Harvey sagt, daß wir nach dem Pausenbrot besser aufpassen können und nicht an unseren Hunger denken müssen.*

Papa: So? Das hab ich nicht gewußt. Das ist ja eine gute Idee. Kriegt man übrigens Hunger, nachdem *man eine große Portion Eis gegessen hat, oder* davor?

Jeremy: Das ist doof. Natürlich bevor *man das Eis ißt.*

Bei einem älteren Kind könnte man diese Spiele bei den Hausaufgaben machen. Das folgende Spiel zu «gleich/anders» überprüft gleichzeitig grundsätzliche mathematische Begriffe:

Mama: Ist 1 x 3 das gleiche *wie 3 x 1, oder ist es was* anderes?

Amy: Es ist das gleiche.

Mama: Das stimmt. Gut. Ist 6 : 2 das gleiche *wie 12 : 3, oder ist es was* anderes?

Amy: Das ist schwer. Ich muß das aufschreiben . . . Oh, das sind verschiedene Zahlen. Drei und vier sind die Antwort. Ja, was anderes.

Mama: Sehr gut. Kannst du dir zwei Malaufgaben ausdenken, bei denen das gleiche *herauskommt? Wie 2 x 4 = 8 und 1 x 8 = 8. Beide Ergebnisse sind genau* gleich.

Problemlösung mit Hilfe von Wortpaaren

Vielleicht ist nicht unmittelbar einsichtig, wie diese einfachen Wortspiele mit dem Erlernen von Problemlösungsfähigkeiten zusammenhängen, aber sie sind den Fingerübungen vergleichbar, wenn man Klavierspielen lernt. Die in diesen Wortspielen erprobten Fähigkeiten vermitteln Ihren Kindern die grundsätzlichen Konzepte für die Problemlösung – wo die «Noten» sind –, und sie vermitteln schnelles Denken, ähnlich wie die Tonleiterübungen am Klavier Fingerfertigkeit vermitteln.

Folgendes ist dem sechsjährigen Alex zugestoßen, der die Grundwortspiele erlernt hat. Weinend kam er zu seiner Mutter, nachdem seine elfjährige Schwester und ihre Freundinnen sich über ihn lustig gemacht haben:

Alex (weinend): Ich hasse Martha! Sie ist so gemein zu mir.

Mama (ruhig): Was war denn, bevor *du zu weinen anfingst?*

Alex: Martha hat gesagt, ich wär ein Baby und dürfte nicht mit ihr fernsehen.

Mama: Und was war davor?

Alex (etwas weniger empört): Ich kam ins Zimmer und habe gesagt, ich wollte mit Martha und ihren Freundinnen fernsehen, und daß sie schon den ganzen Morgen ferngesehen hätten und ich jetzt dran wäre.

Mama: Du wolltest wohl den Fernseher mit ihnen teilen, was gut ist. Aber so wie du es angestellt hast, hast du nicht gerade dazu beigetragen, eine Lösung für dein Problem zu finden und zu bekommen, was du wolltest. Ist dein Verhalten das gleiche, *als wenn du einfach gefragt hättest, ob du auch einmal fernsehen dürftest, oder ist es* anders?

Alex (weint nicht mehr, denkt nach): Vermutlich ist es . . . anders. *Vermutlich.*

Mama: Das stimmt, es ist anders. *Glaubst du, das war richtig, wie du Martha gefragt hast, oder nicht?*

Alex: Vermutlich nicht.

Mama: Warum glaubst du das?

Alex: Weil Martha gemein zu mir war und ich geweint habe.

Mama: Ja, das ist wahr. Aber danach habe ich jetzt nicht gefragt. Glaubst du, deine Art zu fragen war richtig?

Alex: Nein. Ich habe nicht «bitte» gesagt.

Mama: Das stimmt. Was hättest du noch anders machen können?

Alex: Netter sein.

Mama: Richtig. Das wäre ein guter Weg gewesen. Willst du es jetzt vielleicht noch mal versuchen?

Wenn Ihre Kinder die anfänglichen Wortpaare erlernt und eingeübt haben, könnten Sie eine neue Gruppe an Wortpaaren einführen, die einen Zusammenhang zwischen Ursachen und Wirkungen ihres Verhaltens herstellen:

- gute (passende) Zeit / keine gute (passende) Zeit
  Für mich ist es jetzt keine gute Zeit, *um dir eine Geschichte vorzulesen. Nach dem Abendessen wäre es eine* gute Zeit.
- wenn/dann
  Wenn *du deine Hausaufgaben nach der Schule machst,* dann *kannst du nach dem Abendessen fernsehen.*

- vielleicht / vielleicht nicht
  Wenn ich Billy ärgere, will er vielleicht nicht *mehr mit mir spielen.* Vielleicht *läßt er mich mit seinen Spielzeugen spielen, wenn ich nett zu ihm bin.*
- warum / weil
  Warum *habe ich niemanden zum Spielen?* Weil *ich niemanden eingeladen habe.*
- fair / unfair
  Es ist fair, *das Brian länger aufbleibt, weil er älter ist, aber es ist* nicht fair, *wenn er seine Hausarbeit nicht erledigt, weil er Baseball spielt.*

Haben Sie einmal mit diesen Wortspielen begonnen, benutzen Sie sie häufig und konsequent, wenn Ihr Kind ein Problem hat. Sie könnten sie auf Karteikarten schreiben, um sie sich ins Gedächtnis zu rufen und Ihr Kind darauf hinzuweisen, daß diese Problemlösungssprache benutzt werden kann. Wenn Ihr Kind ein Problem zu lösen hat und Sie die Karten hervorholen, signalisiert schon der Anblick der Karten, daß das Problem so gelöst wird. Mit der Zeit wird Ihr Kind von sich aus Problemlösungssprache benutzen.

Problemlösungsfähigkeiten lernt man in ähnlicher Weise wie jede andere neue Fähigkeit: Anfangs muß man mehr üben, um sie zu beherrschen, bis sie fast zur zweiten Natur wird. Sie mögen sich jetzt fragen, ob sich die ganze Mühe wirklich lohnt. Können einfache Spiele Kindern wirklich so sehr helfen? Die Antwort lautet nachdrücklich ja. Die ICPS-Techniken werden seit über 25 Jahren angewandt und haben sich bei Tausenden von Kindern bewährt, die ursprünglich als unsensibel, launisch, verschlossen oder aggressiv eingestuft wurden.

EQ-Punkte, die man sich merken sollte

- Sie können Kindern ab vier Jahren die Sprache der Problemlösung vermitteln.
- Fangen Sie mit einfachen Wortspielen an, und übertragen Sie diese dann auf Situationen, in denen Ihr Kind Ihnen ein Problem vorlegt, das gelöst werden soll.

KAPITEL 11

Einübung von Lösungen

Schon sehr kleine Kinder haben fast immer mehr als eine potentielle Strategie, um ein Problem zu lösen. Ein neun Monate altes Kind, das einen quadratischen Gegenstand in ein rundes Loch zu stecken versucht, schlägt darauf, dreht ihn, probiert ein anderes Loch aus und wirft ihn möglicherweise frustriert davon (eine Möglichkeit, ein unlösbares Problem zu lösen). Wenn Kinder dann aber mit formalem Lernen anfangen, gewöhnlich mit dem Alphabet, erkennen sie allmählich, daß es «richtige» und «falsche» Antworten gibt, und sie vertrauen weniger auf ihr natürliches Vermögen, alternative Strategien und Lösungen hervorzubringen.

Als die achtjährige Marie dabei erwischt wurde, wie sie aus den Fächern in ihrer Klasse Geld stahl, während die anderen Kinder auf dem Schulhof waren, erklärte sie ihrer Lehrerin, daß ihre Mutter ihre Arbeit verloren und nicht genug Geld für das tägliche Mittagessen habe. Sie glaubte, sie könne von den Kindern, die mehr Geld hatten, etwas wegnehmen. Als Mrs. Otis fragte, ob es keinen anderen Weg gebe, um das Problem zu lösen, senkte Marie beschämt den Kopf und fing an zu weinen. Sie spürte, daß die Lehrerin eine «richtige» Antwort hören wollte, und wußte nicht welche. Gäbe sie eine andere «falsche» Antwort, das spürte Marie, würde alles nur noch schlimmer werden.

In Wirklichkeit wollte Mrs. Otis, daß Marie andere mögliche Lösungen für ihre verständliche Notlage erwog – bessere Möglichkeiten als Diebstahl. Aber Maries natürliche Fähigkeit, alternative Lösungen zu entwickeln, wurde von ihrer Furcht vor weiterer sozialer Ablehnung überlagert.

Maries Gefühle, ihre Scham über die Entdeckung und ihre

Angst vor Zurückweisung, blockierten ihre natürliche Fähigkeit zu erkennen, daß es gewöhnlich mehrere Lösungen für ein Problem gibt und daß durchaus einige funktionieren könnten. Stephanie Thornton beschreibt in ihrem Buch *Children Solving Problems*, daß Kinder instinktiv viele verschiedene Strategien für die Lösung eines Problems entwickeln, wenn keine Emotionen an diesem Prozeß beteiligt sind. Gibt man einem Zweitkläßler eine einfache Additionsaufgabe wie 5 + 3, kann er mindestens vier verschiedene Lösungswege benutzen:

- Er kann sich an die Antwort erinnern, weil er die Aufgabe von früher erkennt.
- Er kann die Zahlen an den Fingern abzählen.
- Er kann von der größeren Zahl ausgehend zählen (zum Beispiel von der Fünf ausgehend mit drei weiteren Fingern bis zur Acht zählen.)
- Er kann die größere Zahl zerlegen und sich erinnern, daß 5 aus 2 + 3 besteht und 3 + 3 = 6 ist und 2 dazu 8 ergibt.

Thornton erklärt, daß Kinder dieses Alters dazu neigen, diese Strategien zu variieren, je nachdem, wie sie die Komplexität des Problems einschätzen und vergangene Strategieerfahrungen mit Erfolg in Verbindung bringen.

Bei zwischenmenschlichen Problemen aber kann die Verbindung zwischen dem logischen Gehirn und dem emotionalen Gehirn durch einen Kurzschluß unterbrochen werden. Aus neurologischer Sicht verliert der Mandelkern, das emotionale Gehirnzentrum, die Fähigkeit, Bahnen zum Kortex, dem denkenden Teil des Gehirns, zu schalten, und verläßt sich so ausschließlich auf seine eigene «emotionale Logik». Die emotionale Logik, die Grundlage der Intuition, mag bei der Lösung von einigen Problemtypen ausreichen. Aber in vielen Fällen, besonders wenn starke Emotionen einbezogen sind, kann nur die objektive Hilfe des Kortex das Gehirn anleiten, realistische und effektive Lösungen zu finden. Wenn Kinder üben, Lösungen für ihre Probleme zu finden, stellen sie Verbindungen zwischen den emotionalen und logischen Gehirnteilen her.

Ihrem Kind bei der Ermittlung von Alternativen helfen

Das Entwickeln von Lösungen kann in spielerischer Form geprobt werden, bis diese Methode zur Auseinandersetzung mit einem Problem verinnerlicht worden ist. Beim *Brainstorming-Spiel* entwickeln Kinder so viele Lösungen wie möglich für ein Problem und suchen dann die besten aus. Nachdrücklich soll es Kindern dabei helfen, sich Problemen mit größerer Flexibilität und Kreativität zu nähern. Man kann es überall spielen und mit Kindern jeden Alters.

Vor einigen Jahren wurde ich gebeten, mit einer Kindergartengruppe über Möglichkeiten zu sprechen, wie sie mit dem Problem des Geärgertwerdens umgehen könnten. Damals herrschte geradezu eine Epidemie des gegenseitigen Ärgerns, und beinahe täglich mußten in Tränen aufgelöste Kinder heimgeschickt werden. Ich wollte die Kinder zunächst für die Aufgabe erwärmen, alternative Problemlösungen zu erwägen, und kündigte das Brainstorming-Spiel an. Jedes Kind sollte sich eine neue Art ausdenken, wie man den grünen Abfalleimer neben dem Tisch der Erzieherin benutzen könnte.

«Es ist ganz egal, wie albern eure Ideen klingen», erklärte ich. «Ziel des Spiels ist es, so viele Ideen wie möglich vorzubringen. Wenn ihr ein Problem zu lösen versucht, müßt ihr alle möglichen Lösungen in Erwägung ziehen und erst dann die besten aussuchen.» Ich teilte die Klasse in Kleingruppen auf. Jede Gruppe sollte für jede neue Idee einen Punkt bekommen. Ich bat die Kinder, in fünf Minuten mindestens 20 Ideen zu nennen. Sie schafften 37, darunter die folgenden:

- «Spielzeug hineinlegen.»
- «Wie einen Hut auf den Kopf setzen.»
- «Pipi hineinmachen.»
- «Als Eimer im Sandkasten benutzen.»
- «Beim Basketball benutzen.»
- «Schmutzige Kleider hineinlegen.»
- «Die kleine Schwester hineinstecken.»
- «Geld wie in einer Bank darin aufbewahren.»

Ich schrieb jede Idee auf. Dann gingen wir alle Ideen noch einmal durch, ich kreuzte die guten an und ging auf die unsinnigen nicht ein. Dann forderte ich die Gruppe auf, noch ein Brainstorming-Spiel zu machen, aber diesmal sollten sie sich in 20 Vorschlägen dazu äußern, was man tun könne, wenn Kinder einander ärgerten. Ihre Liste enthielt:

- «Zurückärgern.»
- «Der Erzieherin sagen.»
- «Weggehen.»
- «Jemand anderen zum Spielen suchen.»
- «Die Zunge herausstrecken.»
- «Fragen, warum sie einen ärgern.»

Wieder schrieb ich alle auf und kreuzte nur die Antworten an, die wir für gut hielten. Dann besprachen wir anschließend, wie diese Lösungen in ihrer Gruppe anzuwenden wären.

Wie alle EQ-Fähigkeiten, bei denen Logik und Sprache im denkenden Teil des Gehirns betroffen sind, braucht man beträchtliche Übung, bevor Kinder automatisch Probleme mit möglichen Lösungen in Verbindung setzen. Beim Brainstorming-Spiel spielt man gewöhnlich am besten die erste Runde oder die ersten beiden mit altersentsprechenden Problemen durch, die alle Kinder haben könnten, wie zum Beispiel:

- Jamie und Jonathan wollen zur selben Zeit verschiedene Fernsehprogramme sehen. Was könnten sie tun?
- Beatrice fürchtet sich, zur Schule zu gehen, weil ältere Mädchen auf ihr herumhacken. Was könnte sie tun?
- Chris spielt sehr gern Basketball, aber er ist der Kleinste in der Klasse und wird nie für ein Team aufgestellt. Was könnte er tun?

Dann sollte das Spiel mit tatsächlichen Alltagserfahrungen der Kinder mit ernsthaften Problemen gespielt werden, mit denen sie nicht weiterkommen. Bei der Entwicklung ihrer Problemlösungsfähigkeiten müssen sie auf frühere Lösungen und Strategien aufbauen können, doch sollen sie auch in der Lage sein, frühere unfruchtbare Ansätze aufzugeben und ganz von vorn anzufangen.

Ein anderes Spiel zur Entwicklung unterschiedlicher Problemlösungen wird von Myrna Shure in ihrem Buch *Raising a Thinking Child* beschrieben. Sie bittet Kinder, ein Tic Tac Toe zu spielen, das auf vergnügliche Art und auf einfachem Spielniveau den Problemlösungsprozeß strukturiert.

Schwierige Probleme mit Hilfe von «Ausnahmen» lösen

Selbst für Brainstorming-erprobte Kinder sind einige Probleme zu schwierig oder weitreichend, als daß sie eine mögliche Lösung erkennen könnten. In ihrem Buch *Counseling Toward Solutions* erklärt Linda Metcalf, daß ein wichtiges Element bei der Vermittlung von Problemlösungsstrategien darin besteht, Kindern die «Ausnahmen» zu dem Problem vor Augen zu halten.

Metcalf weist darauf hin, daß es immer eine gewisse Zeit gibt, in der das Problem nicht existiert, und daß Kinder lernen können zu erkennen, daß in diesen Zeiten der Schlüssel zu einer erfolgreichen Lösung zu finden ist. Zeiten wahrzunehmen, in denen das Problem *nicht existiert*, ist auch eine Möglichkeit, es in eine andere Perspektive zu rücken. Kinder und Erwachsene nehmen ihre Probleme oft als zeit- und situationsübergreifend wahr, während sie doch fast immer zu sehr speziellen Zeiten auf sehr spezielle Weise auftauchen. (Siehe Kapitel 7 zum Thema, wie man Kindern optimistisches Denken beibringt.)

Beispielsweise beschrieb Kristen, wie sie in der Schule gnadenlos wegen ihres Übergewichts und ihrer Unbeholfenheit im Sport aufgezogen wurde. Häufig berichtete sie ihrer Mutter, daß «jeder in der Schule mich haßt». Aber als ihre Mutter mit Kristen das Problem durchging und analysierte, konnte sie feststellen, daß es nicht «jeden», sondern drei Mädchen in einer Klasse von 27 Kindern betraf. Ihre Mutter erklärte: «Ich weiß, daß diese Mädchen gemein zu dir sind, und das ist falsch. Wahrscheinlich suchen sie sich irgendwann jemand anderen, den sie ärgern können, oder vielleicht werden sie sogar netter, aber das kann noch lange dauern. Bis dahin gibt es immerhin 23 andere Kinder in deiner Klasse, die dich nicht fertigmachen oder ärgern. Stellen wir doch eine Liste auf und überlegen, welche Kinder mehr so wie du sind und deine Freunde sein könnten.»

Indem sie die «Ausnahmen» zu dem Problem suchte, eröffnete Kristens Mutter ein Spektrum möglicher Lösungen.

Das ursprüngliche Problem verschwand nicht, aber Kristen begann nun, sich auf positive und mögliche Lösungen zu konzentrieren statt auf das Problem selbst. Metcalf bemerkt dazu:

«Jedes Beschwerdemuster enthält irgendeine Art der Ausnahme ... globale Beschwerden sind typisch für Leute, die den Eindruck haben, ohne Hoffnung und Kontrollmöglichkeiten zu sein ... Wenn Schüler darüber sprechen, daß es in der Schule schrecklich ist, fragen Sie: ‹Wann ist es dort nicht so schrecklich?› Der Hinweis auf die Möglichkeit, daß es zu jedem Problem eine Ausnahme gibt, eröffnet den Menschen Gelegenheiten zu erkennen, daß sie häufiger, als sie glauben, ihre Situation in der Hand haben. Erkennt man, wie häufig – wie viele Minuten, Stunden oder Tage – ein bestimmtes Problem bei der Schularbeit oder zu Hause nicht auftritt, so erscheint es leichter lösbar und weniger bedrückend.»

Das Denken auf Problemlösung richten

Ein anderer bekannter Befürworter des lösungsorientierten Denkens, der Psychologe Stephen de Shazer, erklärt, daß diese einfachen und konkreten Problemlösungsstrategien zu größeren Verschiebungen in unserer Wahrnehmung von Problemen führen können. Häufig kennen wir die Lösung eines bestimmten Problems, aber *wir wissen nicht, daß wir sie kennen.* Es ist, als wären unsere Probleme hinter einer verschlossenen Tür und wir hätten nicht den Schlüssel dazu. Eine Verschiebung im Denken kann die Tür aufschließen, so daß frühere Lösungen ähnlicher Probleme wieder verfügbar werden.

Auch hier führt verstärktes Üben zu gesteigertem Vertrauen und hilft unseren Kindern, sich selbst als Problemlöser zu sehen. Manchmal kann schon die Selbstwahrnehmung von sich als Problemlöser tatsächlich diese Fähigkeit erhöhen. Der Forscher Robert Hartly untersuchte, wie eine Gruppe von benachteiligten

Kindern Probleme löste. Er hielt sie für impulsiv und für schlechte Planer, die kein Interesse hatten, ihren Fortschritt zu überwachen oder ihre Fehler zu korrigieren. Aber als er dieselben Kinder bat, noch einmal ähnliche Probleme zu lösen, und diesmal so tat, als wären sie die klügsten Kinder in der Klasse, merkte er, daß sie sofort weniger impulsiv waren, besser planten und stärker motiviert waren, ihre Fehler zu kontrollieren und zu korrigieren. Noch bedeutsamer aber war: Sie fanden weitaus mehr korrekte Lösungen!

Problemlösung bei älteren Kindern und Jugendlichen unterstützen

Die raffinierteste Form der Problemlösung bezeichnet man als Mittel-zum-Zweck-Denken. Dieser Typ der Problemlösung hängt von der Fähigkeit ab, eine logische Abfolge von Handlungen zu planen, die zu der Erreichung eines erwünschten Ziels führen. Hierzu gehört auch die Fähigkeit, Einsichten aus dem abzuleiten, was bei jedem Schritt gelernt wird, potentielle Hindernisse zu vermeiden oder zu umgehen und nötigenfalls alternative Strategien verfügbar zu haben, mit denen man diese Hindernisse umgeht. Zum Mittel-zum-Zweck-Denken gehört auch das Bewußtsein, daß Ziele nicht immer sofort zu erreichen sind, das endgültige Ziel eine Modifikation des ursprünglichen Ziels sein mag und der richtige Zeitpunkt bei dem eigenen Verhalten oft über den Erfolg entscheidet.

Sie mögen diese Art der komplexen langfristigen Problemlösung eher mit der Erwachsenenwelt in Verbindung bringen (und tatsächlich kennen Sie vielleicht viele Erwachsene, die sie noch nicht zu beherrschen scheinen), doch zeigen schon Kinder von erst zwölf oder 13 Jahren häufig eine Begabung für das Mittel-zum-Zweck-Denken. Beliebte Rollen- und Strategiespiele für Jugendliche können äußerst komplizierte Planungs- und Problemlösungsstrategien erfordern, bei denen Kinder dieses Alters offenbar geradezu aufblühen.

Allerdings wenden sehr viel weniger Kinder und Jugendliche die gleichen Strategien auf ihr eigenes Leben an. Stephanie Thornton könnte behaupten, dies stütze ihre These, daß Problemlösungsfähigkeiten nicht so sehr durch eine geordnet fortschreitende kognitive Entwicklung erworben werden (wie Piaget und andere Kognitionspsychologen annehmen) als durch sukzessives Lernen in einem bestimmten inhaltlichen Bereich. So argumentiert sie, daß Logik an sich nur eine von vielen Strategien sei, die Menschen bei der Annäherung an ein Problem einsetzen, aber daß kein Chirurg mit Logik allein eine Waschmaschine reparieren oder kein Handwerker einen Blinddarm entfernen würde.

Daher sollte es nicht überraschen, daß Kinder und Jugendliche, die in Algebra oder im Umgang mit Computern hervorragend sind, bei der Lösung ihrer persönlichen und zwischenmenschlichen Probleme mit Hilfe des Mittel-zum-Zweck-Denkens doch noch Unterweisung und Anleitung benötigen.

Stützende Beziehung

Der russische Psychologe Lew Wijgotzkij postulierte, daß Kinder Problemlösungsfähigkeiten am besten erlernen, wenn sie bei einer bestimmten Aufgabe von einem fähigen Partner unterstützt werden. Die Psychologen Jerome Brunner und David Wood benutzen das Wort «stützen», um die Beziehung zwischen einem Erwachsenen und einem Kind zu beschreiben, wenn das Kind die spezifische Mischung aus Fähigkeiten und Begabungen einsetzt, um sich durch ein komplexes Problem zu arbeiten. In einer stützenden Beziehung liefern Sie im Idealfall gerade nur so viel Hilfe, daß Ihr Kind sich entfalten kann, aber nicht so viel, daß Sie es daran hindern, die benötigten Fähigkeiten zu erwerben. Haben Sie anfänglich die Struktur oder den Umriß der Mittel-zum-Zweck-Lösung bereitgestellt, schränken Sie allmählich Ihre Anleitung ein, bis Ihr Kind in der Lage ist, das Problem selbständig zu lösen.

Der *Vorbereitungs-Lehrplan* von Arnold Goldstein, ein umfassendes Programm, das Kindern «prosoziale Kompetenzen» vermittelt, listet die folgenden sieben Schritte auf, mit denen ältere Kinder komplexere Probleme in ihrem Leben lösen können:

1. Vermitteln Sie Kindern, wie wichtig es ist, Dinge zuerst zu Ende zu denken.

2. Vermitteln Sie Kindern, wie man das Problem identifiziert und definiert.
3. Vermitteln Sie Kindern, wie sie Informationen aus ihrer eigenen Perspektive sammeln, einschließlich Meinungen und Tatsachen.
4. Vermitteln Sie Kindern, wie sie Informationen aus der Perspektive anderer Leute sammeln, einschließlich dem, was andere Leute sehen, denken und fühlen.
5. Vermitteln Sie Kindern, wie sie alternative Strategien ins Auge fassen, einschließlich Handlungs- und Äußerungsmöglichkeiten, und welche Hindernisse man vorhersehen kann.
6. Vermitteln Sie Kindern, wie man Konsequenzen und Ergebnisse einschätzt, wie man zwischen verschiedenen Wahlmöglichkeiten entscheidet und vorhersehen kann, welche Reaktion auf bestimmte Worte oder Handlungen zu erwarten ist.
7. Lassen Sie Kinder den gesamten Problemlösungsprozeß durchspielen. Bestärken Sie sie bei jedem einzelnen Schritt, und ermutigen Sie sie, so lange nicht lockerzulassen, bis sie eine gut durchdachte Lösung haben.

Um Ihren größeren oder jugendlichen Kindern bei der Lösung von Alltagsproblemen zu helfen, seien Sie für eine stützende Beziehung bereit, wann immer ein Problem auftaucht. Sie werden sich auch bei einem vollen Terminkalender die Zeit nehmen müssen, sich regelmäßig mit Ihren Kindern zusammenzusetzen und ihre Interessen und Sorgen zu besprechen. So erkennen ihre Kinder, daß ihre Probleme Ihnen genauso wichtig sind wie Ihr Beruf oder eine andere Angelegenheit, die Sie beschäftigt.

Größere Kinder wenden sich selten wegen eines ernsten zwischenmenschlichen Problems an ihre Eltern, wenn nicht bereits die Basis für diese Beziehung besteht und sie zuversichtlich sind, daß die elterliche Hilfe das Problem verringert, anstatt ihre Sorgen und Ängste noch zu verschlimmern. Um einen Weg zwischen Ihnen und Ihren Kindern zu bahnen – eine direkte Strecke, die aus der Kindersicht der leichteste und produktivste Weg ist, ein bestimmtes Problem anzugehen –, demonstrieren Sie nicht nur Ihre Bereitschaft zu helfen, sondern auch Ihre Kompetenz bei Problemlösungen.

Labyrinth: ein Interdependenzspiel (ab zehn Jahren)

Ich habe dieses Spiel erfunden, um Ihnen bei der Erfahrung einer stützenden Beziehung mit Ihren Kindern zu helfen, wenn sie das Mittel-zum-Zweck-Denken einüben. Das ist ein kooperatives Spiel, wo beide Spieler gewinnen oder beide verlieren. Zunächst benötigen Sie drei Kopien des folgenden Labyrinths.

Labyrinth-Spiel

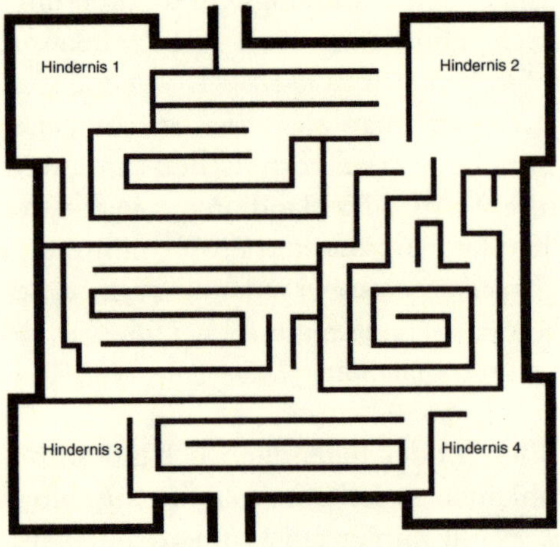

Problem ____________________

Regel ____________________

Lösung

Bereiten Sie das Labyrinth vor, indem Sie ein *Problem*, das Ihr Kind hat (ober haben könnte), in den dafür vorgesehenen Raum schreiben, ebenso mögliche *Hindernisse* auf dem Lösungsweg. Lassen Sie den Raum für die *Lösung* frei, bis das Labyrinth fertiggestellt ist. In der ersten Runde muß Ihr Kind mit einem Bleistift einen Weg durch das Labyrinth ziehen und Sackgassen und Hindernisse dabei vermeiden – aber es hat die *Augen verbunden*! Sie dürfen ständig mit Ihrem Kind sprechen, um es durch das Labyrinth zu dirigieren («Geh ein bißchen nach links . . . so ist es richtig . . . jetzt gehe einen Zentimeter geradeaus . . . jetzt nach rechts . . .»). Ihr Kind erhält für die Bewältigung des Labyrinths 20 Punkte, abzüglich einen Punkt für jede gekreuzte Linie oder für jedes berührte Hindernis.

Benutzen Sie für die zweite Runde eine neue Kopie des Labyrinths. Wieder hat Ihr Kind die Augen verbunden, diesmal aber dürfen Sie ihm auf seinem Weg durch das Labyrinth nur zehn helfende Hinweise geben. Auch für diese Runde kann Ihr Kind maximal 20 Punkte erhalten. Für jede gekreuzte Linie oder für jedes berührte Hindernis wird wieder ein Punkt abgezogen. Zusätzlich wird für jeden Kommentar ein Punkt abgezogen, den Sie über die in dieser Runde ursprünglich vorgesehenen zehn Kommentare hinaus abgeben müssen.

In der letzten Runde kann Ihr Kind 40 Punkte bekommen, aber Sie dürfen nur fünf Kommentare abgeben. Benutzen Sie das gleiche Punktesystem wie in Runde zwei.

Nach dem Spiel ziehen Sie die Punkte aller drei Runden zusammen. Wenn Ihr Kind mehr als 25 Punkte hat, hat es gewonnen, aber nur, wenn es in das letzte Labyrinth zum ursprünglichen Problem eine gute Lösung eintragen kann. Nehmen Sie sich Zeit, über den Problemlösungsprozeß, die Art von im Labyrinth aufgebauten Hindernissen und darüber zu sprechen, welche Strategien Ihr Kind bei dem wirklichen Problem anwenden muß, um die Hindernisse zu überwinden und die Lösung zu finden. Sprechen Sie auch darüber, daß sich Lösungen manchmal durch das, was man beim Durchqueren des Problems lernt, verändern können.

Das Spiel kann dann mit vertauschten Rollen gespielt werden: Ihnen werden die Augen verbunden, und Ihr Kind gibt Ihnen die Hinweise. Sie werden beide davon profitieren, jeweils die Sicht des anderen zu sehen.

EQ-Punkte, die man sich merken sollte

Wenigen Erwachsenen ist bewußt, wie früh Kinder lernen können, ihre eigenen Probleme zu lösen. Der derzeitige Forschungsstand läßt darauf schließen, daß wir die Problemlösungsfähigkeit unserer Kinder unterschätzt haben und wir sie durch unser Eingreifen fördern können. Für jedes Alter gibt es einen etwas anderen Ansatzpunkt:

- Wenn Ihre Kinder in die Schule kommen, fangen sie an zu lernen, wie sie vielfältige Lösungen für ein Problem entwickeln können.
- Mit acht oder neun Jahren besitzen sie die Fähigkeit, pro und kontra verschiedener Alternativen abzuwägen und die beste Lösung auszuwählen.
- Sich auf Lösungen statt auf die Probleme zu konzentrieren erleichtert es den Kindern, Hindernisse zu überwinden.
- Größere Kinder und Jugendliche brauchen eine unterstützende Haltung von Ihnen, die ihnen den Übergang zur Lösung komplexerer Probleme erleichtert. Seien Sie das Gerüst, das einen neuen Aufbau stützt, und stellen Sie eine Struktur für die Problemlösungen Ihrer Kinder bereit, ohne jedoch einzugreifen.

Teil V
Soziale Fähigkeiten

Von allen EQ-Fähigkeiten, die Ihr Kind entwickelt, trägt die Fähigkeit, mit anderen auszukommen, am meisten zu seinem Gefühl von Erfolg und Lebenszufriedenheit bei. Um wirkungsvoll an einer sozialen Gemeinschaft teilzuhaben, muß Ihr Kind lernen, komplexere Situationen zu erkennen, zu interpretieren und angemessen auf sie zu reagieren. Es muß einschätzen, wie es seine Bedürfnisse und Erwartungen mit denen anderer vereinbart.

Sozialisation

Wie alle EQ-Fähigkeiten beginnt auch der Sozialisationsprozeß mit dem Zusammenspiel von angeborenem Temperament Ihres Kindes und Ihrer Reaktion darauf. Wenn ein Baby gerade sechs Wochen alt ist, blickt es lange auf die Gesichter seiner Eltern und lächelt dann breit. Wenn Sie das Lächeln erwidern, lächelt es noch stärker. Mit drei Monaten kann Ihr Kind seine Kopfhaltung und den Blick als Art der Kommunikation mit Ihnen einsetzen. Es kommuniziert durch zufriedene, ernste oder ängstliche Miene. Ist es desinteressiert, wendet es den Kopf von einem Gegenstand ab. Wenn es will, daß Sie mit einer Tätigkeit aufhören, senkt es den Kopf. Wenn es überreizt ist, senkt es den Kopf, und sein Körper wird schlaff.

Aber schon Säuglinge unterscheiden sich beträchtlich in ihrer Reaktionsweise, Anpassungsfähigkeit und Ausdauer. Natürlich sind wir unsererseits durch das Verhalten unserer Säuglinge beeinflußt und widmen den freundlicheren mehr Zeit und Aufmerksamkeit. Säuglinge, die weniger «einfach» sind, können sicherlich genauso glücklich und erfolgreich wie andere Babys sein, aber auf seiten der Erwachsenen ist mehr Geduld und Bewußtheit erforderlich. Das trifft natürlich für Kinder jeden Alters zu.

Auch das Interesse an anderen Kindern setzt sehr früh ein. Schon vom Kinderwagen aus reagiert ein Baby auf ein anderes.

Oft erkennen Erwachsene nicht, wie früh Kinder in ihrer Entwicklung ein soziales Bewußtsein entfalten und sensibel reagieren. Zick Rubin, Autor von *Kinderfreundschaften*, berichtet über den Takt und die Anteilnahme für die Gefühle seines Freundes, die der vierjährige Jimmy bewies, als er mit ihm spazierenging und sich unterhielt:

David: Ich bin ein Raketenroboter und kann aus meinen Fingern Raketen abfeuern. Ich kann sie von überall abfeuern – sogar aus meinen Beinen. Ich bin ein Raketenroboter.

Jimmy (neckend): Nein, du bist ein Furzroboter.

David (protestierend): Nein, ich bin ein Raketenroboter.

Jimmy: Nein, du bist ein Furzroboter.

David (verletzt, den Tränen nah): Nein, Jimmy!

Jimmy (merkt, daß David empört ist): Und ich bin ein Stinkeroboter.

David (wieder gut gelaunt): Ich bin ein Pipiroboter.

Sieht man einmal über den Badezimmerhumor dieser beiden Jungen hinweg, erkennt man einen erstaunlich subtilen Austausch. Jimmy erkennt, daß er mit seiner Neckerei seinen Freund verärgert hat. So macht er sich über sich selbst lustig, um die soziale Interaktion im Gleichgewicht zu halten. David erkennt sofort diese Geste der Freundschaft und tut das gleiche, indem er einen potentiellen Konflikt in einen gemeinsamen Witz umwandelt. Rubin bemerkt dazu: «(Die Vorschul-)Kinder (. . .) erwerben soziale Fähigkeiten nicht so sehr von Erwachsenen als vielmehr durch ihre Interaktion miteinander. Mit hoher Wahrscheinlichkeit entdekken sie durch Ausprobieren, welche Strategien funktionieren und welche nicht, und reflektieren später bewußt, was sie gelernt haben.»

Natürlich befaßt sich ein Großteil der psychologischen Literatur mit Kindern, die mit ihren sozialen Fähigkeiten Schwierigkeiten haben, entweder aufgrund ihres angeborenen Temperaments oder wegen spezifischer psychologischer Probleme, die ihr soziales wie schulisches Lernen beeinflussen. Bei schätzungsweise 50 Prozent der Kinder, die an spezielle Förderkurse in der Schule weitergeleitet werden, wurden schwache soziale Fähigkeiten festgestellt, die zur Ablehnung durch Gleichaltrige führen. In vielen Fällen werden die sozialen Probleme des Kindes bedeutsamer als die ursprünglichen Schulschwierigkeiten. Hunderte Untersuchungen zeigen, daß die Zurückweisung durch Gleichaltrige in der Kindheit zu schwacher schulischer Leistung und emotionalen Problemen beiträgt und das Risiko erhöht, in der Jugend straffällig zu werden.

Glücklicherweise können die sozialen Fähigkeiten wie andere EQ-Fähigkeiten vermittelt werden: durch Vorbild, durch spezielle Interventionen und Aktivitäten und dadurch, daß Ihr Kind spezifische altersabhängige Entwicklungsschritte macht.

KAPITEL 12

Gesprächsfähigkeiten: Mehr als nur reden

Vielen Kindern, die Schwierigkeiten haben, mit anderen zurechtzukommen, mangelt es an altersgerechten Gesprächsfähigkeiten. Ihnen fällt es schwer, anderen ihre Bedürfnisse zu vermitteln, und anscheinend auch, die Bedürfnisse und Wünsche anderer zu verstehen.

Kommunikationsprobleme stellen für viele Kinder, bei denen Lern- und Verhaltensprobleme diagnostiziert wurden, ein geläufiges Huhn-oder-Ei-Dilemma dar. Der Psychologe David Guevremont bemerkt zum Beispiel über seine Arbeit mit Kindern, deren Störungen auf Zuwendungsdefizite zurückgehen (Attention Deficit Disorders – ADD), daß diese Kinder zwar sehr gesprächig seien, dennoch Schwierigkeiten hätten, verbale Interaktionen in Gang zu setzen, und auch weniger leicht auf die Kommunikation anderer Kinder reagierten. Aus diesen Gründen erfahren 50 bis 60 Prozent der ADD-Kinder von ihren Gleichaltrigen in irgendeiner Form soziale Ablehnung. Woraufhin sie mit großer Wahrscheinlichkeit verstärkt aggressiv oder auch noch zurückgezogener reagieren, was wiederum zu erneuten sozialen Schwierigkeiten führt.

Guevremont bemerkt, daß eine schwach ausgeprägte Gesprächsfähigkeit besonders offensichtlich wird, wenn Kinder versuchen, neue Freunde zu gewinnen. Diese Kinder möchten an den Aktivitäten der anderen teilhaben, wählen aber die falsche soziale Taktik. Untersuchungen lassen erkennen, daß beliebte Kinder dazu neigen, sich im Laufe der Zeit auch unbekannten Mitschülern zu nähern, wobei sie offensichtlich erst einmal beobachten und Informationen sammeln, bevor sie tatsächlich aktiv werden. Solche Kinder können dann mit Fragen oder Kommentaren zu dem, was sie sehen, verbalen Kontakt herstellen. Sie sagen beispielsweise: «Das Spiel sieht aus, als ob es Spaß macht!» oder: «Wie hast du das denn gelernt?» Kinder mit schwach ausgeprägter sozialer Fähigkeit hingegen stellen durch störende oder selbstbezogene Verhaltensweisen Kontakt her. So sagen sie vielleicht: «Ich weiß schon, wie man das spielt!» oder: «Das kann ich besser als du. Laß mich mal versuchen.»

Guevremont und andere haben herausgefunden, daß man Gesprächsfähigkeiten vermitteln kann. Diese Fähigkeiten umfassen:

Kindern Gesprächsfähigkeiten vermitteln

Fähigkeit	Was zu tun ist
Klar seine Bedürfnisse und Wünsche ausdrücken	Beschreibe, wie du dich fühlst, warum du so fühlst und was du willst.
Persönliches von sich mitteilen	Sprich über Dinge, die dich interessieren und die dir wichtig sind.
Seine Reaktionen auf die Zeichen und Worte anderer einstimmen	Darauf achten, was ein anderer sagt und wie er es sagt. Gespräche sind wie Wippen: Sie funktionieren nur zu zweit.
Andere über sich selbst befragen	Sei neugierig. Finde soviel wie möglich über die Person heraus, mit der du sprichst.
Hilfe anbieten und Vorschläge machen	Mach dir bewußt, was Leute wollen. Gewöhnlich sagen sie etwas wie: «Ich weiß nicht, was ich tun soll.»
Einladungen aussprechen	Wenn dir die Gesellschaft von jemandem angenehm ist, teile es ihm mit, indem du ihn

	einlädst, Dinge, die euch beiden Spaß machen, gemeinsam zu tun.
Positives Feedback geben	Sage es, wenn dir eine Äußerung des anderen gefallen hat («Das ist eine gute Idee!»).
Beim Thema bleiben	Vermeide es, dich mit etwas anderem zu beschäftigen. Wechsle nicht das Thema und schweife nicht ab.
Zeige, daß man ein guter Zuhörer ist	Stelle Fragen zu dem, was gesagt worden ist. Bitte um Erläuterungen oder weitere Einzelheiten.
Zeige, daß du die Gefühle eines anderen verstehst	Spiegele die Gefühle eines anderen wider, indem du sagst: «Du mußt wirklich wütend geworden sein, als du bemerktest, daß jemand dein Fahrrad genommen hatte.»
Interesse an einer anderen Person ausdrücken	Zeige dein Interesse durch Lächeln. Stelle häufigen Augenkontakt her. Stelle relevante Fragen.
Akzeptanz ausdrücken	Hör dir die Ideen von jemand anderem an. Versuche die Vorschläge des anderen auszuführen.
Zuneigung und Zustimmung ausdrücken	Umarme den anderen, halte seine Hände, klopfe ihm auf Rücken oder Schultern. Sage Kindern, was du an ihnen magst.
Mitgefühl ausdrücken	Beschreibe, was deiner Meinung nach andere fühlen,

	und zeige, daß du Anteil nimmst («Du siehst verärgert aus. Möchtest du über etwas sprechen?»)
Hilfe anbieten und Vorschläge machen, wenn sie angemessen sind	Schlage verschiedene Möglichkeiten vor, wie etwas getan werden könnte. Biete an zu helfen, auch wenn du nichts davon hast.

Wie Sie Kindern bessere Gesprächsfähigkeiten vermitteln

Hauptsächlich erlernen Kinder soziale Kommunikationsfähigkeiten durch Gespräche mit ihrer Familie. Je mehr Sie ein Vorbild für die oben aufgeführten Fähigkeiten abgeben, desto größer ist die Wahrscheinlichkeit, daß Ihr Kind sie in Situationen mit Gleichaltrigen einsetzt. Eine Hauptschwierigkeit besteht für viele Eltern darin, Zeit für Gespräche mit ihren Kindern zu finden. Einige Eltern tun dies regelmäßig abends beim Gutenachtsagen, andere sorgen dafür, daß mindestens ein paar Mahlzeiten abends in der Woche ohne Hetze stattfinden und in längere Gespräche übergehen. Spaziergänge oder Autofahrten können gute Gelegenheiten für Einzelgespräche bieten. Tiefergehende Gespräche sind durch persönliche Dinge bestimmt. Hierzu gehört, daß man den anderen an Gedanken und Gefühlen, Fehlern und Mißerfolgen, Problemen und Lösungen, Zielen und Träumen teilhaben läßt.

Für Kinder, die offensichtlich nur schwer mit anderen zurechtkommen und/oder über schwach ausgeprägte Gesprächsfähigkeiten verfügen, können strukturiertere Methoden notwendig sein. Guevremont hat herausgefunden, daß Gesprächsfähigkeiten ebenso wie andere sprachliche Fähigkeiten vermittelt und durch Übung verstärkt werden können. Er setzt zur Vermittlung grundlegender Kommunikationsfertigkeiten eine spielerische Beschäftigung ein, die er «TV Talk Show» nennt. In diesem Spiel stellt ein Kind den «Gastgeber» und das andere den «Gast» dar. Es ist Aufgabe des Gastgebers, dafür zu sorgen, daß der Gast sich wohl fühlt, während er gleichzeitig etwas über dessen Interessen, Gefühle,

Gedanken und Meinungen erfährt. Jedes Interview wird drei Minuten lang auf Video aufgenommen, und dann erhalten beide Kinder Punkte für spezielle Fähigkeiten, wie sie im Arbeitsblatt aufgelistet sind.

Das Arbeitsblatt zum TV-Talkshow-Interview

(Kreuze jedesmal an, wenn der «Gastgeber» etwas von den folgenden Punkten tut. Benutze für jedes Interview ein Blatt.)

_____ Stellt Fragen

_____ Teilt etwas über sich mit

_____ Gibt Anregungen oder Hilfe

_____ Gibt positives Feedback (wie zum Beispiel ein Kompliment)

_____ Teilt etwas Persönliches mit

_____ Zeigt Interesse

_____ Drückt Annahme und Zustimmung zu dem aus, was der andere sagt

_____ Macht angemessene Vorschläge

Mit der Zeit werden die Kinder aufgefordert, natürlichere Unterhaltungen zu führen, zunächst zu vorgegebenen Themen wie Lieblingsspielzeug, Spiele, TV-Shows usw. Dann werden sie gebeten, ihre eigenen Themen zu entwickeln und mehrere Minuten lang ein Gespräch darüber zu führen.

Wenn Ihr Kind große Schwierigkeiten hat, sich mit anderen Kindern zu unterhalten, möchten Sie am Anfang vielleicht erst selbst «TV Talk Show» mit ihm spielen. Benutzen Sie die Vorgabe in der Tabelle für das Interview, und punkten Sie damit. Im Idealfall nehmen Sie sich und Ihr Kind während des Spiels auf Video auf (falls Sie keine Videokamera haben, tut es auch eine Hörkassettenaufnahme). Natürlich sollten Sie darauf achten, ein gutes Vorbild für Ihr Kind abzugeben. Betonen Sie Ihr Interesse an ihm, locken Sie es aus der Reserve, und revanchieren Sie sich mit Ihren eigenen Gedanken. Wenn möglich, sollte das Spiel dann mit einem anderen Kind gespielt werden, so daß Ihr Kind die Gelegenheit erhält, Gesprächsfähigkeiten zusammen mit Gleichaltrigen zu entwickeln.

EQ-Punkte, die man sich merken sollte

- Soziale Fähigkeiten können vermittelt werden.
- Gesprächsfähigkeiten helfen Kindern, von einzelnen wie auch von Gruppen sozial aufgenommen zu werden.
- Zu Gesprächsfähigkeiten gehört, daß man persönliche Dinge erzählt, anderen Fragen stellt, Interesse und Anerkennung äußert.

KAPITEL 13

Die Bedeutung des Humors

Der Psychologe Paul McGhee hat darauf hingewiesen, daß Humor eine besonders wichtige Rolle dabei spielen kann, wie Kinder soziale Kompetenz entwickeln. McGhee erklärt, daß Kinder, die «humorbefähigt» sind, erfolgreicher in ihren sozialen Interaktionen sein können. Er bemerkt, daß «es schwierig ist, jemanden nicht zu mögen, der einen zum Lachen bringt». Die Forschung bestätigt die allgemeine Auffassung, daß Kinder, die man für witzig hält, beliebt sind, während Kinder ohne Sinn für Humor von ihren Altersgenossen als weniger sympathisch beschrieben werden. Auch wurde herausgefunden, daß sogar Vier- und Fünfjährige, denen man einen hohen Grad an sozialer Kompetenz zuschrieb, häufiger witzige Interaktionen mit anderen Kindern in Gang setzten und auch mehr über den Witz anderer lachten. Einer anderen Studie zufolge nahmen sich Acht- bis Dreizehnjährige, die sich als schüchtern betrachteten, auch als unwitzig wahr. Und von Collegestudenten wurde die Eigenschaft, «unterhaltsam» zu sein, als eine von drei grundlegenden Dimensionen der Freundschaft erkannt.

Wie sich Humor in Kindern entwickelt

Wie viele andere EQ-Fähigkeiten setzt die Fähigkeit zum Humor in den ersten Lebenswochen ein. Mit sechs Wochen lächelt ein Säugling bei einem simplen Guck-guck-Spiel, wenn Sie sich ein Taschentuch über den Kopf legen und es schnell fortziehen.

Da Säuglinge nur physische Komödie begreifen, werden wir alle zu Charlie Chaplin und finden eine unbeschreibliche Freude darin, unser Baby zum Kichern und Glucksen zu bringen. Wir lernen instinktiv, wie wir das ansteckende Gelächter unserer Kinder verstärken, indem wir sie erwartungsgemäß etwa in einem Guckguck-Spiel überraschen; oder wir zeigen ihnen das Prinzip von «Ursache und Wirkung» (das Baby drückt auf Ihre Nase, und Sie machen ein komisches Gesicht); oder Sie stimulieren es körperlich durch Kitzeln oder Bewegung (indem Sie das Baby auf den Knien hüpfen lassen oder es sanft in die Luft werfen).

Laut Paul McGhee beginnt richtiger Humor (mehr als eine physische oder Wahrnehmungsreaktion) im zweiten Lebensjahr, wenn Ihr Kind allmählich den symbolischen Charakter von Worten und Gegenständen begreift. In diesem Alter basiert Humor auf einem äußerlichen Mißverhältnis. Bei einem Kleinkind ruft ein Schuh statt eines Hutes auf dem Kopf geradezu Heiterkeitsausbrüche hervor, ebenso die Trickfilmkatze, die sich bei der Verfolgungsjagd nach einer Maus nur ein pfannkuchenplattes Gesicht einfängt.

Mit drei Jahren finden Kinder auch verbale Äußerungen lustig. Zuerst hält Ihr Kind eine falsche Bezeichnung für wahnsinnig komisch und nennt einen «Fuß» eine «Hand», eine «Katze» einen «Hund» und eine «Mama» einen «Papa». Wie bei den meisten Arten von Humor wird der Spaß durch Wiederholung nur noch lustiger, und ein Zweieinhalbjähriger kann dabei buchstäblich vor Lachen umkippen. Nur wenige Monate später ist die Erfindung eines unsinnigen Namens der Grund für Erheiterung.

Vater: Komm schon, Tammy, iß dein Müsli.

Tammy (drei Jahre): Du bist ein Müslikopf.

Vater: Ja, ich weiß, jetzt iß dein Müsli.

Tammy: Du bist ein Löffelkopf (kichert).

Vater: Okay, Tamm. Sehr komisch. Jetzt iß dein Müsli, damit wir in den Kindergarten gehen können.

Tammy: Du bist ein Müsli-Löffel-Kopf-Stinke-Kopf (lacht so heftig, daß sie die Müslischale umwirft).

Vater (entnervt, aber amüsiert): Okay, Tammy. Alles, was du sagst. Ich gebe dir im Auto eine Banane. Laß uns jetzt fahren . . .

Für Kleinkinder sind auch Reime und unsinnige Worte sehr komisch. Als meine Tochter Jessica zwei war, rief sie gern ihre Freundin Rachel an, um mit ihr ein «Unsinns»-Gespräch zu führen. Es umfaßte nur ein paar «dumme» Worte:

Jessica (kichernd): Gink-gunk.
Rachel (kichernd): Gink-gonk.
Jessica (lachend): Bink-bonk.
Rachel (richtig laut lachend): Bink-Bink.
Jessica (so heftig lachend, daß sie den Hörer fallen ließ): Bink . . .

Der Kontext des Humors ist immer wichtig, aber ganz besonders in dieser Altersstufe, wo Kinder gerade anfangen, mit Worten zu experimentieren. Der «Gink-gunk»-Witz, an dem Jessica so viel Freude fand, war nur witzig, wenn sie und Rachel ihn sich erzählten. Sprach ich oder jemand anderer das Wort aus, fand sie es nicht komisch. In dieser Altersstufe erkennen Kinder allmählich die Strukturen des Humors und suchen natürlich an jedem vertrauten Ort danach. Kinder, die *Sesamstraße* im Fernsehen anschauen, nehmen wahr, daß sich Big Birds Schusseligkeit von Grovers abfälligem Humor unterscheidet und der wiederum von Ernies und Berts Dämlichkeit.

Im Alter von drei Jahren betreten Kinder eine vierte Stufe des Humors. Sie lachen nicht mehr nur über physische und verbale, sondern auch über begriffliche Mißverhältnisse. Wenn zum Beispiel ein Dreijähriger eine Flasche zum Mund führt, ist dies nicht besonders amüsant, aber wenn Papa dasselbe tut und sich wie ein Baby verhält, ist das zum Schreien komisch. Wenn jedoch ein fremder Erwachsener das gleiche täte wie Papa in seinem Bemühen, das Kind zu unterhalten, könnte das Kind sehr ängstlich werden und sogar in Tränen ausbrechen. Kleine Kinder unterscheiden genau, wann etwas komisch ist, wann nicht und wann es sogar als Drohung wahrgenommen wird. Deshalb zeigen kleine Kinder sich auch oft als zwiespältig gegenüber Clowns. Die Späße eines Clowns sind für ein kleines Kind beim erstenmal, da es einen in Person sieht, nicht einzuordnen. Clowns im Fernsehen oder im Kino stehen in einem anderen Kontext als diejenigen, die einem im Zirkus oder auf einer Geburtstagsfeier in die Wange kneifen oder ihre Knollennase ins Gesicht drücken. Erst wenn ein Kind gelernt hat, einen Clown in einen «Live»-Kontext einzuordnen, kann es seine lustigen statt der beängstigenden Seiten erkennen.

Die nächste Stufe des Humors taucht zwischen fünf und sieben Jahren auf, wenn Kinder größere sprachliche Fähigkeiten entwikkeln und erkennen, daß Worte mehr als eine Bedeutung haben können. Im Alter von fünf oder sechs Jahren erzählen Kinder Rätsel mit doppelter Bedeutung, etwa in der Art:

«Klopf-klopf.»
«Wer ist da?»
«Meine Schwester schickt mich.»
«Und wer ist da?»
«Lasse.»
«Welcher Lasse?»
«Lasse endlich in Ruhe!»

Es macht immer Spaß, kleinen Kindern zuzuhören, wenn sie in diese Phase eintreten und darum ringen, sowohl den Inhalt als auch die Form des Rätsels zu beherrschen. Vor einigen Jahren interviewte ich eine Gruppe von Kindern, um zu untersuchen, wie sich Humor in den verschiedenen Altersstufen entwickelt. Die Kinder waren zwischen sechs und zwölf Jahren, und jedes sollte mir und den anderen Kindern Witze erzählen. Aber richtig zum Lachen brachte mich die lächelnde und temperamentvolle fünfjährige Alexis. Sie war deutlich aufgeregt, da sie sich in Gesellschaft von älteren und klügeren Kindern befand, und hielt 15 Minuten lang ihre Hand hoch, bevor sie an der Reihe war, ein Rätsel zu erzählen:

«Was hat der Trottel zur Raupe gesagt?» lautete schließlich ihr Rätsel, das sie freudestrahlend vortrug. «Ich weiß nicht», entgegnete ich und wunderte mich, wie ihr ansteckendes Lächeln den ganzen Raum zu erleuchten schien. «Hast du mein Bonbon aufgegessen?» antwortete sie aufgeregt.

«Was bedeutet das?» fragte ein Neunjähriger und murmelte die Pointe vor sich hin. «Das ergibt doch keinen Sinn. Das ist doch nicht witzig», sagte er zu Alexis und machte sich nicht die Mühe, seine Verachtung zu verbergen. «Doch, das ist es!» erwiderte Alexis, immer noch strahlend. «Hast du mein Bonbon aufgegessen?» wiederholte sie die Pointe mit Nachdruck.

«Sie ist zu klein, um zu erkennen, daß das ein blöder Witz ist», erklärte ein Elfjähriger den anderen. Immer noch strahlend wiederholte Alexis einfach noch einmal die Pointe: «Hast du mein Bonbon aufgegessen?», als wollte sie erklären: «Ich werde das einfach noch weiter sagen, egal, ob ihr das dumm findet oder nicht, weil *ich* es witzig finde.»

Alexis' Rätsel zeigte, daß sie die Form dieses Typs sprachlichen Humors verstand, aber mit dem Inhalt nicht umgehen konnte. Zweifellos wiederholte sie ein Rätsel, das sie schon einmal gehört hatte, aber ein oder zwei Worte waren einfach falsch. Da Alexis noch nicht soweit war zu begreifen, daß das Rätsel durch die Unangemessenheit der Bedeutung eines Wortes komisch wird, ging sie einfach davon aus, daß es sein Problem ist, wenn jemand den Witz nicht begreift. Forscher, die untersuchen, wie Kinder Humor lernen, nennen Alexis' Witz ein «Vor-Rätsel».

Grundschulkinder zeigen eine wachsende Faszination für «richtige» Witze im Gegensatz zu den oft unbeholfenen Witzen, die sie zuvor lustig fanden. Viele Kinder sind stolz auf ihren Vorrat an Witzen und Rätseln, und es ist nicht ungewöhnlich, daß eine ganze Klasse wetteifert, wer die meisten Rätsel einer bestimmten Kategorie kennt («Trottel», «Klopf-klopf», «Warum läuft das Huhn über die Straße?» und so weiter).

Witze und Rätsel in den sogenannten «Latenz»-Jahren vor der Pubertät sind Möglichkeiten für Kinder, ihr Interesse an den elementaren Sexual- und Aggressionstrieben auszudrücken. Bei vielen Kindern beginnt ihre informelle Sexerziehung damit, daß sie Fragen zu sexuellen Witzen stellen, die sie nicht verstanden haben. Kinder bringen auch ihre Feindseligkeit und Aggressivität durch Witze zum Ausdruck. Feindselige Witze reichen von solchen, die sich über eine bestimmte ethnische, rassische oder regionale Gruppe lustig machen, bis zu den grausigen Witzen, die innerhalb von Tagen nach einer wirklichen Tragödie aufzutauchen scheinen.

In den mittleren Schuljahren haben Zehn- bis Vierzehnjährige ein hohes kognitives Niveau erreicht, das ihnen ermöglicht, Mißverhältnisse auf einer symbolischen Ebene zu erkennen. In diesem Alter verfeinern Wortspiele und doppelte Bedeutungen die Form, wenn auch nicht unbedingt den Inhalt der Witze. Ein Elfjähriger fragte seinen Lehrer: «Was ist der Unterschied zwischen einem Kochtopf und einer Toilette?» – «Ich weiß nicht», erwiderte der Lehrer. «Dann komm ich mit Sicherheit nicht zu Ihnen zum Abendessen!» antwortete das Kind.

In den mittleren Schuljahren können Kinder Humor als Waffe gegen Erwachsene wie auch gegen andere Kinder einsetzen. Die Beliebtheit von Beavis und Butthead, den frustrierten Comic-Dauerfernsehern, ist nur ein Beispiel, wie junge Heranwachsende Humor anwenden als eine Art, sich von Werten und Sittenkodex oder Erwachsenen zu distanzieren. Der Klassenclown, der mit sieben oder acht Jahren mit seinen Achselhöhlen Furzgeräusche erzeugte oder sich auf den Boden warf und beim Anblick einer kleinen Wunde einen Ohnmachtsanfall vortäuschte, wird jetzt recht häufig zum Schulleiter gerufen. Seine Mätzchen sind extrem störend für die Klasse und respektlos gegenüber dem Lehrer, eine dünne Bemäntelung seiner Verachtung gegenüber erwachsener Autorität. Und doch ist diese Art von Humor, so unangenehm er für Erwachsene sein mag, natürlicher Bestandteil des Erwachsenwerdens, wobei die Grenzen der Autorität auf die Probe gestellt werden. In der elften Klasse setzen Jugendliche Humor in der Schule eher in Verbindung mit einem positiven Klassenverhalten ein. Ihr Humor wird häufig als Führungsfähigkeit wahrgenommen.

Wie Sie Ihren Kindern helfen können, Humor als soziale Fähigkeit zu benutzen

Unterschiedliche Kinder haben unterschiedliche natürliche Begabungen für Humor. Einige Kinder sind einfach komischer als andere. Und doch können alle Kinder sich gleichermaßen an Humor erfreuen. Sie setzen ihn vielleicht als Möglichkeit ein, soziale Anerkennung zu erhalten und mit unvermeidlichen psychischen Konflikten und Sorgen umzugehen. Sie können Humor in Ihrem Kind und Ihrer Familie verstärken als eine Möglichkeit, den Alltag vergnüglicher zu gestalten, die Gesellschaft anderer zu genießen und mit spezifischen psychischen Problemen und Konflikten umgehen zu lernen.

Humor ermöglicht es Ihren Kindern, auf vielfältige Weise mit Streß und Angst umzugehen. Er kann ihnen helfen, nach einer peinlichen Begegnung ihr Gesicht zu wahren. Er kann ihnen helfen, mit Zorn umzugehen oder etwas auszudrücken, das sie anders nur schwer sagen könnten (das heißt, etwas sagen, ohne es wirklich zu sagen). Ein Freund von mir hatte eine zwölfjährige Tochter, die nicht zur Valentinsfeier an ihrer Schule eingeladen war. Als ihre Mutter sie fragte, ob sie darüber verärgert sei, antwortete sie mit gespielter Verzweiflung: «Oh, schrecklich, schrecklich! Nun muß ich mein Designer-Kleid zurückgeben und meine Limousine absagen!»

Bestärken Sie Ihre Kinder im Witzeerzählen, und erkennen Sie den Humor auch in schwierigen Situationen. Die Witze der Kinder vermitteln deren Vorlieben und Abneigungen, und sie können mit Humor positive oder negative Gefühle über andere ausdrükken. Kinder benutzen oft Witze als Möglichkeit, ihren sozialen Status beizubehalten. Oft flüstern Kinder sich Witze zu, so daß ein anderes Kind sie nicht hört. Ein Witz kann wie ein wertvolles Geheimnis durch ein Klassenzimmer gehen und die Runde bei der sozial dominanten Clique machen, dabei aber niemals den Kindern erzählt werden, denen man einen niedrigen Sozialstatus zuerkennt. Tatsächlich ist es ein wichtiges Zeichen sozialer Akzeptanz, wenn Kinder «den Witz» erzählt bekommen.

Albern spielen

Die sicher leichteste und wirkungsvollste Art, Humor in Ihrem Kind zu bestärken, ist, einfach zu spielen. Kinder lieben alberne Spiele, Wasserschlachten, sogar hin und wieder eine Essensschlacht.

Witzezeit

Richten Sie zu Hause eine Komödienstunde ein. Vereinbaren Sie eine bestimmte Zeit, in der Ihre Familie gemeinsam Witze und Rätsel erzählt. Bei der Festlegung der Zeit, in der Familienmitglieder einander zum Lachen bringen, sollte man die wichtigen psychologischen Effekte von Humor bedenken: Streß reduzieren,

Menschen zusammenbringen, mit schwierigen Situationen, Problemen und Konflikten umgehen.

In allen Büchereien oder Buchgeschäften gibt es Dutzende von Witzebüchern für Kinder. Familienmitglieder können sich jede Woche einen Lieblingswitz aufschreiben oder auswendig lernen. Noch besser ist es, wenn man eine lustige Geschichte erzählt, sich ein Gedicht ausdenkt oder ein lustiges Bild zeichnet. Selbst ausgedachte Komik ist immer besser für die Entwicklung eines natürlichen Sinns für Humor. Nehmen Sie ihre «Witzezeit» auf Video- oder Tonband auf, wenn Sie in fünf Jahren einmal richtig lachen wollen.

Führen Sie Humor als Möglichkeit vor, mit Streß umzugehen

Seien Sie vor Ihren Kindern humorvoll, wenn Sie gestreßt sind. Machen Sie mitten in einem Streit einen Witz. Strecken Sie Ihren Rechnungen die Zunge heraus.

Vermitteln Sie mit Humor Werte und Toleranz

Humor wird häufig als Möglichkeit benutzt, Aggressivität, ja sogar Grausamkeit auszudrücken. Wenn Sie Kindern helfen, zwischen feindseligem und nicht feindseligem Humor zu unterscheiden, kann dies auch eine Gelegenheit sein, ihnen Toleranz und Respekt für andere nahezubringen. Kinder müssen lernen, daß Worte so verletzend sein können wie Schläge oder Tritte, und manchmal können sie sogar schlimmer sein. Witze zu machen über Rasse, Religion, Volksgruppenzugehörigkeit oder Unvermögen anderer sollte gewiß nicht ermutigt werden. Statt dessen nutzen Sie solche Fehltritte als Gelegenheiten, über Vorurteile und Sündenbockrollen zu sprechen. Bestärken Sie Ihre Kinder darin, Ärger und Aggressivität als das zu erkennen, was sie sind, und die Gefühle anderer zu achten.

Herumkaspern

Schüchterne und verschlossene Kinder können es ganz besonders genießen, die Kunst, ein Clown zu sein, zu erlernen. Sich mit einem Clownskostüm zu verkleiden und als Clown geschminkt zu sein, schafft für Kinder eine neue Persona und regt sie zu extrovertierterem Verhalten an. Da Clowns gewöhnlich schweigen, müssen schüchterne Kinder sich auch keine Sorgen darüber machen, was sie sagen. Vielleicht vermitteln Sie am besten, wie es ist, Clown zu sein, wenn Sie sich selbst als Clown verkleiden! Stellen Sie mit Ihrem Kind eine Nummer zusammen, wo sie jonglieren, einander jagen, die Trottel spielen . . . einfach albern sind. Dies ist auch für Kinder untereinander eine großartige Beschäftigung. Sehen Sie doch einmal, ob die Kinder eine zehn- oder fünfzehnminütige Clownaufführung «choreographieren» können.

Einige Kinder sind so gerne Clown, daß sie ihn auch für andere darstellen wollen und bei Geburtstagsfeiern für kleinere Kinder oder sogar in Krankenhäusern auftreten.

EQ-Punkte, die man sich merken sollte

- Humor ist eine wichtige soziale Fähigkeit.
- Er ist einer der am meisten geschätzten Charakterzüge bei Kindern wie bei Erwachsenen.
- Wenngleich Kinder von Geburt an mit unterschiedlicher Begabung Witze machen und andere zum Lachen bringen können, ist doch jedem Kind zumindest ein Verständnis von Humor angeboren.
- Humor dient in verschiedenen Altersstufen unterschiedlichen Zielen, aber er kann uns ein ganzes Leben lang helfen, mit anderen zurechtzukommen und mit einer Vielfalt an Problemen umzugehen.

KAPITEL 14

Freunde gewinnen: Wichtiger, als man vielleicht glaubt

Harry Stack Sullivan, ein Schüler von Sigmund Freud, betonte, wie wichtig die sozialen Beziehungen von Kindern für die Entwicklung ihrer Persönlichkeit sind.

Wenn ein Kind sieben oder acht ist, beginnt es sich aus dem elterlichen Einflußbereich fortzubewegen, und mit jedem Jahr wendet es sich mehr seinen Klassenkameraden und Freunden als Quelle der Zuneigung, Anerkennung und Unterstützung zu. Während emotionale Zuwendung in der Familie für selbstverständlich gehalten wird, gilt sie unter Kindern in der Gruppe als verdiente Belohnung, und der Weg zu dieser Belohnung führt größtenteils über die emotionalen und sozialen Fähigkeiten des Kindes. Laut Sullivan prägen Kinderfreundschaften lebenslang die Beziehungen zu anderen. Genauso kommt auch die eigene Selbstachtung beinahe der elterlichen Liebe und Zuwendung gleich. Umgekehrt trägt ein Kind, besonders in der Grundschule, ein Gefühl der Unvollständigkeit und Unerfülltheit mit sich, häufig trotz bedeutsamer Leistungen, wenn ihm die Anerkennung durch Freunde oder Mitschüler versagt bleibt.

Mit 42 Jahren war Harvey ein geachteter und erfolgreicher orthopädischer Chirurg. Er beschrieb seine Ehe als «gut», auch wenn er sieben Tage in der Woche arbeitete. Aber laut seiner Frau Flo verbrachte er weniger als vier (wache) Stunden mit ihr in der Woche, und sie nannte ihren Mann «Der Schatten». Zwar liebte Harvey seine drei Kinder, mittlerweile Teenager, doch er gab zu, daß sie für ihn eine Enttäuschung waren. Obwohl er ihnen jeden Vorteil (einschließlich seiner beträchtlichen intellektuellen Gaben) beschert hatte, waren sie lustlose Schüler und hatten wenig Ehrgeiz, außer wenn es darum ging, bis spät in der Nacht Partys zu feiern.

Harvey beschrieb sich selbst als jemanden, der keine wirklichen Freunde hatte, aber er gab an, daß er einige Kollegen mochte und gelegentlich mit ihnen zu Mittag aß. Er sagte, er vermisse als Erwachsener ohne Freunde eigentlich nichts, weil er auch als Kind nie wirklich Freunde hatte. Als Junge war er wegen seiner Schlaksigkeit und Unbeholfenheit gnadenlos aufgezogen worden, aber er hatte gelernt, seine Gefühle für sich zu behalten. Als Jugendlicher arbeitete er hart und ging nie aus. Flo, die er im College kennengelernt hatte, war seine einzige Freundin. Gelegentlich empfand Harvey ein vages Gefühl von Leere in seinem Leben, aber das verschwand schnell, wenn er durch ein volles Wartezimmer in sein Büro ging.

Als Flo ankündigte, sie wolle die Scheidung und etwas «Glück» in ihrem Leben, konnte Harvey ihr keine Vorwürfe machen. Er wußte, daß er als Ehemann nicht sehr erfolgreich gewesen war. Als Alleinstehender, so nahm er an, hätte er ein wenig mehr Zeit für ein Forschungsprojekt, das ihn interessierte. Er glaubte, daß dieses Projekt ihm die Leitung seiner Abteilung im Krankenhaus verschaffen würde und sein Leben dann bestimmt mehr Sinn hätte.

Freunde zu finden ist eine Fähigkeit, die nach der Kindheit schwer zu erlernen ist. Es ist ein wenig wie Schwimmen, das Kindern leichtfällt, wenn sie schon früh ans Wasser gewöhnt werden, aber wenn Erwachsene schwimmen lernen, weil sie als Kinder dazu keine Gelegenheit hatten, sind ihre Bewegungen steif und unnatürlich. Das Fehlen von Kindheitsfreunden verurteilt das Kind zwar sicher nicht dazu, ein freundloser Erwachsener zu werden, doch müssen wir zur Kenntnis nehmen, daß sich gewisse EQ-Fähigkeiten in bestimmten Zeiten der Entwicklung begünstigt herausbilden. Wenn diese Zeiten vorbei sind, erlernt man die Fähigkeit viel schwerer.

Wie Kinder Freundschaft schließen

In seinem Buch *Kinderfreundschaften* beschreibt Zick Rubin, wie Kinder vier sich überlappende Stadien durchlaufen, wenn sie die Kunst und Fähigkeit erlernen, Freundschaften zu schließen.

1. Auf der egozentrischen Stufe, zwischen drei und sieben Jahren, definieren Kinder ihre Freunde meistens als die, die gleichzeitig mit etwas Ähnlichem beschäftigt sind, oder einfach als Kinder in der Nähe: Für ein Kind dieser Stufe ist ein «bester Freund» oft derjenige, der am nächsten wohnt. Kinder dieser Stufe suchen Freunde, die ihnen in gewisser Weise nützlich sind: solche mit Spielsachen, mit denen sie spielen wollen, oder solche, die eine persönliche Eigenschaft haben, die ihnen selbst fehlt. Im allgemeinen können Kinder dieser Stufe besser von sich aus Kontakte herstellen als auf die Annäherungsversuche anderer Kinder reagieren. In ihrem egozentrischen Denkrahmen nehmen sie an, daß Freunde genauso denken wie sie. Erweist sich das als unrichtig, werden sie wütend und weisen einen Spielgefährten sogar zurück.
2. Im Stadium der Bedürfniserfüllung, zwischen vier und neun Jahren, sind Kinder weniger durch Egozentrik als durch das Interesse am Beziehungsprozeß motiviert. Sie schätzen Freunde als Individuen und nicht so sehr wegen dem, was sie haben oder wo sie wohnen. Aber auf dieser Stufe ist die Motivation Ihres Kindes, sich Freunde zu suchen, immer noch ichbezogen, weil sie spezielle Bedürfnisse erfüllen. Kinder fühlen sich zu anderen hingezogen, die ihnen ihr Spielzeug überlassen oder von ihnen ein Plätzchen annehmen, aber Gegenseitigkeit ist nicht besonders wichtig. Weil Freundschaft zu einer Möglichkeit wird, Bedürfnisse auch außerhalb der Familie zu befriedigen, wollen Ihre Kinder mit anderen Kindern ihres Alters zusammensein. Da Freunde hauptsächlich eine Funktion bei gegenwärtigen Bedürfnissen erfüllen, haben die Kinder charakteristischerweise Schwierigkeiten, mehr als eine enge Freundschaft gleichzeitig aufrechtzuerhalten. In dieser Zeit hören Sie vielleicht, wie Ihre Tochter zu einer Spielgefährtin sagt: «Jodie ist meine Freundin, du nicht.»

3. Das Stadium der Gegenseitigkeit, zwischen sechs und zwölf Jahren, ist durch ein Bedürfnis nach Gegenseitigkeit und Gleichheit charakterisiert. Kinder können in einer Freundschaft auch die Sichtweise des anderen einnehmen. Und sie können unverhohlen vergleichen, wer was für wen tut, und danach die Qualität ihrer Freunde beurteilen: Eine Einladung, über Nacht zu bleiben, muß zu einer Gegeneinladung führen; ein Geburtstagsgeschenk muß den gleichen Wert wie ein anderes haben; wenn ein Kind eine zusätzliche Süßigkeit mit in die Schule bringt, erwartet es sie am nächsten Tag zurück. Vielleicht neigen Freundschaften in dieser Phase zu Paarkonstellationen, da Gegenseitigkeit so einen hohen Stellenwert hat: Gruppen oder Cliquen sind tatsächlich ein lockerer Zusammenschluß aus gleichgeschlechtlichen Paaren.
4. Das intime Stadium. Zwischen neun und zwölf Jahren sind Kinder bereit, sich in echten engen Freundschaften zu engagieren. Ihre Aufmerksamkeit richtet sich weniger auf äußere Handlungen als auf die Person hinter der Fassade. Viele Psychologen halten dieses Stadium für die Grundlage aller intimen Beziehungen. Sie gehen von der Annahme aus, daß Kinder, die im vor- und frühpubertären Alter unfähig zu intimen Freundschaften sind, als Teenager oder sogar Erwachsene niemals echte Intimität kennenlernen können. Die leidenschaftliche gemeinsame Erfahrung von Emotionen, Problemen und Konflikten in diesem Stadium bildet eine tiefe emotionale Bindung, an die Kinder sich als eine der bedeutsamsten Beziehungen ihres Lebens erinnern. In einigen Fällen halten diese Freundschaften tatsächlich ein Leben lang.

Zick Rubin schreibt: «Ein besonders wichtiges Kriterium für Freundschaft in jedem Alter der Kindheit ist das Mit-Teilen persönlicher Information – ‹private› Tatsachen oder Gefühle, die anderen Menschen nicht bekannt sind.» Das Mitteilen persönlicher Information ist, wie alle Therapeuten wissen, einer der Hauptbestandteile bei der Entwicklung befriedigender Beziehungen und ist psychologisch äußerst bedeutsam. Der Grad, bis zu dem man persönliche und intime Dinge mitteilt, ist wahrscheinlich das wichtigste Kriterium, nach dem Kinder ihre Freundschaften bemessen.

Im Alter von elf Jahren erfuhr Jennifer von ihren Eltern, daß sie sich trennen wollten. Obwohl Jennifer viele andere Kinder kannte, deren Eltern geschieden waren, versetzte diese Nachricht ihr dennoch eine Art Schock. Sie wußte nicht genau, wie sie sich fühlen sollte, und als sie gefragt wurde, sagte sie, sie fühle «nichts». Wie viele Kinder, die zum erstenmal von der elterlichen Trennung erfahren, befand sich Jennifer in einem Zustand der emotionalen Verweigerung, in dem sie die Ereignisse in ihrem Leben wie in einem Film sah.

Die einzige Person, der Jennifer vom Auseinanderbrechen ihrer Familie erzählte, war ihre beste Freundin Julia, von der sie wußte, daß sie ein Geheimnis für sich behalten konnte. Ihrer «zweitbesten» Freundin Marcie erzählte sie, daß ihre Eltern über eine Trennung nachdächten, aber sie sagte ihr nicht, daß die Entscheidung bereits gefallen war. Einer anderen Reihe von Mitschülerinnen, die sie mochte, aber nicht zu ihren «besten» Freundinnen zählte, sagte sie, daß etwas Wichtiges auf sie zukomme, wollte aber nichts Genaues verraten. Jennifer teilte die Details ihres wichtigen Geheimnisses mit der Person, der sie sich am nächsten fühlte. Sie öffnete sich denen weniger, mit denen sie eine distanziertere Freundschaft verband.

Wie Sie Ihrem Kind helfen können, Freundschaften zu schließen und zu erhalten

Es kann gar nicht genug betont werden, wie wichtig es ist, daß wir unseren Kindern helfen, Freundschaften aufzubauen. Und doch sind wir oft unsicher, was wir tun sollten und was nicht. Wenn Sie sich einmal klargemacht haben, daß Freunde in verschiedenen Altersstufen unterschiedliche Bedürfnisse erfüllen, können Sie Ihre Rolle bei der Vermittlung von Freundschaftsfähigkeiten leichter festlegen.

Das egozentrische Stadium

Für kleinere Kinder oder solche, die verschlossen sind und zu sozialer Isolation neigen, sollte man Aktivitäten planen, bei denen sie mit Kindern zusammen sind, die ihnen ähneln oder gleiche Interessen haben. Anfangs ist es nicht wichtig, wie Kinder aufeinander reagieren, sondern daß sie die Möglichkeit zum Zusammensein haben. Computer und Sport sind wahre Eisbrecher. Aber auch wenn Kinder nur zusammen Zeichentrickfilme ansehen, kann dies eine wichtige gemeinsame Erfahrung sein, die die Grundlage für spätere soziale Entwicklung bilden kann.

Wenn Sie alleinerziehend sind, sollten Sie an Wochenenden oder in den Schulferien nicht zuviel Zeit allein mit Ihren Kindern verbringen. Im schulfähigen Alter sind Kinder dafür bereit, mehr emotionale Energie in ihre Altersgenossen zu investieren. Es ist für Kinder schädlich, wenn sie die Rolle eines Ersatzpartners für Sie besetzen.

Das Stadium der Bedürfniserfüllung

Genießen Ihre Kinder erst einmal die Gesellschaft anderer Kinder, ist es wichtig, den Wert von Freunden herauszustreichen. Nehmen Sie die Freundschaften Ihrer Kinder ernst, indem Sie Interesse an ihren Freundschaftsbeziehungen bekunden und sie ermutigen, über ihre Erfahrungen zu sprechen. Wichtig ist, daß man seine positiven Gefühle zu einem anderen Kind nicht herabwürdigt oder negiert, auch wenn Sie Bedenken gegenüber diesem Kind haben. Vermeiden Sie es ebenso, die negativen Meinungen Ihres Kindes über andere Kinder zu bestärken. Widerstehen Sie der Versuchung, sich den Klagen Ihres Kindes über seine Mitschüler anzuschließen; das verstärkt die soziale Isolation. Seien Sie einfach nur ein guter Zuhörer.

Es ist wichtig, daß man auch bei Freundschaften ein Vorbild für seine Kinder abgibt. Wie können sie positive und erfüllende Freundschaften entwickeln, wenn Sie sich keine Zeit für Ihre eigenen Freunde nehmen? Sprechen Sie oft mit Ihren Kindern über Ihre Freunde: was Sie mit ihnen unternehmen und warum sie Ihnen wichtig sind. Beziehen Sie Ihr Kind in Aktivitäten mit Ihren Freunden ein, so daß es erkennen kann, wie Sie sich in Freundschaftsbeziehungen verhalten und wieviel Ihnen Ihre Freundschaften bedeuten.

Das Stadium der Gegenseitigkeit

Wenn die Kinder die Phase der Gegenseitigkeit erreicht haben, fühlen sich viele Eltern in die Rolle des Chauffeurs, Partyorganisators und Bankkassierers (nur Abhebungen) gedrängt. Sie mögen sich wie ein belangloser Beobachter des Soziallebens Ihrer Kinder vorkommen, aber in Wirklichkeit gibt Ihre Präsenz und Unterstützung den Kindern ein Gefühl der Sicherheit, während sie die wechselseitige Welt des Gebens und Nehmens erforschen. In diesem Stadium können die Kinder von Ihrem Wissen und Ihrer Erfahrung profitieren, wenn sie die Freuden und Leiden langfristiger Freundschaften kennenlernen.

Wenn Ihr Kind mit seinen Freunden Schwierigkeiten hat, möchten Sie vielleicht Beispiele aus Ihren gegenwärtigen oder früheren Freundschaftserfahrungen geben. Aber behalten Sie wie in dem früheren Stadium Ihre Eindrücke von den Freunden Ihres Kindes für sich, und vermeiden Sie es, Ratschläge zu erteilen. Lassen Sie Ihr Kind die Geduld entwickeln, eine Verletzung zu ertragen, die in einer engen Beziehung unvermeidlich vorkommt, und es selbst entscheiden, wie es mit negativen Gefühlen und Erfahrungen umgeht. Ob es sich für eine Fortführung der Freundschaft entscheidet oder sie aufgibt und eine neue sucht, ist wirklich seine Sache. Die einzig falsche Entscheidung wäre, wenn es sich von seinen Altersgenossen abwendet und sozial isoliert.

Da diese Stufe der Gegenseitigkeit den ersten wirklichen Austausch von Ideen und Gefühlen beinhaltet, haben Kinder mit diesem Entwicklungsschritt normalerweise Schwierigkeiten. Wirkt Ihr Kind im Umgang mit anderen erfolglos, auch wenn es mehrere Versuche unternommen hat, können Sie spezielle Beschäftigungen organisieren, die das Schließen von Freundschaften unterstützen.

Schon einfach nur Freundschaften in Filmen zu beobachten, besonders wenn Sie auf die einzelnen eingesetzten Fähigkeiten hinweisen, regt Kinder offensichtlich an, sich Freunde auszusuchen. Wenn es Ihrem Kind schwerfällt, Freundschaften einzugehen, kann es auch von verschiedenen Rollenspielen mit Ihnen profitieren, bei denen man Handpuppen oder kleine Figuren einsetzt. Diese Art der Anleitung ist besonders bei Kindern wirkungsvoll, die über frühere soziale Erfolge oder Probleme sprechen können.

Das intime Stadium
Hat Ihr Kind die Stufe erreicht, auf der es enge Freundschaften eingeht, übernehmen Sie eine anleitende Rolle. Legen Sie altersangemessene Grenzen fest, vermitteln Sie Werte, und ermutigen Sie persönliches und zwischenmenschliches Wachstum. Zweifellos empfinden Sie wie in anderen Übergangsstufen im Leben Ihres Kindes eine Mischung aus Erleichterung und Traurigkeit über Ihre sich verkleinernde Rolle in seinem Leben. Das ist auch für Sie altersangemessen!

EQ-Punkte, die man sich merken sollte

- Einen «besten» Freund zu haben ist ein wichtiger Entwicklungsschritt, der die Beziehungen Ihres Kindes als Jugendlicher und Erwachsener beeinflussen kann.
- Zwar können Sie Ihr Kind nicht zwingen, mit anderen Kindern zusammenzukommen, aber Sie können ein Vorbild dafür abgeben, welch wichtige Rolle Freunde im Leben spielen.
- Sorgen Sie dafür, daß Ihre Kinder altersgerechte Gelegenheiten haben, die Fähigkeit zu erwerben, wie man Freundschaften schließt.

KAPITEL 15

In einer Gruppe zurechtkommen

Nachdem ein Kind gelernt hat, einzelne Freunde zu finden, ist die Fähigkeit, sich einer Gruppe Gleichaltriger gleichen Geschlechts anzuschließen, der zweite Pfeiler, auf dem es gesunde soziale Beziehungen aufbauen muß. Mit drei oder vier Jahren sind Kinder gern in der Nähe von Gruppen anderer Kinder. Zwar spielen sie noch lieber mit nur einem Kind, doch tun sie dies gern in der Gesellschaft anderer. Auch wenn Kinder ursprünglich mit Gleichaltrigen beiderlei Geschlechts spielen, zeigen sie mit vier oder fünf allmählich eine Vorliebe für Gruppen ihres eigenen Geschlechts.

Mit sechs oder sieben lernen Kinder zu schätzen, wie die Mitgliedschaft in einer Gruppe ihr Vertrauen und Zugehörigkeitsgefühl stärkt. Obwohl sie ein starkes Loyalitätsgefühl gegenüber diesen Gruppen – «meine Klasse», «mein Baseball-Team» oder «meine Bastelgruppe» – entwickeln, werden diese Gruppen doch noch ausschließlich von Erwachsenen definiert und organisiert. Da Kinder sich ihre engeren Spielgefährten normalerweise unter den Kindern suchen, mit denen sie hauptsächlich zusammen sind (Peer-group), kann dem Gefühl der Gruppenidentität allmählich eine ebenso starke soziale Bedeutung zukommen wie der Familie. Kinder, die in diesem Alter in eine neue Umgebung ziehen, brauchen üblicherweise eine zwei- bis dreimonatige Probezeit in diesen von Erwachsenen arrangierten Gruppen, bevor sie voll anerkannte, gleichrangige Gruppenmitglieder werden.

Wenn Kinder sieben oder acht sind, definieren sie ihre Peergroups selbst. Diese Gruppen gleichen häufig den Vorbildern in der Erwachsenenwelt (oder parodieren sie).

Anfangs ist die Struktur der Gruppe wichtiger als ihre Funktion.

Kinder bilden gewöhnlich Geheimclubs einzig zu dem Zweck festzulegen, wer dazugehört und wer nicht. Diese Clubs sind oft hauptsächlich damit beschäftigt, einen Präsidenten, einen Vizepräsidenten und andere Funktionsträger zu wählen und einen Plan für Sitzungen, Regeln und Rituale aufzustellen. Hat sich jedoch die Struktur der Gruppe schließlich herausgebildet (falls dies tatsächlich geschieht), finden die Kinder normalerweise keinen Grund mehr für ihre Zusammenkünfte und wenden sich häufig anderen Beschäftigungen zu.

Zwischen neun und zwölf Jahren ist das Interesse der Kinder an Gruppen vorrangig geworden. Diese bestehen nun fast ausschließlich aus Mitgliedern desselben Geschlechts, und natürlich ist das geläufigste Thema bei Gruppendiskussionen das andere Geschlecht. Gruppen dieses Alters und bis in die Pubertät hinein sind durch einen starken Konformitätsdruck geprägt – einen Druck, der oft nur schwach die grausamsten Formen sozialer Ächtung kaschiert.

Beispielsweise hörte ich in einem Restaurant des örtlichen Einkaufscenters die folgende Diskussion mit an. Ich hatte nur beiläufig eine Gruppe von drei zehnjährigen Mädchen wahrgenommen, als ich mich zum Essen niederließ, in der Annahme, daß sie ebenfalls zu Mittag äßen und sich an diesem kalten Wintertag auch an einem Teller Suppe wärmen wollten. Ich hatte keine Ahnung, daß ich mich in Hörweite des Mitgliederkomitees des «Punk-raus»-Clubs befand. Wie ich erfuhr, war er zu dem ausdrücklichen Zweck gegründet worden, Mädchen, die sich wie «Punks» aufmachten, aus dem Club auszuschließen. Hier ist ein kleiner Ausschnitt aus ihrer umfangreichen Unterhaltung:

Mädchen 1: Habt ihr Marty am Freitag gesehen? Zum Kotzen! Mann, ist das ein Schwein.

Mädchen 2: Ich weiß. Sie ist fett. Ich glaube nicht, daß sie ihre Haare auch nur einmal in der ganzen Woche gewaschen hat.

Mädchen 1: Wofür hält die sich, daß sie sich so aufmacht? Glaubt sie, das sieht cool aus? Für mich sieht sie wie ein dreckiger Junkie aus.

Mädchen 3: Das is sie wahrscheinlich! (kichert) Ich wette, die schießt mit den Junkies von der South Street oder so, und dann is sie so high, daß sie in ihren Klamotten einschläft und in denselben Klamotten in die Schule kommt und dann wieder high wird und in Abfalleimern nach Eßsachen sucht und dann nach Hause kommt und in ihren Kleidern schläft . . .

Mädchen 2: Ja, das ist ekelhaft . . .

Mädchen 1: Ja, und habt ihr gesehen, was Sharon letzte Woche anhatte?

Und so ging es weiter.

Ich hörte diesem Gespräch mit gemischten Gefühlen zu. Ich hatte Mitgefühl mit dem Mädchen, über das sie herzogen, und fragte mich, ob sie wirklich eine Außenseiterin oder ob das alles nur Gerede war. Vor allem aber war ich erleichtert, erwachsen zu sein.

Wie man es vermeidet, von einer Gruppe abgelehnt zu werden

Von einer Peer-group isoliert zu werden, kann eine der schmerzhaftesten Erfahrungen im Leben sein. Wenn Erwachsene ihre Kindheit als «glücklich» oder «unglücklich» einstufen sollen, ist Akzeptanz oder Zurückweisung durch Gleichaltrige eine der am häufigsten zitierten Determinanten.

Von der «tonangebenden Gruppe» zurückgewiesen zu werden, kann für die heutigen Kinder genauso schmerzhaft sein, wie es für Sie als Kind war, aber zum Glück herrscht im allgemeinen eine größere Akzeptanz von Unterschiedlichem. Wenn Kinder nicht in die dominante Gruppe ihrer Altersgenossen passen (die «coolen» Kinder), gibt es gewöhnlich noch verschiedene andere Gruppen an einer Schule, bei denen sie teilhaben und einen hohen Sozialstatus einnehmen können.

Im allgemeinen haben zwei Arten von Kindern Schwierigkeiten, sich einer Peer-group anzuschließen: diejenigen, die situationsbezogen abgelehnt, aber innerhalb eines Jahres von einer Gruppe anerkannt werden, und diejenigen, die aufgrund eines festgestellten «Charakterunterschieds» zurückgewiesen werden und ein Jahr lang oder darüber hinaus eine verlängerte Zurückweisung erfahren.

Kinder, die situationsbezogen abgelehnt werden, werden normalerweise als «Außenseiter» angesehen, weil sie von einer anderen Schule oder Gegend hergezogen sind. Oder sie werden vorübergehend zurückgewiesen als Folge äußerlicher oder kultureller Unterschiede. Im Laufe eines Jahres werden diese Kinder assimiliert, und ihre Andersartigkeit wird möglicherweise sogar als Stärke aufgefaßt. Kinder, die jedoch ein Jahr oder länger abgelehnt werden, sieht man als solche mit charakterlichen Eigenschaften an, die sie für ihre Altersgenossen unannehmbar machen. Diese Kinder fallen gewöhnlich in ein Extrem, sind entweder zu introvertiert oder zu extrovertiert, entweder extrem verschlossen und «bis zur Schmerzgrenze schüchtern» oder aggressiv, streitsüchtig, extrem ehrgeizig, fordernd und dominierend.

Sofern man nicht eingreift, driften Kinder, die wegen wahrgenommener charakterlicher Unterschiede abgelehnt werden, weiter an den äußersten Rand ihrer gesellschaftlichen Gruppe, wenn sie älter werden. Das verschlossene Mädchen kommt möglicherweise tagelang nicht mehr aus seinem Zimmer, weigert sich, mit irgend jemandem in der Schule zu sprechen, einschließlich den Lehrern, und kann in der Pubertät für schlimme Depressionen anfällig und sogar selbstmordgefährdet sein. Der als äußerst aggressiv und/oder störend wahrgenommene Junge von acht oder neun Jahren wird möglicherweise als antisozial beschrieben, wenn er zehn oder elf ist. Wird das aggressive Kind körperlich reif, mögen andere Kinder und sogar Erwachsene es als Bedrohung ansehen. Es sondert sich vielleicht ab, wird mürrisch und beschäftigt sich oft mit gewalttätigen und rachsüchtigen Phantasien. Oder es findet eine Gruppe anderer Pubertierender, die seine Neigung zu antisozialen Beschäftigungen teilen.

Das Kind, das aus welchem Grund auch immer soziale Ablehnung erfährt, verläßt mit einer zwei- bis achtmal höheren Wahrscheinlichkeit die Schule ohne Abschluß, wird statistisch häufiger wegen straffälliger Handlungen verhaftet und/oder konsumiert regelmäßig Alkohol oder Drogen.

Was Sie tun können, wenn Ihr Kind Schwierigkeiten hat, sich einer Peer-group anzuschließen

Hat Ihr Kind Schwierigkeiten, eine Gruppe von Freunden zu finden, ob aus situationsbedingten oder charakterlichen Gründen, fühlen Sie sich möglicherweise genauso verletzt und hilflos wie Ihr Kind. Vielleicht überidentifizieren Sie sich sogar mit der Isolation Ihres Kindes und polarisieren die Welt in «wir» und «sie».

Diese «Du-und-ich-gegen-die-Welt»-Haltung mag Sie anfangs beide trösten. Ihr Kind reagiert vielleicht mit einem Gefühl der Erleichterung und verminderter Sorge. Aber diese guten Gefühle halten nur kurzzeitig an, weil Ihr Kind nicht vermeiden kann, immer wieder aufs neue der Zurückweisung Gleichaltriger ausgesetzt zu werden, wenn es ihm nicht gelingt, erfolgreich eine Rolle in einer Peer-group einzunehmen. Auch wenn es Ihren elementaren schützenden Instinkten zuwiderläuft, ist es wichtig, daß Sie sein Gefühl der Niederlage und des sozialen Mißerfolgs nicht verstärken. Statt dessen sollten Sie ihm vielmehr einfühlsam dabei helfen, die EQ-Fähigkeiten zu erwerben, die es braucht, um sich einer Peer-group anzuschließen und erfolgreich in ihr zu agieren. Die folgenden Anregungen sollen speziell Ihr Kind unterstützen, wenn es soziale Ablehnung und Isolation erfährt.

Fungieren Sie als Rollenmodell für Ihr Kind, indem Sie in Ihren eigenen Gruppen aktiv sind

Sie können den Einfluß, den Sie durch Ihr einfaches Beispiel auf Ihr Kind ausüben, gar nicht überschätzen. Falls Sie nicht bereits in verschiedenen Erwachsenengruppen aktiv sind, sollten Sie die positiven Aspekte erwägen, die dies sowohl für Sie als auch Ihr Kind haben könnte. Es ist wichtig, daß Ihre Kinder den Wert dieser Gruppen für Sie erkennen. Das Kind, das die Vorfreude seines Vaters erlebt, wenn er zu seiner eigenen Softballstunde geht, das bemerkt, wie gern sein Papa sein Team-Shirt im Haus trägt, und bei einigen Spielen seines Vaters zuschaut, wird von diesem wichtigen Aspekt im Leben seines Vaters beeinflußt. Andererseits wird der Vater seinem Kind einen negativen Eindruck von Gruppen vermitteln, wenn er zum Beispiel widerstrebend Mitglied des Lehrer-Eltern-Ausschusses wird, sich über die häufigen Sitzungen beklagt und ständig darüber meckert, wie dumm die anderen Eltern sind – auch wenn er in der Absicht, ein engagierter Elternteil zu sein, Mitglied geworden ist.

Natürlich ist die gemeinsame Teilnahme an einer Gruppe die beste Möglichkeit, Ihrem Kind den Wert von Gruppen vorzuleben. In Philadelphia gibt es eine wunderbare Tradition von Nachbarschaftsclubs, deren einziges Ziel darin besteht, bei der alljährlichen Neujahrsparade zusammen zu marschieren. Die Clubmitglieder, die oft mehrere Familiengenerationen umfassen, verbringen das ganze Jahr damit, Kostüme zu schneidern, Musik und Komödienfiguren einzustudieren und sich miteinander zu amüsieren. Für Tausende von Menschen in Philadelphia bilden diese Clubs ein soziales Netz, das beinahe so wichtig ist wie ihre Familien.

In fast jeder Gemeinde gibt es kirchliche, Sport- und Hobbygruppen, an denen Eltern und Kinder gemeinsam teilnehmen.

Bestärken Sie Ihr Kind, verschiedene Gruppenrollen innerhalb der Familien-«Gruppe» auszuprobieren

Die erste Gruppe, die Ihre Kinder erfahren, ist Ihre Familieneinheit. Auch wenn die Familie sich sehr von ihrer Peer-group unterscheidet, kann sie ihnen als Vehikel dienen, um ohne Angst vor Ablehnung Gruppenfähigkeiten zu erlernen. Während der Familienzusammenkünfte handeln Sie am ehesten wie in einer definierten Gruppe. Ihre Kinder erhalten hier die Gelegenheit, verschiedene Gruppenrollen einzuüben. Wenn zum Beispiel ein Familienurlaub geplant wird, sollte Ihr Kind unbedingt eine Meinung äußern können, die ernsthaft in Betracht gezogen wird. Bei anderen Gelegenheiten, vielleicht wenn Sie einen Sonntagnachmittag planen, könnte Ihr Kind eine Führungsrolle übernehmen, die Meinungen anderer einholen, eine Abstimmung durchführen und die endgültige Entscheidung treffen. Für Ihre Kinder sind regelmäßige Familientreffen, idealerweise einmal pro Woche, zum Erlernen von Gruppenfähigkeiten wichtig. Werden Familienzusammenkünfte nur anläßlich einer Krise einberufen, wenn die Emotionen hochgehen, profitieren Ihre Kinder wahrscheinlich weniger von dem Gefühl der Zugehörigkeit und Teilnahme an einer Gruppe.

Bestärken Sie Ihre Kinder, verschiedenen speziellen Gruppen beizutreten, in denen ähnliche Kinder sind

Von der Zeit an, da Ihre Kinder sieben oder acht sind, ermutigen Sie sie, so vielen Peer-groups wie möglich beizutreten. Auch wenn Sie vielleicht Gruppen wie die Pfadfinder favorisieren, mit einem breiten Spektrum von Aktivitäten, lassen Forschungsergebnisse darauf schließen, daß Kinder, die in der Schule soziale Ablehnung erfahren, auch in diesen Gruppen selten Erfolg haben. Vielmehr nehmen sie auch hier den gleichen Sozialstatus am Gruppenrand ein. Kinder, die in amorphen Kindergruppen Schwierigkeiten haben, sind mit höherer Wahrscheinlichkeit in eng definierten Gruppen erfolgreich, die sich auf Fähigkeiten, Interessen, Gemeinschaften und/oder soziale Dienste gründen. Diese themenorientierten Gruppen bieten eine höhere Wahrscheinlichkeit, daß dort Kinder mit gleichem Charakter, gleichen Interessen und sozialen Fähigkeiten anzutreffen sind, wie Ihr Kind sie aufweist. Zu den geläufigen Gruppen, die Kinder interessieren, gehören:

Fähigkeitsorientierte Gruppen

- *Sportvereine*
- *Bands und Orchester*
- *Computerclubs*
- *Schachclubs*
- *Theatergruppen*
- *Tanzvereine*
- *Mal-, Töpferkurse u. a.*

Interessenorientierte Gruppen

- *Gruppen zu einzelnen Hobbys*
- *Naturorientierte Gruppen*
- *Sportgruppen ohne Wettkampfcharakter (wie Fahrradclubs)*
- *Museumskurse über Kunst oder Naturwissenschaft*
- *Religiöse Jugendgruppen*

Suchen Sie für Kinder mit auffälligen Sozialproblemen Gruppen, in denen formale Sozialfähigkeiten eingeübt werden

Kindern, die sich schwertun, einer Gruppe beizutreten, fehlen oft die speziellen sozialen Fähigkeiten, die oben in diesem Kapitel besprochen wurden. Mit acht oder neun Jahren können sie möglicherweise diese Fähigkeiten nur noch in einer strukturierten Gruppe mit Gleichaltrigen erlernen. Viele Schulen in den USA haben Trainingsprogramme speziell für Kinder, die eine erhöhte soziale Sensibilität und ein Bewußtsein dafür entwickeln müssen, wie ihr Verhalten auf andere wirkt. Diese Gruppen werden von ausgebildeten Sozialpädagogen oder Lehrern geleitet. Sie richten sich nach einem systematischen Programm zur Entwicklung von Fähigkeiten über mindestens 20 Sitzungen und achten besonders darauf, daß die erlernten Fähigkeiten über die Gruppe hinaus auf einen breiten schulischen Rahmen anwendbar sind.

Der Psychologe David Guevremont weist nachdrücklich darauf hin, daß sich solche Trainingsgruppen diverse Situationen des alltäglichen Lebens im Gruppentraining zum Ziel nehmen und zwischen den Sitzungen Hausaufgaben zur Selbstkontrolle erledigt werden sollten. Ein Selbstkontrolle-Arbeitsblatt wie in der folgenden Tabelle fordert Kinder auf, an sehr speziellen Fähigkeiten zu arbeiten, Ereignisse festzuhalten und ihren Erfolg einzuschätzen. Die Arbeitsblätter werden dann in der Sitzung besprochen.

Laut Guevremont ist es wichtig, auch nach der Beendigung des offiziellen Trainingsprogramms Anschlußsitzungen abzuhalten. Diese helfen den Kindern, über neue Probleme zu sprechen, die möglicherweise aufgetaucht sind, wie auch über weiterhin anhaltende Schwierigkeiten. Auch stellen sie sicher, daß der Kontakt zu früheren Gruppenmitgliedern aufrechterhalten wird. Legt man diese Anschlußsitzungen im Abstand von zwei, vier und acht Wochen nach dem offiziellen Ende der Gruppe fest, antizipieren Kinder den weiteren Fortschritt und übernehmen selbst die Verantwortung dafür.

Dieser Typ Trainingsgruppe für soziale Fähigkeiten ist nur dann erforderlich, wenn Ihr Kind auch nach Ihren Bemühungen, ihm beim Schließen von Freundschaften zu helfen, isoliert bleibt.

Das Hausarbeitsblatt der sozialen Fähigkeiten

Dein Name ______________ Datum ____________________
Zeit ____________________

1. Die Tätigkeit ______________________________________
2. Die Fähigkeiten, an denen du arbeitest (vor der Tätigkeit ausfüllen und nach der Tätigkeit dann die einzelnen Schritte abhaken)

____

Einzelschritte:	Erledigt:
a. __________________	__________
b. __________________	__________
c. __________________	__________
d. __________________	__________

3. Wer war dabei?

Namen	Alter

4. Was ist geschehen?

____
____
____

5. Stufe die folgenden Äußerungen auf einer Skala von 1 bis 5 ein (1 = trifft nicht zu, 5 = trifft voll zu)
a. _____ Es hat mir gefallen.
b. _____ Ich habe mich als Teil der Gruppe gefühlt.
c. _____ Ich habe neue soziale Fähigkeiten angewandt.
d. _____ Ich würde es noch einmal tun.

6. Was hast du gelernt, was du vielleicht anders machen könntest?

____
____
____

7. Was willst du für deine nächste Aufgabe tun?

____
____
____

EQ-Punkte, die man sich merken sollte

- In einer Peer-group zurechtzukommen ist eine wichtige Entwicklungsaufgabe, die auf die Beziehungen Ihres Kindes in der Pubertät und im Erwachsenenleben Einfluß haben kann.
- Sie können Ihr Kind zwar nicht zwingen, mit anderen Kindern zu spielen, aber Sie können ihm ein Vorbild dafür sein, welch wichtige Rolle Gruppen in Ihrem Leben spielen.
- Sorgen Sie dafür, daß Ihr Kind altersangemessene Gelegenheiten zum Erwerb von Peer-group-Fähigkeiten hat, die seinen Interessen entgegenkommen.

KAPITEL 16

Umgangsformen sind doch wichtig

Die Fähigkeit Ihrer Kinder, mit Erwachsenen, insbesondere mit Autoritätsfiguren, umzugehen, ist ein wichtiger Aspekt ihrer sozialen Entwicklung und ein hochgeschätztes EQ-Merkmal. Aber amerikanische Eltern scheinen sich im Gegensatz zu denen in den meisten anderen Ländern nicht sonderlich zu mühen, ihren Kindern Manieren oder auch nur Respekt vor Erwachsenen beizubringen – obwohl Eltern die Bedeutung guter Manieren anerkennen und sich zu höflichen, rücksichtsvollen Kindern mit «guten Umgangsformen» hingezogen fühlen.

Unser Verhältnis als Nation zu guten Manieren ist, historisch gesehen, ambivalent. Einerseits scheint unsere hohe Toleranz gegenüber schlechterzogenen Kindern Teil unseres Erbes zu sein. Waren unsere Gründerväter und -mütter nicht die ungepflegten, übellaunigen britischen Emporkömmlinge – «Kinder», die den aristokratischen und dandyhaften König Georg III. herausforderten? Welche amerikanischen Helden oder Volkshelden waren wohl für ihr gutes Betragen bekannt? Daniel Boone? Calamity Jane? Teddy Roosevelt? Amelia Earheart? Wir mögen unsere Helden und Heldinnen mit rauhen Kanten, die furchtlos geradeheraus ihre Meinung sagen, ehrlich und moralisch, aber doch auch mit einer gewissen schurkischen Dreistigkeit. Wohlerzogen? Sogar der Begriff wirkt tantenhaft.

Und doch können wir nicht umhin, positiv auf das Kind zu reagieren, das uns höflich grüßt und geduldig darauf wartet, daß es mit Sprechen dran ist, hingegen negativ auf das Kind, das unseren Gruß ignoriert, bei Tisch herumzappelt und jammert, wenn es nicht im Mittelpunkt der Aufmerksamkeit steht. Umgangsformen sind doch wichtig – mehr, als die meisten zuzugeben bereit sind.

In einer im Februar 1996 vom *U.S. News and World Report* durchgeführten Umfrage äußerten neun von zehn Amerikanern, daß der Mangel an sozialer Höflichkeit zu einem ernsten Problem in diesem Land geworden sei, und 78 Prozent sagten, daß sich unsere Umgangsformen in den letzten zehn Jahren stark verschlechtert hätten. Über 80 Prozent der Befragten waren der Meinung, daß der Mangel an guten Manieren ein Symptom für eine viel schlimmere Krankheit sei, ein bedeutsames Element bei der Zunahme an Gewalt, ein Beispiel für die Aushöhlung unserer Werteordnung und ein die Nation insgesamt spaltender Faktor. Aber auch wenn wir wissen, daß gutes Benehmen wichtig ist, tun wir – wenn überhaupt etwas – wenig, um unseren Kindern auch nur die rudimentärste Höflichkeit beizubringen. Viele heutigen Kinder sind zu ihren Eltern unhöflich, gegenüber ihren Lehrern respektlos und auch zu anderen Kindern grob.

Gutes Benehmen per se scheint kein ausdrückliches Thema der Psychologen zu sein. Als ich für dieses Buch recherchierte, gab ich bei meiner Suche nach psychologischer Fachliteratur in den Computer die Stichwörter «Manieren» und «Kinder» ein. Die Computerantwort lautete: «Kein Eintrag.» Dabei stellt die Nichteinhaltung gewisser Regeln, das Gegenteil von gutem Benehmen, tatsächlich eines der hauptsächlichen Verhaltensprobleme bei Kindern dar, die an Sozialberater vermittelt werden. Kinder, bei denen «Entwicklungsstörungen» festgestellt werden, machen gemäß den Kriterien der American Psychiatric Association fast 50 Prozent der klinischen Überweisungen aus. Diese Kinder werden wegen ihrer Oppositions- und Trotzhaltung und ihres antisozialen Verhaltens in psychologische Behandlung gegeben.

Ich kann gar nicht genug betonen, wie wichtig es für den EQ der Kinder ist, daß sie zu gutem Benehmen – Höflichkeit, Respekt vor anderen, guter Ausdrucksweise – erzogen werden. Seit Jahrzehnten zeigt eine Untersuchung nach der anderen über die Gründe für schulischen Erfolg, daß die Kinder, die von ihren Lehrern gemocht werden, bessere Noten bekommen und positivere Schulerfahrungen machen. Es überrascht nicht, daß für Lehrer «Wohlerzogenheit» ein Hauptfaktor bei der Beurteilung der Kinder ist.

Wie Sie Ihren Kindern besseres Benehmen beibringen

Sie bringen Ihren Kindern höflicheres Benehmen bei, indem Sie es von ihnen erwarten. Und wenn Sie glauben, Ihre Erwartungen weit genug hochgeschraubt zu haben, heben Sie sie noch einmal an. Dulden Sie unter keinen Umständen respektloses, unhöfliches oder unverschämtes Verhalten. Kein Pardon.

Der Manierentest

Tragen Sie den Namen Ihres Kindes in die Lücken ein, und bewerten Sie die Äußerungen nach einer Skala von 1 bis 5:

5 = immer
4 = meistens
3 = manchmal
2 = selten
1 = nie

	Bewertung
1. _____ ist pünktlich.	_____
2. _____ ist höflich.	_____
3. _____ hat gute Tischmanieren.	_____
4. _____ gibt keine Widerworte.	_____
5. _____ unterbricht andere nicht.	_____
6. _____ sagt «danke» und «bitte».	_____
7. _____ bedankt sich schriftlich für ein Geschenk.	_____
8. _____ ist geduldig und wartet, bis er/sie an der Reihe ist.	_____
9. _____ zeigt sich bei jeder Gelegenheit rücksichtsvoll (z. B. hält die Tür auf).	_____
10. _____ zeigt gegenüber anderen allgemeine Anteilnahme und Respekt.	_____

Wenn Sie wirklich bereit sind, mit Ihrem Kind an dieser EQ-Fähigkeit zu arbeiten, unterziehen Sie sich selbst dem Test. Die Tabelle auf S. 189 enthält eine Einstufungsskala zur Bestimmung, wie andere die Manieren Ihres Kindes sehen. Sie können sie kopieren und mindestens fünf Personen bitten, sie auszufüllen, einschließlich beider Eltern, einer Tante oder einem Onkel, einem Freund der Familie, einem Geschwister und natürlich Ihrem Kind selbst. Dann berechnen Sie den Punktedurchschnitt. Eine ideale Punktzahl wäre 50. Bei einem Ergebnis unter 35 geht die rote Fahne hoch.

Wenn Ihr Kind nicht so gut abschneidet, wie Sie es erwartet hatten, fassen Sie Mut. Gute Manieren sind ein Wert, der sich in sehr speziellen Verhaltensweisen ausdrückt. Dadurch sind sie auch relativ leicht zu ändern.

Haben Sie einmal den hohen Stellenwert guten Benehmens bei Ihnen zu Hause deutlich gemacht, verstärken Sie positives Verhalten durch Lob und Zustimmung, und entmutigen Sie negatives Verhalten durch sofortige Zurechtweisungen und Konsequenzen. Kinder sind genaue Beobachter, und meistens wollen sie ihren Eltern gefallen. Wenn Sie Ihre Erwartungen klargemacht haben und beim Verstärken dieser neuen Regeln (und natürlich als Vorbild) konsequent sind, wird Ihr Kind Gelegenheiten suchen, wo es sein neues Verhalten zeigen kann.

EQ-Punkte, die man sich merken sollte

- Es gibt eine berechtigte Besorgnis über den Verlust an Höflichkeit in unserer Gesellschaft, und Ihre Kinder werden täglich daran gemessen, wie sie andere behandeln. Sie können wirklich Einfluß darauf nehmen, daß Ihre Kinder gute Manieren haben.
- Gute Manieren gehören zu den am leichtesten vermittelbaren EQ-Fähigkeiten und haben eine tiefgreifende Wirkung auf den späteren sozialen Erfolg Ihres Kindes.

Teil VI
Motivation und Leistungsfähigkeit

Intrinsisch, also von sich heraus motivierte Menschen wollen sich mit Hindernissen auseinandersetzen und sie überwinden. Für viele Menschen ist Motivation ein Synonym für Arbeit, die zu Erfolg und Selbstzufriedenheit führt.

Das Gefühl, etwas leisten zu wollen, vermittelt uns Befriedigung – sogar mehr als die Leistung selbst. Niemand verkörpert das so sehr wie diejenigen, die außergewöhnliche Schwierigkeiten überwunden haben. Es gibt zahllose Beispiele von körperbehinderten Menschen, die weit über jegliche Erwartungen hinaus erfolgreich waren und berühmt wurden.

Die Wurzeln der Motivation

Wie bei den meisten anderen EQ-Fähigkeiten sind die Grundelemente der Motivation – zu lernen und Einfluß auf unsere Umgebung zu nehmen – Teil unseres genetischen Erbes: Von den ersten Lebensmonaten an ist ein Baby neugierig auf seine Umwelt und bemüht sich, sie zu verstehen. Legen Sie Ihren Zeigefinger auf seine Handfläche, ergreift es ihn. Setzen Sie es hin, schlägt es wie eine Puppe die Augen auf und sieht sich um. Wenn Sie seinen Körper über eine Hand nach vorn beugen und seine Füße fest auf das Bett stellen, zeigt es einen Gehreflex. Von seinen ersten Augenblicken auf der Erde an ist es von dem Wunsch beseelt, seine Umgebung zu beherrschen – sich herumzurollen, aufzusetzen, zu stehen, zu gehen und zu sprechen. Und es verfolgt diese Ziele hartnäckig.

Aber schon wenn sie sieben oder acht Jahre alt sind und ihre Schularbeit anspruchsvoller wird, passiert etwas mit vielen Kindern. Sie scheinen ihre Wißbegierde und ihren Entdeckerdrang zu verlieren. Möglicherweise sind sie, in dem Maße, wie ihr einst natürliches Selbstvertrauen verschwindet, übermäßig besorgt, daß sie von anderen beurteilt werden. Eltern und Erzieher sind ratlos, warum so viele Kinder in jungen Jahren so zuversichtlich lernen und später mit so wenig zufrieden sind, wenn die Welt ihnen doch so viel bietet. Selbst Schüler erkennen, daß Mangel an Motivation heutzutage den meisten ernsthaften Schulproblemen zugrunde liegt. Bei einer Sitzung der National Association of Student Councils im Jahr 1996 wurden Drogen und Alkohol als Hauptprobleme eingestuft, aber die meisten Delegierten glaubten, daß deren Mißbrauch in Wirklichkeit nur das Ergebnis einer allgemeineren Apathie ist.

Seit über 50 Jahren haben Forscher Vermutungen über die Gründe angestellt, warum einige Menschen motiviert und leistungsstark sind und andere nicht, und sie bieten einige konkrete Antworten an, auf die ich in den nächsten drei Kapiteln ausführlich eingehe.

KAPITEL 17

Antizipation von Erfolg

In der Schule hatte Lincoln zum erstenmal die Chance, Kinder aus anderen Familien zu treffen und seinen Verstand mit dem ihren zu messen. Er war größer als die meisten anderen und trug eine Waschbärmütze und hirschlederne Hosen, die ihm immer zu kurz waren, so daß «man bloße und nackte 20 Zentimeter von Abe Lincolns Schienbein sah», wie sich ein Mitschüler erinnerte.

Sein merkwürdiges Äußeres war ihm nicht bewußt, und schnell versammelte er andere Schüler um sich, riß Witze, erzählte Geschichten, machte Pläne. Fast von Anfang an übernahm er die Führungsrolle. Seine Mitschüler bewunderten seine Fähigkeit, Geschichten zu erzählen und Reime zu erfinden, und sie hatten Vergnügen an seinen ersten Versuchen, öffentlich zu sprechen. In ihren Augen war er eindeutig außergewöhnlich, und aus seiner kurzen Schulzeit nahm er das Selbstvertrauen eines Mannes mit, der nie auf einen intellektuell Gleichen traf. (aus: *Lincoln* von David Herbert Donald)

Motivierte Kinder gehen von ihrem Erfolg aus und scheuen sich nicht, sich selbst hohe Ziele zu setzen. Unmotivierte Kinder erwarten nur begrenzten Erfolg, und laut dem Psychologen Martin Covington setzen sie ihre Ziele «an der niedrigsten Leistungsstufe an, die man wählen kann, ohne übermäßiges Unbehagen zu verspüren». Ein Kind, das sich für einen «Dreier»-Schüler hält und nicht glaubt, daß es eine bessere Note erreichen kann, wird seine Anstrengungen bewußt oder unbewußt auf Mittelmaß ausrichten, unabhängig von seinem intellektuellen Potential.

Die Erwartungen von Kindern an ihre Fähigkeiten beginnen zu Hause. In einer Untersuchung zu der Frage, warum amerikanische

Schüler bei Mathematik- und naturwissenschaftlichen Prüfungen im Vergleich mit Schülern aus Japan und Hongkong durchschnittlich schlechter abschnitten, interviewten Harold W. Stevenson und Shin-ying Lee fast 1500 Schüler und ihre Mütter aus den ersten und fünften Klassen. Sie fanden heraus, daß die Kinder aus diesen drei Kulturen keine Unterschiede bei den angeborenen intellektuellen Fähigkeiten aufwiesen; vielmehr gab es signifikante Unterschiede der elterlichen Interessen und Erwartungen. Die japanischen und chinesischen Mütter hatten höhere Erwartungen an ihre Kinder und betonten, wie wichtig die Ausbildung im Alltagsleben ihrer Kinder sei. Die Kinder internalisierten dann diese Erwartungen und hatten eine entsprechende Einstellung zur Schule. Die asiatischen Mütter hatten höhere akademische Standards für ihre Kinder und waren gleichwohl realistischer als die amerikanischen Mütter hinsichtlich der schulischen, kognitiven und persönlichen Eigenschaften ihrer Kinder. Sie betonten die große Bedeutung von harter Arbeit für ihre Kinder stärker als ihre amerikanischen Pendants, die mehr die angeborenen Fähigkeiten ihrer Kinder herausstrichen.

Die meisten amerikanischen Familien haben zwar hohe Erwartungen an ihre Kinder, aber das ist eindeutig nicht genug. Erwartungen bedeuten sehr wenig, wenn sie nicht durch einen Erziehungsstil gestützt werden, der hohen Wert aufs Lernen legt. In dem Glauben, daß sich Wünsche wirklich erfüllen, verlassen wir uns oft nur darauf, unsere kleinen Kinder zu loben, um ihr Selbstvertrauen zu stärken («Das ist das unglaublichste Bild, das ich je gesehen habe!»). Aber exzessives Lob hat bei dem Aufbau von Selbstvertrauen tatsächlich den gegenteiligen Effekt: Wenn wir alles, was unsere Kinder tun, ohne Unterscheidung loben, lernen sie nicht, ihre Fähigkeiten realistisch einzuschätzen. Folglich neigen sie eher zu Enttäuschungen, wenn sie in der Schule in einer Wettbewerbssituation sind.

Wenn wir ernsthaft wollen, daß unsere Kinder erfolgreich sind, drücken wir dies mit Taten und Worten aus, und diese wiederum spiegeln die kulturellen Anforderungen vor allem in den Schulen wider. In Japan beispielsweise gehen die Kinder 60 Tage pro Jahr mehr in die Schule als in Amerika (ein Drittel mehr Schultage), und sie machen im Durchschnitt vier Stunden täglich Hausaufgaben – im Gegensatz zu dem amerikanischen Durchschnitt von vier Stunden pro Woche. Auch wenn wir in Amerika eine längere Schulzeit und einen höheren Standard anstreben, sind die allgemeinen Anforderungen doch die gleichen geblieben, und die Zeit, die wir tatsächlich damit verbringen, unseren Kindern zu helfen, ist eher noch geringer.

Die folgende Checkliste zeigt Möglichkeiten, wie Sie Ihren Kindern die Wichtigkeit von Bildung vermitteln können. Überprüfen Sie, wie viele der genannten Punkte Sie bereits erfüllen, und wie viele weitere Sie der Liste noch hinzufügen können.

Beschäftigungen, mit denen Eltern den Wert des Lernens vermitteln können

- Legen Sie eine abendliche Lesezeit fest, bei der alle Familienmitglieder zusammensitzen und leise lesen.
- Spielen Sie regelmäßig Spiele wie Scrabble, die verbale und Denkfähigkeiten stärken.
- Ermutigen Sie Ihre Kinder zum Zeitunglesen, und diskutieren Sie mit ihnen über aktuelle Ereignisse.
- Sprechen Sie jeden Abend mit den Kindern über das, was sie in der Schule gelernt haben, und überlegen Sie Möglichkeiten, wie man diese Themen vertiefen kann.
- Planen Sie regelmäßige Ausflüge und Familienurlaube ein, bei denen Museen, Bibliotheken und historische Stätten besichtigt werden.
- Sorgen Sie dafür, daß Hausaufgaben Vorrang haben vor Fernsehen oder anderen Formen der Unterhaltung.
- Nehmen Sie Ihre Kinder zu Ihrer Arbeitsstelle oder anderen Arbeitsumgebungen mit, die für sie interessant sind.

Beherrschung: Was sie bedeutet und was nicht

Laut dem Psychologen Martin Seligman können wir unsere Erwartungen am besten vermitteln, wenn wir unseren Kindern Gelegenheiten verschaffen, ihre Umwelt zu beherrschen. Immer wenn wir von unserem Kind verlangen, daß es sich um eine Antwort bemüht, anstatt daß wir sie ihm einfach geben, oder eine Möglichkeit findet, Geld für ein neues Fahrrad zu verdienen, anstatt daß wir ihm sagen, es soll auf den Geburtstag oder die Ferien warten, übermitteln wir ihm die Botschaft, daß es sich auf seine eigene Initiative verlassen kann.

Seligman meint, daß man den Glauben der Kinder an sich selbst stärkt, wenn man ihnen Gelegenheiten zur Beherrschung von Situationen gibt, etwa sie ihre Antworten selbst suchen oder sie für das ersehnte Fahrrad sparen läßt. Er stützt sich dabei weitgehend auf seine Untersuchungen über erlernte Hilflosigkeit, bei denen er herausfand, daß Menschen wie Tiere unmotiviert und sogar depressiv werden, wenn jede Handlung fehlschlägt. Kinder lernen, daß ihre speziellen Handlungen zu vorhersehbaren Ergebnissen führen und die Straße zum Erfolg auf ihre eigene Entschlossenheit und Ausdauer gebaut ist.

Ein Gespür für Situationsbeherrschung zu entwickeln ist für viele Eltern fälschlicherweise das gleiche, wie neue Fähigkeiten zu erlernen. Aufgrund dieser Annahme treiben sie ihre Kinder an, außerschulischen Beschäftigungen nachzujagen – hetzen sie von Klavierstunden zu Fußballtraining und in den Karatekurs. Oft erwecken sie so den Eindruck in den Kindern, daß sie vom Zeitplan dieser Aktivitäten beherrscht werden. Paradoxerweise aber kann sich dieses hektische Tempo beim Erlernen von Leistungsfähigkeiten gegen die Kinder wenden: Das Gefühl, von äußerlichen Kräften kontrolliert zu werden, führt oft zu einem Mangel an Motivation.

Als psychologisches Konzept bezieht sich die Beherrschung auf ein inneres Kontrollgefühl: die Fähigkeit, die eigene Umgebung zu verstehen, zu integrieren und wirkungsvoll darauf zu reagieren. Dieses Gefühl, eine Situation im Griff zu haben, ist ein wichtiger Motivationsfaktor und eine der entscheidenden Charaktereigenschaften von leistungsstarken Menschen.

Geben Sie Ihren Kindern die Gelegenheit, sich ihre eigenen Ziele zu setzen. Auf diese Weise lernen die Kinder, sich selbst zu kontrollieren. In einer Untersuchung, bei der die Noten leistungsschwacher Matheschüler der fünften Klasse verbessert werden sollten, forderte man die Schüler im voraus auf anzugeben, wieviel Prozent der Aufgaben sie bei ihrem wöchentlichen Test wohl korrekt beantworten könnten. Je nach Genauigkeit der Einschätzungen wurden die Schüler mit Monopolygeld bezahlt. Wieviel Geld sie dazubekamen oder verloren, richtete sich danach, wie genau sie ihren Erwartungen entsprachen, und nicht nach ihren tatsächlichen Leistungen. Das Ergebnis dieser Kontrolle war, daß ihre Leistungseinschätzungen im Laufe des Schuljahres um drei Notenstufen angehoben wurden, da die Schüler plötzlich erkannten, daß die Erledigung ihrer Hausaufgaben der sicherste Weg zur Erfüllung ihrer selbstauferlegten Erwartungen war.

Geben Sie Ihrem Kind Gelegenheit, seine Welt zu beherrschen

Um Ihrem Kind zu helfen, ein Gespür für Beherrschung und Kontrolle zu entwickeln, was wiederum zu gesteigerter Initiative und Selbstbestimmung führt, sollten Sie von Ihrem Kind größere Selbständigkeit erwarten. Amerikanische Mittelschichtseltern haben zunehmend die Tendenz, ihren Kindern viel zu geben und wenig von ihnen zu fordern, doch vermitteln sie ihnen hiermit kaum Motivation und Zielbewußtsein.

Zweitens überdenken Sie noch einmal, wie Sie Ihre Kinder für Dinge belohnen, die sie freiwillig tun (durch Lob oder anderes). Früher wurde uns vermittelt, daß ständiges Lob und Aufmerksamkeit unseren Kindern zu hoher Selbstachtung verhelfe, doch das Gegenteil trifft zu. Kinder bekommen den Eindruck, daß Lernen nur ein Weg ist, Anerkennung zu erhalten, wenn sie ständig Aufmerksamkeit und Bestärkung (Punkte, Marken, Sternchen, kleine Geschenke) für etwas bekommen, was ihnen ohnehin Spaß macht – sei es in der Schule oder zu Hause. Lob und äußerliche Belohnungen spielen zwar bei der Motivation von Kindern eine Rolle, wenn sie etwas Schwieriges vorhaben, doch Verstärkung wird wirkungslos, wenn man sie übertreibt. Greifen Sie nur dann zu dem Mittel der Verstärkung, wenn es absolut notwendig ist.

Selbstbenotung ist eine andere Art, Ihre Kinder zu motivieren und bei ihnen den Eindruck zu verstärken, daß sie Kontrolle über ihre schulischen Leistungen haben. Wenn Schüler zusätzlich zu den Lehrern ihre eigene Arbeit benoten sollen und die «endgültige» Note den Durchschnitt der Einschätzungen von Schüler und Lehrer darstellt, so liegen die beiden Noten gewöhnlich dicht beieinander. Das Wissen, daß ihre Stimme auch gehört wird, scheint zu verstärken, daß Kindern wichtig ist, was andere von ihnen halten.

Dieses Prinzip kann auch bei Ihnen zu Hause greifen. Anstatt die Kontrolle der Hausaufgaben Ihres Kindes als lästige Pflicht zu betrachten, bitten Sie es, sich selbst zu benoten, mit einer schlechten Note, wenn es nicht gut gearbeitet hat, und einer sehr guten, wenn es die Erwartungen übertrifft. Teilen Sie Ihrem Kind mit, daß auch Sie seine Leistung einstufen, und vergleichen Sie beide Benotungen, wenn die Aufgabe fertiggestellt ist. Dabei gilt, daß das Kind mindestens eine Note im mittleren Bereich von Ihnen erhält, wenn die Aufgabe akzeptabel gelöst sein soll.

Vielleicht überrascht es Sie, daß Ihre Kinder Aufgaben nicht nur schneller erledigen, wenn auch sie ihr Ergebnis mit beurteilen, sondern daß sie dann auch sorgfältiger arbeiten.

Zudem können Sie das Bewußtsein Ihres Kindes, seine Leistungen selbst zu kontrollieren, steigern, indem Sie ihm beibringen, wie man sich Ziele setzt und diese erreicht. Nehmen Sie zum Beispiel einmal an, Erics Lehrer gibt am Montag ein Referat für Freitag auf. Anstatt sich darauf zu verlassen, daß Eric seinen eigenen Arbeitsplan aufstellt (was gewöhnlich bedeutet, daß der Bericht am späten Donnerstag abend verfaßt wird) oder selbst seinen Arbeitsplan festzulegen und zu überwachen (was nicht förderlich für seine Selbständigkeit ist), können Sie ihm zeigen, wie man tägliche Kleinziele aufstellt, und diese überwachen. Eine Aufgabe in handhabbare Einzelschritte zu gliedern ist ein wichtiges Werkzeug zur Zeiteinteilung und eine Methode, die vielen hilft, motiviert zu bleiben. Das Zerteilen einer Aufgabe in kleine Schritte erleichtert auch die Erledigung schwieriger Aufgaben.

Zum Beispiel leitete ich zu Beginn meiner Laufbahn als Psychologe eine Schule für mehrfach behinderte Kinder, einschließlich solcher, die infolge einer Rötelnepidemie in den sechziger Jahren taub, blind und leicht zurückgeblieben waren. Unsere Mitarbeiter konnten mit Hilfe des Prinzips, Aufgaben in immer kleinere Unterschritte aufzuteilen, diese Kinder dazu bringen, Aufgaben durchzuführen, die ihnen niemand zugetraut hatte, einschließlich des Zusammenbaus elektronischer Platinen für NASA-Satelliten. Wir merkten, daß viele Aufgaben durch kleinschrittiges Einüben lösbar wurden. Kinder, zuvor wie Säuglinge betreut, lernten sich selbst anzuziehen, für angemessene Körperpflege zu sorgen und sogar ihre Betten zu machen. Ein Bett zu machen bestand aus über 200 einzelnen Lernschritten, die unsere Zöglinge sich aneignen mußten, aber nachdem sie diese Schritte einmal beherrschten, konnten sie es und brauchten nur minimale Aufsicht.

Leistung in Einzelschritten

1. Schreiben Sie die Aufgabe auf.

2. Unterteilen Sie die Aufgabe in logische, aufeinanderfolgende Einzelschritte.

3. Überlegen Sie, wie lange man für jeden Einzelschritt braucht und wann er erledigt ist.

4. Lassen Sie Ihr Kind jeden Einzelschritt abhaken, wenn er erledigt ist.

Einzelschritte	Wie lange braucht man dafür?	Erledigt
________	________	________
________	________	________
________	________	________
________	________	________
________	________	________
________	________	________

Das «Schritt-für-Schritt-Leistungs-Diagramm» wurde entworfen, damit Kinder Aufgaben in Einzelschritte gliedern, jedem Schritt die richtige Zeitmenge zuteilen und ihren Fortschritt bei der Erledigung eines jeden Schritts überwachen können. Wenn Ihre Kinder unter zehn Jahre alt sind, brauchen sie wahrscheinlich Ihre Hilfe beim Ausfüllen dieses Formblatts, aber sie sollten dennoch in diesen Prozeß einbezogen bleiben. Das Formblatt für eine neue oder schwierige Aufgabe zu benutzen ist eine wichtige Komponente, um Ihrem Kind Arbeits- und Lerngewohnheiten nahezubringen, die ein Leben lang vorhalten können.

Passen Sie die Erziehung den Interessen und dem Lernstil Ihres Kindes an

Der elfjährige David galt als kluger, jedoch unmotivierter Schüler. Da ein Elternteil Sozialarbeiter an der Schule war und der andere Englischlehrer an einem College, war sein Mangel an Begeisterung für die Schule nur noch offensichtlicher. David hatte nichts gegen das Lernen; tatsächlich gehörte Lesen zu seinen größten Vergnügungen. Aber er wollte nur das lesen, was sein Interesse weckte, und das war gewöhnlich etwas anderes, als sein Lehrer aufgegeben hatte. Er verschlang Bücher über Geschichte, Baseball, Geologie und jede Art von Science-fiction. Die meisten von Davids Freunden galten als mittelmäßige Schüler, deren Lehrer annahmen, sie könnten besser sein, eine Einschätzung, die sich teilweise auf die erstaunliche Kenntnis der Kinder von trivialen Sportdetails gründete.

Davids Eltern schilderten dem Schulberater, wie er und seine Freunde ihre Zeit damit verbrachten, jeden Spieler in den nationalen und amerikanischen Baseball-Ligen zu benennen, die Positionen, in denen sie spielten, und wie viele Schläge sie wann in ihrem Leben schafften. Doch wußte kein einziger, wann die Magna Carta unterzeichnet worden war, die erste Frage in ihrer Geschichtsklausur und das Thema dreiwöchigen Unterrichts.

Alle Kinder (und Erwachsene) lernen leichter, wenn die Aufgabe einen Bezug zu ihrem Leben hat. Erzieher, besonders solche, die Kinder aus Minderheitenfamilien unterrichten, kritisieren schon seit langem die Lehrpläne genau aus diesem Grund. Sie werfen die Frage auf, woher Kinder ihre Motivation beziehen sollen, in der Schule zu bleiben und zu lernen, wenn sie sich dort nicht auf ihre alltäglichen Lebensprobleme beziehen können. Eine Grundannahme über die emotionale Intelligenz ist, daß die Bedeutung des Erlernten mit darüber entscheidet, ob es auch tatsächlich aufgenommen wird.

So unterstreicht eine soziologische Studie, die von Geoffrey Saxe über Straßenkinder in den Armutsvierteln brasilianischer Städte durchgeführt wurde, was Kinder leisten können, wenn eine Aufgabe eine Bedeutung hat. Saxe interviewte von Armut betroffene Kinder, deren Überleben vom Süßigkeitenverkauf an Straßenecken abhing, da sie sich von dem verdienten Geld die Grundlebensmittel kauften. Er fand heraus, daß diese Kinder, obwohl sie nicht zur Schule gegangen waren, ihr eigenes intuitives Rechensystem erfunden hatten, mit dem sie komplexe Berechnungen durchführen konnten: Sie kauften die Süßigkeiten zu einem Großhandelspreis und verkauften sie zu einem täglichen Einzelhandelspreis, wobei sie auch noch die brasilianische Inflationsrate von über 250 Prozent im Jahr mitkalkulierten.

Zwar befürworten nur wenige, die Inhalte des elementaren Schulcurriculums wegen fehlender unmittelbarer Relevanz für Kinder aufzugeben, doch die Kritik an der Art des Unterrichts wächst. Harvard-Professor Howard Gardner ist einer der herausragenden Kritiker von Schulen, denen er vorwirft, immer noch von den pädagogischen Lerntheorien des 19. Jahrhunderts auszugehen. Gardner hat die Theorie aufgestellt, daß es keinen allgemeinen Intelligenzfaktor gibt, wie die IQ-Tests vorgeben, sondern mindestens sieben Arten, die festlegen, wie Menschen lernen und Leistung erbringen. Hierzu gehören die verbale, logisch-mathematische, räumliche, musikalische, kinästhetische, interpersonale und die intrapersonale Art. Gardner weist darauf hin, daß Kinder für die eine Art zu lernen eine geringere angeborene Fähigkeit besitzen können, dagegen für die andere eine höhere. Aber unabhängig davon, wie Kinder lernen, vermitteln die meisten Schulen eigentlich nur die beiden ersten Typen, die verbale und die mathematische.

Gardners Theorie der multiplen Intelligenz scheint besonders für «alternative» Programme relevant zu sein. Sie werden für unmotivierte Schüler entworfen, die ansonsten scheitern und aus dem regulären Schulprogramm herausfallen würden. Bei diesen Programmen, die nun im ganzen Land als Teil eines pädagogischen «Sicherheitsnetzes» angeboten werden, wird der Standardlehrplan so vermittelt, daß alle sieben Intelligenzformen angesprochen sind.

Das CORE-Programm (Creative Opportunities for Restructuring Education) an einer High-School in Connecticut zeigt beispielhaft, wie sich die Theorie der multiplen Intelligenz bei speziellen Schülerprojekten anwenden läßt. Bei einer Unterrichtseinheit über den Zweiten Weltkrieg verwandelten neun Schüler ihren Klassenraum in ein Kaffeehaus der vierziger Jahre und statteten ihn mit Kunstwerken aus, die kriegsbezogene Themen darstellten. Unter der Leitung von verschiedenen musikalischen Schülern schrieb die Klasse Lieder, die Stimmung und Ereignisse der Vorkriegs- und Kriegsjahre wiedergaben. Das Projekt erreichte bei einer Nachmittagsvorführung seinen Höhepunkt. Hierbei war das Lehrerkollegium eingeladen, Kaffee zu trinken und das Projekt zu «erfahren». Die Lehrer wurden von den Schülern begrüßt und bedient, was gleichzeitig deren soziale Fähigkeiten verstärkte.

Das Modell der multiplen Intelligenz betont, wie wichtig aktives Lernen und Relevanz bei Projekten sind. Landesweit wendet man dieses Modell und ähnliche Programme in Schulen an, um Schüler in der Schule zu halten und ihre Fähigkeiten zu maximieren. Meistens sind diese kreativen Unterrichtsmodelle aber auf eine relativ kleine Schülerzahl begrenzt – einen Bruchteil derer, die davon profitieren könnten, und hier ist wohl kaum mit einer Veränderung zu rechnen. Doch können einzelne Lehrer und sicher auch Eltern von diesen Programmen lernen und zumindest einige ihrer Prinzipien bei der Unterstützung leistungsschwacher Schüler einsetzen. Der wichtigste Vorteil der Erfahrungslernprogramme ist, daß Kinder so motiviert werden, daß ihre angeborene Intelligenz angesprochen sowie ihre Neugier geweckt und befriedigt wird. Neugier hängt ihrerseits davon ab, daß man Kindern ausreichend komplexe Aufgaben vorlegt, deren Ergebnisse nicht immer offensichtlich sind. Die Aufgaben sollten spielerische, Überraschungs- und Phantasieelemente miteinander verbinden.

In das Leben Ihres Kindes einbezogen werden

Nur ein kleiner Prozentsatz der Eltern wird intensiv in den Unterricht ihres Kindes einbezogen, aber offenbar wächst diese Zahl. Die «home-schooling»-Bewegung besteht beispielsweise aus Eltern, die ihre Kinder nicht zur Schule gehen lassen, sondern selbst für den gesamten Unterricht sorgen. Dieser Bewegung gehören sehr häufig Eltern an, die starke religiöse oder politische Überzeugungen haben und der Meinung sind, daß öffentliche Schulen die Grundprinzipien dessen unterlaufen, was sie ihren Kindern vermitteln wollen. Doch ist es eine extreme Position, den gesamten Unterricht selbst übernehmen zu wollen, und für die meisten Eltern ist sie auch nicht praktikabel.

Vergleichen wir japanische Schulen und Familien im Hinblick auf deren höheres Leistungsniveau mit amerikanischen Verhältnissen, so erkennen wir, daß amerikanische Eltern normalerweise der Erziehung ihrer Kinder sowie der Zeit, die sie ihnen widmen, nicht genug Bedeutung beimessen. Laut Merry White von der Boston University, einer Expertin des japanischen Erziehungssystems, liegt der entscheidende Unterschied zwischen diesen beiden Kulturen in der Art, wie Eltern an der Ausbildung ihrer Kinder teilhaben. Ökonomisch gesehen, geben Japaner und Amerikaner ungefähr gleich viel für die Ausbildung ihrer Kinder aus (ungefähr sieben Prozent des Bruttosozialprodukts), und das japanische Schüler-Lehrer-Verhältnis ist tatsächlich schlechter als das amerikanische (40:1 gegenüber 25:1). Für viele ist es überraschend, daß die Klassenzimmer in japanischen Schulen weit weniger technologisch aufgerüstet sind als in amerikanischen Schulen. In Japan konzentriert man sich auf einen elementaren Lehrplan und traditionelle Lehrmethoden. Aber der signifikante Unterschied ist der, daß japanische Mütter die Erziehung ihrer Kinder als ihre wichtigste Verantwortung ansehen, wohingegen die durchschnittlichen amerikanischen Eltern eher geneigt sind, den Schulen die Ausbildung ihrer Kinder zu überlassen.

Die meisten amerikanischen Familien können zwar nicht wirklich den japanischen Familien nacheifern, wo die Mütter sich unbeirrbar ihren Kindern widmen und Karrieren von Frauen mißbilligt werden. Dennoch kann schon eine geringfügige Veränderung in amerikanischen Familien viel bewirken, wenn die heimische Ausbildung etwas mehr betont wird. Könnten wir nur eine Stunde am Tag unsere Kinder aktiv unterrichten, würde dies zu einer 20- bis 30prozentigen Steigerung der Unterrichtserfahrungen unserer Kinder führen. Wegen der individuellen Aufmerksamkeit, die unseren Kindern zukäme, wäre zu erwarten, daß sich ihr Lernen zu einem noch höheren Prozentsatz verbesserte.

EQ-Punkte, die man sich merken sollte

- Zunächst sollten Sie mehr von Ihren Kindern erwarten. Eine gesteigerte Erwartungshaltung bringt diese dazu, auch mehr von sich selber zu erwarten.
- Fordern Sie von Ihren Kindern, daß sie mehr Zeit mit Hausaufgaben, Haushaltspflichten, Lesen und Lernen verbringen.
- Geben Sie Ihren Kindern Gelegenheit, Aspekte ihres eigenen Lernens zu kontrollieren.
- Bringen Sie ihnen bei, wie sie ihre Zeit einteilen und das Ergebnis ihrer Bemühungen einschätzen können.
- Bleiben die Schulleistungen Ihrer Kinder hinter ihren Fähigkeiten zurück, können Sie mit Lehrern zusammen ein Unterrichtsprogramm entwickeln, welches das Lernen in kleine Schritte unterteilt, Ihre Kinder bei der Festlegung ihrer eigenen Ziele mitentscheiden und sie ihren Fortschritt einschätzen läßt und sie mit multisensoriellen Ansätzen wie Kunst, Musik und experimentellem Lernen unterrichtet.
- Anstatt Schulen vorzuwerfen, nicht genug zu tun, erhöhen Sie Ihren eigenen Zeitaufwand, um Ihre Kinder zu unterrichten.

KAPITEL 18

Ausdauer und Anstrengung

Wir idealisieren Menschen, die aufgrund harter Arbeit Erfolg haben, und doch sind Eltern wie auch viele Pädagogen unsicher, wie sie ihren Kindern die EQ-Fähigkeiten Ausdauer, Fleiß und Ehrgeiz beibringen sollen.

Mrs. Campbell fürchtete sich davor, wegen ihrer Tochter Cindy zum alljährlichen Elternsprechtag in die Schule zu gehen. Schließlich wußte sie bereits, daß Cindy eine unmotivierte Schülerin war. Anscheinend kümmerte sie sich nicht im geringsten um ihre Noten, und ihre Lehrer waren der Ansicht, daß sie ihre intellektuellen Möglichkeiten verschenkte.

Schlimmer noch: Die Lehrer deuteten an, daß der Fehler irgendwie bei den Campbells lag. Aber was erwarteten die Lehrer von ihnen? Die Campbells baten, straften, drohten und bestachen ihre Tochter vergebens.

Was Cindys Eltern am meisten störte, war die Plötzlichkeit, mit der die Leistungen ihrer Tochter zurückgingen. Es schien ihnen unfaßbar, daß nur ein Jahr zuvor Cindy ihre Lehrerin gemocht, immer pünktlich ihre Hausaufgaben erledigt hatte und als «vorbildliche» Schülerin beschrieben worden war. Nun war sie launisch, schwänzte oft, und ihr Notendurchschnitt war von einer soliden Zwei auf eine Vier gesunken. Den Campbells wie auch den Lehrern schien es so, als ob Cindy ihnen entglitt, und wie sie zurückzuholen sei, war allen ein Rätsel.

Cindys Geschichte ist nicht ungewöhnlich. Viele Kinder verlieren mit zwölf oder 13 Jahren das Interesse an der Schule und lassen sich gleichzeitig weniger von dem elterlichen Wunsch beeinflussen, gute Leistungen zu erbringen. Zwar ist allgemein bekannt, daß viele Teenager Opfer ihrer Hormone werden (Lernen steht hinter dem Interesse am anderen Geschlecht an zweiter Stelle), doch weisen Entwicklungspsychologen darauf hin, daß kognitive Veränderungen stärker für den Motivationsmangel vieler Pubertierender verantwortlich sind.

Der klinische Psychologe Martin Covington beschreibt vier kognitive Stadien, die Kinder durchlaufen, während sie die Beziehung zwischen Anstrengung, Fähigkeit und Leistung lernen, und diese Stadien beeinflussen auf signifikante Weise die Lernmotivation eines Kindes.

1. Stadium: Für Kindergarten- und Vorschulkinder ist Bemühung mit Fähigkeit synonym. Diese Kinder glauben, daß sie beinahe alles schaffen können, wenn sie sich nur mehr anstrengen. Sie erinnern sich vielleicht an das im ersten Kapitel erwähnte Turmexperiment, bei dem Vierjährige die fast unmögliche Aufgabe erfüllen sollten, eine Metallkugel auf einer Ebene zur Turmspitze hinaufzuheben. Doch trotz ihrer wiederholten Mißerfolge waren alle Kinder der Ansicht, daß sie es irgendwann schaffen würden. Kleine Kinder begreifen nicht, daß jeder Mensch angeborene Stärken und Schwächen hat. Vielmehr glauben sie, daß man sich einfach nur mehr anstrengen müsse, um der Beste im Laufen oder Lesen zu sein. In seinem Buch *Making the Grade* zitiert Martin Covington die Erklärung eines Erstkläßlers zum Thema Anstrengung: «Wenn man sich sehr anstrengt, wird das Gehirn größer.» Covington bemerkt, daß in diesem Alter «die meisten Kinder glauben, sie seien zu jeder Höchstleistung fähig, und sie nehmen Mißerfolg nicht zur Kenntnis».

2. Stadium: Zwischen sechs und zehn Jahren erkennen Kinder allmählich, daß Anstrengung nur der eine Leistungsfaktor ist, der andere dagegen die angeborene Fähigkeit, und doch konzentrieren sie sich immer noch auf den Wert der Anstrengung. Die meisten Kinder erkennen in diesem Stadium, daß es zwischen Anstrengung und Ergebnis eine Eins-zu-eins-Relation gibt und sie sich anstrengen müssen, um Erfolg zu haben.

3. Stadium: Zwischen zehn und zwölf Jahren verstehen die Kinder die Beziehung zwischen Anstrengung und Fähigkeit genauer. Mittlerweile ist ihnen völlig bewußt, daß jemand eine geringere Fähigkeit durch größere Anstrengung ausgleichen kann und jemand mit größerer Fähigkeit sich weniger anstrengen muß. Die meisten Kinder bleiben hinsichtlich ihrer Schularbeit weiter optimistisch. Einigen Kindern aber scheint es nicht zu gefallen, daß ihre Arbeit immer anstrengender und zeitaufwendiger wird. Bleiben sie sich selbst überlassen, so entwickeln diese Kinder die Angewohnheit, ihre Arbeit zu verschieben und schließlich ganz zu meiden.

4. Stadium: Mit ungefähr 13 Jahren nehmen die Kinder nicht mehr zur Kenntnis, daß Anstrengung zum Erreichen von Erfolg ein gleichberechtigter Partner ist, vielmehr glauben sie nun, daß sich Scheitern allein durch die (mangelnde) Fähigkeit ausreichend erklären läßt. In diesem Stadium verbreitet sich der Leistungseinbruch wie eine Epidemie, da immer mehr Pubertierende eine pessimistische Haltung gegenüber ihren Erfolgschancen einnehmen. Sich sehr anzustrengen und nicht so viel zu leisten, wie man erwartet, wird zu einem ausreichenden Grund, erst gar nicht mehr einen Versuch zu machen. Zu viele Jugendliche suchen dann den Weg des geringsten Widerstands, durchlaufen die Schule mit minimaler Anstrengung und geben sich mit Mittelmäßigkeit zufrieden.

Diese Entwicklungsstadien beeinflussen Kinder zwar während ihres Wachstums, aber nicht alle Kinder reagieren gleich. Viele Kinder entwickeln gute Arbeitsgewohnheiten ebenso wie eine ungebremste Lernbegeisterung, die auch während der Pubertät nicht abnimmt. Wie bei anderen EQ-Fähigkeiten fördert man diese Eigenschaften am besten, solange die Kinder klein sind.

Wie Sie Ihrem Kind den Wert ausdauernden Bemühens vermitteln

Daß nicht alle Kinder und Jugendliche Opfer der allmählichen Erkenntnis werden, auch ihre größten Anstrengungen seien keine Garantie für Erfolg, läßt darauf schließen, daß Sie viel tun können, um die optimistische Einstellung Ihres Kindes gegenüber dem Wert des Lernens um seiner selbst willen zu erhalten.

Man sollte bei der Kindererziehung so früh wie möglich Wert auf Anstrengung legen. Auch wenn die meisten Amerikaner japanische Eltern kritisieren würden – die für ihre Dreijährigen Privatlehrer engagieren, damit die Kinder bei den Zulassungstests zur Vorschule gut abschneiden –, muß man doch zur Kenntnis nehmen, daß dieser früh gesetzte Akzent auf Anstrengung des Analphetentum in diesem Land praktisch ausgerottet hat. Zudem ist der Abschluß einer japanischen High School mit dem Abschluß vieler amerikanischer Colleges vergleichbar.

In seinem Buch *Greater Expectations: Overcoming the Culture of Indulgence in Our Homes and Schools* kritisiert William Damon diejenigen, die die Kindheit als eine Zeit verklären, wo Kinder sich in einer Atmosphäre entwickeln sollten, die frei von Anforderungen sei. Er schreibt: «Kinder sollen nicht nur an Tätigkeiten beteiligt sein, die leicht und vergnüglich wirken, sondern auch an solchen, die eine Herausforderung darstellen und sie zu außergewöhnlichen Leistungen anregen. Um kreative Fähigkeiten zu erwerben, brauchen Kinder Feedback und Belohnung, genauso wie sie Aufgaben brauchen, die ihr Interesse wachrufen. Sie müssen lernen, in ihrer Anstrengung nicht nachzulassen, auch wenn etwas schwierig und langweilig wird. Kinder entwickeln sich langfristig am besten, wenn sie darauf vorbereitet sind, mit Frustration und Quälerei umzugehen, die unvermeidliche Bestandteile kreativer Arbeit sind.»

Eingedenk dieses Vorbehalts können Sie gleich heute Ihr Kind bitten, mehr zu erledigen: mehr Haushaltspflichten, mehr Hausaufgaben, mehr soziale Aufgaben. Obwohl ich die Vorzüge des Computergebrauchs bei allen Lernarten rühme, erkenne ich doch auch die Gefahr, die darin besteht, daß Computer Kindern sogar noch stärkere sofortige Befriedigung bringen. Vernünftigerweise sucht man einen Ausgleich zwischen unserem ständigen kulturellen Imperativ, unsere Kinder offenbar zu jeder Tageszeit unterhalten zu müssen, und dem Bedürfnis, ihnen die Notwendigkeit und den Wert der Ausdauer bei Aufgaben nahezulegen, die nicht sofort belohnt werden und die ihre Geduld auf eine harte Probe stellen.

Die Zeit einteilen

Eine Möglichkeit, ein solches Gleichgewicht herzustellen, besteht darin, Ihren Kindern einige Fähigkeiten der Zeiteinteilung beizubringen, wie sie von fast jedem Erwachsenen angewandt werden, der sich an einen Schreibtisch setzen und tägliche Stapel abarbeiten muß. Indem Sie sein Zeitbewußtsein stärken, kann Ihr Kind Zeiteinteilungsfähigkeiten erlernen, noch bevor es die Uhr lesen kann. Wenn Sie Ihrem Kind sagen, daß es um acht Uhr im Bett sein soll, dann sollte es zu diesem Zeitpunkt auch unter der Bettdecke liegen. Macht es die Erfahrung, daß es überziehen oder Sie dahin bringen kann, daß es «nur noch ein paar Minuten» aufbleibt, dann vermitteln Sie ihm, daß die äußeren Zeitgrenzen nicht wichtig sind und seine eigenen Bedürfnisse den Haushaltsplan bestimmen können.

Sie können Kinder bereits mit sechs Jahren an die Grundlagen der Zeiteinteilung heranführen. Benutzen Sie dazu ein Formblatt wie das in der folgenden Tabelle. Dieses Formblatt, das Sie zusammen mit Ihren kleineren Kindern ausfüllen sollten, vermittelt diesen die Bedeutung einer Ordnung von Aufgaben nach Priorität. Auch lernen sie, die zur Erfüllung einer Aufgabe erforderliche Zeit einzuschätzen, bis zu deren Erledigung zu arbeiten und ihr Ergebnis zu beurteilen. Denken Sie daran, daß Zeiteinteilung eine Fähigkeit ist, die man erst lernen muß. Sie können nicht erwarten, daß kleinere Kinder sie beim erstenmal begreifen oder ältere Kinder sie sich sofort zu eigen machen. Doch wenn man diese Fähigkeiten immer wieder bestärkt, verwandeln sie sich in lebenslange Gewohnheiten. Und gemäß unserem Verständnis von emotionaler Intelligenz und der Entwicklung des Gehirns wird Ihr Kind buchstäblich Nervenbahnen entwickeln, die sein Verhaltensrepertoire um die Fähigkeit zu anhaltender Anstrengung erweitern.

Der Wert von Hobbys

Zeiteinteilungsfähigkeiten helfen Kindern, ihre Leistung zu steigern, indem sie den Neokortex oder denkenden Teil des Gehirns stimulieren. Aber sie können dieselben Fähigkeiten auch durch

Sich seine Zeit und Arbeit einteilen

Liste alles auf, was du zwischen _____ und _____ Uhr erledigen mußt.

Nun ordne die Punkte nach der Wichtigkeit, die wichtigste Aufgabe zuerst und die am wenigsten wichtige zuletzt. Dann schätze ein, wie lange du brauchst, um jede Aufgabe korrekt fertigzustellen. Sorge dafür, daß du für die wichtigsten Aufgaben Zeit hast, und wenn nicht, solltest du ihnen mehr Zeit zuordnen oder die Aufgaben von geringerer Wichtigkeit neu planen.

Wenn du jede Aufgabe fertiggestellt hast, solltest du sie in der Spalte «fertig» abhaken und eintragen, wie lange du tatsächlich gebraucht hast. Dann stufe auf einer Skala von 1 bis 3 ein, wie gut sie erledigt wurde: 1 = annehmbar, 2 = ganz gut, 3 = perfekt. Bedenke, daß unterschiedliche Aufgaben unterschiedliche Genauigkeitsgrade erfordern. Es ist in Ordnung, wenn du dein Bett so machst, daß es annehmbar ist (Bewertung 1), aber deine Hausaufgaben sollten perfekt sein (Bewertung 3).

Zu erledigende Aufgaben

Vorrangige Aufgaben	Fertig	Gebrauchte Zeit	Bewertung

Tätigkeiten stärken, die den emotionalen Teil des Gehirns, das limbische System, einbeziehen. Über das emotionale Gehirnzentrum zu lernen ist per definitionem für Ihre Kinder angenehmer und vermag ebenso wirksam Arbeitsgewohnheiten zu prägen.

Erinnern Sie sich an eine Zeit, als Ihnen harte Arbeit so viel Spaß machte, daß die Zeit verflog? In einem solchen Fall betrachtet man sie eigentlich gar nicht als Arbeit. Viele Menschen erleben dies: Wenn harte Arbeit mühelos wirkt, ist sie ein Hobby (oder wie manche Leute sagen: Ihre Arbeit ist ihr Hobby). Sigmund Freuds Tochter Anna Freud erkannte als eine der ersten die Bedeutung von Hobbys in bestimmten Entwicklungsstufen, um Kindern Arbeitsgewohnheiten zu vermitteln. Wie andere Entwicklungspsychologen glaubte Anna Freud, daß Kinder in bestimmten Altersstufen gewisse Aufgaben erfüllen sollten, um ihre Persönlichkeitsentwicklung zu fördern. Sie erklärte, daß Hobbys wichtig sind für Grundschulkinder, weil Hobbys sich genau auf halber Strecke zwischen Spiel und Arbeit befinden und beide Dinge in diesem Alter eine Rolle spielen. Wie das Spiel sind auch Hobbys vergnüglich, vergleichsweise frei von äußerem Druck und von den kindlichen Elementartrieben entfernt (wenn auch nicht zu weit). Wie Arbeit setzen Hobbys wichtige kognitive und soziale Fähigkeiten voraus, einschließlich Planung, verzögerter Befriedigung, Informationsaustausch mit anderen und so weiter.

Wenn Sie die Spannung Ihres Kindes bei der Informationssuche über Dinosaurier beobachten, bei der sorgfältigen Konstruktion eines motorisierten Rennautos, oder wenn es lernt, mit einer Töpferscheibe umzugehen, können Sie das Potential für seinen Erfolg jenseits des Wettbewerbsdrucks von schulischer Leistung erkennen. Hobbys vermitteln Ihren Kindern ein Gefühl von Stolz und Leistung, manchmal zum erstenmal, und ihr Kontakt zu anderen, die gleiche Interessen haben, verstärkt den Wert ihres Wissens noch zusätzlich. Der vielleicht wichtigste Punkt ist, daß Hobbys eine neutrale Lernzone darstellen, in der Kinder sich auf den Erkundungs- und Aufklärungsprozeß konzentrieren können, ohne durch äußere Beurteilung behindert zu werden.

Viele Hobbyarten können die EQ-Fähigkeiten vermitteln, die wir mit Motivation und Leistung verbinden, und die meisten unterteilen sich in vier Hauptkategorien: Sammeln, handwerkliche

Hobbys, naturwissenschaftliche Hobbys (einschließlich Computer) und darstellende Hobbys. Viele Kinder gehen Hobbys nach, die denen ihrer Eltern ähneln, andere wiederum wählen Hobbys, die auch ihre Freunde interessieren, und noch andere wachen einfach eines Tages mit einem besonderen Interesse auf.

Das ist Zauberei

Um zu begreifen, wie Hobbys EQ-Fähigkeiten vermitteln können, wollen wir ein Hobby genauer ins Auge fassen, das ich Kindern bei Beratungen häufig empfehle (und das mein eigener Favorit ist): Zauberei.

Zauberei kann sich mit unterschiedlichem Akzent auf alle vier Hobbykategorien beziehen. Einige Kinder sammeln gerne Tricks, andere interessiert es nur, eigene Tricks zu entwerfen (was keine schlechte Idee ist, da dieses Hobby teuer werden kann). Da sich viele Tricks auf mathematische Formeln und die Wissenschaft von der Illusion gründen, ist dieses Hobby auch eine gute nicht schulische Möglichkeit, solche Fähigkeiten einzuführen. In jedem Fall gehört zur Zauberei die Aufführung, egal ob Ihr Kind Ihnen, einem Freund oder seiner ganzen Klasse eine Show vorführt. Und die sozialen Aspekte der Zauberei enthalten gute Möglichkeiten, Leistungsfähigkeiten zu erlernen.

Hobbys sollten Kindern eine sofortige Bestätigung vermitteln. Dies gilt auch für Zauberei. Wenn ein Kind einen Trick beherrscht, hat es das Gefühl, daß es etwas kann, das niemand sonst beherrscht. Dadurch erhält sein Selbstbild eine neue Dimension. Zaubertricks können sich von «selbsttätigen Tricks», die leicht erlernbar und unmittelbar befriedigend sind, bis zu solchen erstrekken, die große Fähigkeit und Geschicklichkeit erfordern und beträchtliches Auswendiglernen und Fingerfertigkeit voraussetzen. Wie bei den meisten Hobbys bereitet die Zauberei jedoch den Anfängern ebensoviel Vergnügen wie den Experten. Aber das Erlernen eines jeden Tricks setzt nicht nachlassende Anstrengungen voraus, da man ihn so lange üben muß, bis er natürlich wirkt, und man zu jedem Trick eine dazugehörige Geschichte (oder Sprüche) lernt.

Zauberei ist ein großartiges Hobby für sprunghafte Kinder. Sie setzt voraus, daß sie ihre Gedanken mit ihren Handlungen koordinieren und ein Gespür für Zeit und Timing entwickeln. Wenn es einen Trick aufführt, lernt das impulsive Kind, auf eine angemessene Art Aufmerksamkeit zu erhalten. Dabei entwickelt es eine Schlagfertigkeit, die gleichzeitig eine andere Person mit einbezieht und amüsiert.

Aus psychologischen Gründen breche ich jedoch mit der uralten Zauberertradition, nie ein Geheimnis offenzulegen. Da ich Zauberei einsetze, um Kindern mit typischen sozialen Problemen zu helfen, fordere ich sie immer auf, nach dem Trick den Zuschauenden das Geheimnis zu enthüllen. Dadurch kommen sie nicht in die Position, etwas Wichtiges vor einem potentiellen Freund zu verheimlichen. Das Geheimnis wird zu einem Geschenk, das sie miteinander teilen. Da das Kind weiß, daß sein Geheimnis später offenbart wird, steht es auch nicht unter dem Druck, eine fehlerfreie Aufführung zu zeigen. Die Kleinen sollen ihrem Publikum sagen: «Ich zeige euch, wenn ich fertig bin, wie es geht.» Das Publikum (das sich gewöhnlich aus einem oder mehreren Kindern zusammensetzt) wird dadurch in eine eher mitwirkende als gegnerische Position gelenkt. Wird der Trick falsch aufgeführt oder das Geheimnis von den anderen Kindern erraten, verliert der Zauberer nicht sein Gesicht: Er wollte es ja ohnehin mitteilen.

Ihre Beteiligung an den Hobbys Ihres Kindes

Mit Hobbys soziale und emotionale Fähigkeiten zu vermitteln setzt eine leicht veränderte Einstellung und Beteiligung von Ihnen voraus, besonders wenn Ihr Kind sich nicht lange konzentrieren kann, schwach motiviert ist oder andere Probleme im Zusammenhang mit geringer Leistungsfähigkeit hat. Zuerst sorgen Sie dafür, daß das Hobby dem Niveau Ihres Kindes angemessen ist. Die meisten Kinder verlieren das Interesse, wenn das Hobby zu schwierig ist und sich zu stark der Schularbeit annähert. Andererseits sind Hobbys, die keine Anforderungen stellen, für Ihr Kind auf lange Sicht wahrscheinlich wenig interessant.

Zweitens bestimmen Sie eine spezielle Zeit, die Sie mit Ihrem

Kind bei seinem Hobby verbringen. Man kann die Bedeutung der Zeit, die Sie Ihrem Kind widmen, um ihm EQ-Fähigkeiten zu vermitteln, gar nicht überschätzen. Wollen Sie, daß es die Bedeutung von Ausdauer und anderen arbeitsbezogenen Fähigkeiten erkennt, sollten Sie mit Ihrem eigenen Interesse, Ihrer Zuverlässigkeit und Ihrer Anleitung als Beispiel vorangehen.

Wenn Sie etwa Ihrem kleinen Kind einen Zaubertrick beibringen, lernen Sie ihn erst selbst, bevor Sie ihn vorführen. So ermutigen Sie Ihr Kind, sowohl den Trick als auch die Vorführung zu üben. Bei einem älteren Kind könnten Sie in der Bücherei ein Buch über Zauberkunst oder Zauberer besorgen, einen Film über Zauberer ausleihen und ansehen oder Ihrem Kind beim Aufbau eines Zaubertisches helfen.

Und schließlich – am wichtigsten – unterstützen Sie die Geduld und das dauerhafte Bemühen Ihres Kindes mit Lob und Ermutigung. Wenn es sich langweilt oder frustriert ist, was irgendwann unweigerlich vorkommt, schlagen Sie vor, daß es fünf Minuten Pause macht und sich dann wieder an die Arbeit setzt. Es ist schwierig, den eigenen Grad an Streß und Erschöpfung nicht auf die Kinder zu projizieren und ihnen vorzuschlagen, daß sie «mal einen Tag aussetzen» oder sich etwas Interessanterem zuwenden. Aber Kinder sind von Geburt an zäh und biegsam – und diese positiven Eigenschaften kann man verringern, wenn man ihnen in einer Frustsituation nachgibt.

Bestärken Sie Ihr Kind darin, an seinem Hobby festzuhalten, auch wenn etwas anderes sein Interesse auf sich zieht oder ein Aspekt frustrierend wird. Um wirkungsvoll EQ-Fähigkeiten zu vermitteln, sollte ein Hobby mindestens sechs Monate lang ausgeübt werden, besser noch länger. Nehmen Sie sich die Zeit, Ihr Kind bei seiner Hobbywahl zu beraten, und suchen Sie eines, das Ihnen beiden Spaß macht. So können Sie am besten dafür sorgen, daß Ihr Einsatz bei der Vermittlung von ausdauerndem Bemühen zu einem Ergebnis führt.

Die Unterstützung Ihres Kindes bei einem Hobby ist nur eine von vielen Möglichkeiten, seine Ausdauer zu stärken, und der Erfolg setzt damit ein, daß Sie Ihre eigene Denkstruktur verändern; keine leichte Aufgabe in einer Kultur, deren Hauptanliegen sofortige Befriedigung und schnelle «Kicks» sind. Sie müssen Ihrem

Kind die Bedeutung von Gründlichkeit nahebringen (zwischen einem aufgeräumten und einem wirklich sauberen Zimmer ist ein Unterschied) oder die Geduld bei der Beherrschung einer schwierigen Aufgabe (wenn der Klavierlehrer sagt, Ihr Kind solle 20 Minuten Tonleitern üben, lassen Sie es nicht bereits nach fünf Minuten aufhören), Durchhaltevermögen (demonstrieren Sie dies im Sport – die meisten Kinder könnten mehr davon vertragen) und Entschlossenheit (ist erst einmal ein Ziel gesetzt, bestehen Sie darauf, daß es erreicht wird).

EQ-Punkte, die man sich merken sollte

- Die kindliche Wahrnehmung von Anstrengung und Fähigkeit verändert sich im Laufe der Zeit. Der Optimismus von Kindern, daß sie aufgrund von Bemühungen Erfolg haben, weicht in der Pubertät dem Eindruck, daß diejenigen mit größerer Fähigkeit immer die Erfolgreichen sein werden. Diesen Entwicklungstrend können Sie ausgleichen, indem Sie Ihren Kindern den Wert dauerhaften Bemühens um seiner selbst willen vermitteln.
- Fähigkeiten der Zeiteinteilung sind wichtige Aspekte der emotionalen Intelligenz, die Ihren Kindern ihr Leben lang nützlich sind. Es ist nie zu früh, diese Fähigkeiten zu vermitteln.
- Hobbys sind eine sehr geeignete Möglichkeit, den Wert des Bemühens zu vermitteln, weil sie spielerische und Arbeitselemente vereinigen.

KAPITEL 19

Mißerfolg erkennen und meistern

Thomas Edisons Grundsatz, daß Genie zu einem Prozent aus Inspiration und zu 99 Prozent aus Perspiration bestehe, ist bei einer Generation nicht beliebt, die mit Dreiminuten-Mikrowellen-Menüs, 99-Programm-Kabelanschlüssen und Träumen vom sofortigen Lottoreichtum aufgewachsen ist. Sieht man vielleicht einmal von den Kindern ab, die in traditioneller, landwirtschaftlich geprägter Umgebung aufwachsen, haben wenige Kinder die Gelegenheit, die Ursache-Wirkung-Beziehung zwischen harter Arbeit und Erfolg zu erkennen. Am ehesten verehren Kinder Berühmtheiten, die ihren hohen Status scheinbar ihrem Äußeren oder ihrem angeborenen Talent verdanken. Auch wenn deren harte Arbeit und Ausdauer fast immer Teil ihres Erfolges sind, wird dies bei unserem kulturellen Streben nach anstrengungsloser Berühmtheit selten deutlich.

Unsere Verherrlichung von berühmten Leuten vermittelt unseren Kindern zwei Botschaften, die dem Erlernen von EQ-Leistungsfähigkeiten entgegenstehen. Nicht nur lernen die Kinder, die Rolle der Anstrengung abzuwerten, sie begreifen auch nicht die Chance von Mißerfolg, nämlich daß man aus den eigenen Fehlern lernt.

Ihr Kind kann Ausdauer nicht lernen, wenn es Mißerfolg nicht akzeptiert. Der Legende nach führte Thomas Edisons Suche nach einem einsatzfähigen Glühfaden für die erste elektrische Glühbirne zu 1000 Fehlgriffen, bevor er Erfolg hatte. Als Jonas Salk nach einem Impfstoff gegen Polio suchte, eine Krankheit, die bis 1954 Tausende Kinder lähmte und tötete, verbrachte er 98 Prozent seiner Zeit damit, die Versuche zu dokumentieren, die keinen Erfolg hatten. Paul Ehrlich, der einen Stoff entdeckte, der zu Beginn unseres Jahrhunderts Syphilis heilen konnte, nannte seine endgültige Formel Nr. 606, nachdem die vorherigen 605 Experimente fehlgeschlagen waren. Aber selten vermitteln wir diese und Tausende andere Geschichten unseren Kindern.

Die meisten Mißerfolge rufen eine Mischung negativer Gefühle hervor, zu denen Angst, Trauer und Zorn gehören. Aber Ihr Kind muß lernen, diese Emotionen zu ertragen, um Erfolg zu haben. Wie Martin Seligman in seinem Buch *The Optimistic Child* schreibt: «Damit Ihr Kind etwas bis zur völligen Beherrschung lernt, ist es nötig, daß es scheitert, sich schlecht fühlt und sich immer wieder neu bemüht, bis sich der Erfolg einstellt. Keiner dieser Schritte kann umgangen werden. Mißerfolg und Unbehagen sind notwendige Bausteine für endgültigen Erfolg und Wohlgefühl.»

Die Wurzeln der Leistungsschwäche

Leider wird vielen heutigen Kindern nicht beigebracht, die mit Mißerfolg verbundenen negativen Emotionen zu ertragen. Und wenn wir der Entwicklungstheorie der Motivation glauben sollen, können sie es auch nicht verkraften, wegen mangelnder Begabung als erfolglos zu gelten. Der Psychologieprofessor Martin Covington aus Berkeley bemerkt, daß viele Kinder über 13 glauben, es sei peinlicher, als «dumm» angesehen zu werden, als tatsächlich mit den sozialen Folgen des Mißerfolgs konfrontiert zu werden.

Nehmen Sie zum Beispiel die allzu bekannten Manöver, die ältere Kinder und Pubertierende anwenden, um nicht unvorbereitet von peinlichen Lehrerfragen überrascht zu werden:

Wieder einmal hatte der dreizehnjährige Billy seine Hausaufgaben nicht fertiggestellt. Er hatte den ganzen Nachmittag und Abend zuvor seinen Drehsprung-Wurf geübt und zum fünften Mal den «Terminator» angesehen. Seinen Eltern hatte er gesagt, er habe seine Hausaufgaben schon in der Schule gemacht, aber nicht erwähnt, daß er noch nicht fertig war. Jetzt, da er Mrs. Stevens, seiner Geschichtslehrerin, gegenübersaß, war es Zeit, sich was einfallen zu lassen.

«Wer kann mir die Gründe der Weltwirtschaftskrise nennen?» fragte

Mrs. Stevens ihre Klasse. Die üblichen drei eifrigen Schüler hoben die Hände, aber die anderen 25 Schüler blieben stumm.

Um nicht aufgerufen zu werden, ließ Billy, ohne richtig darüber nachzudenken, seinen Stift auf den Boden fallen und beugte sich langsam hinunter, um ihn wieder aufzuheben. Er hoffte, sich so Mrs. Stevens' Blickfeld zu entziehen. Aber trotz seiner langsamen, überlegten Bewegungen, mit denen er seinen Bleistift wieder ergriff, suchte Mrs. Stevens immer noch nach einem Freiwilligen, als er sich schließlich wieder aufrichtete. Schnell begann er ein zweites Manöver, indem er sich heftig die Augen rieb, als hätte er etwas darin. Aber immer noch blickte die Lehrerin in seine Richtung. Als er sich nicht länger die Augen reiben konnte, entschied Billy sich für den «Blick-auf-dein-Heft»-Ansatz und versuchte so auszusehen, als hätte er gerade den Sinn des Lebens gefunden, versteckt zwischen einem Fleck und einem Gekritzel.

In der Bank hinter ihm wählte Ellen einen direkteren Weg: den fragenden Blick. Sie stützte ihr Kinn auf die Hände und schenkte Mrs. Stevens ihren besten «Ich-würde-Ihnen-wirklich-gern-eine-Antwort-geben-aber-ich-denke-immer-noch-über-den-Sinn-des-Lebens-nach»-Blick in der Annahme, daß die Lehrerin ihre verständliche Verwirrung bemerken würde und wüßte, daß ein Aufruf Ellens Überlegungen unterbräche.

Ein dritter Schüler, Tommy, war für seine Nerven aus Stahl bekannt. Obgleich er nicht die geringste Ahnung hatte, wie die Antwort lautete (tatsächlich hatte er nicht einmal auf die Frage geachtet), beschloß er, eine «Gegenteil»-Psychologie anzuwenden. Er meldete sich mit wilden Handbewegungen, da er davon ausging, daß seine Lehrerin ohnehin keinen aufriefe, der offensichtlich so eifrig war.

Schließlich aber entschied Mrs. Stevens sich für Billy, der immer noch nicht bereit war zuzugeben, daß er die Antwort nicht wußte. Er begann mit einer Verzögerungstaktik, indem er die Frage einfach noch einmal wiederholte: «Sie wollen die Gründe für die Weltwirtschaftskrise wissen?» fragte er rhetorisch.

«Das ist richtig, Billy», erwiderte Mrs. Stevens in einem Ton unendlicher Geduld.

«Sie meinen die Wirtschaftskrise in den Dreißigern?» fragte Billy und zeigte so, daß er zumindest ein paar Fakten wußte.

«Wieder richtig», sagte seine Lehrerin, «die Gründe der Weltwirtschaftskrise in den Dreißigern.» Mrs. Stevens war mit diesem «Katze-und-Maus»-Spiel vertraut, das ihre Schüler spielten, wenn sie eine Ant-

wort nicht wußten. Sie hob ihre Stimme nur eine winzige Spur und fragte sachlich: «Billy, weißt du die Antwort oder nicht?»

Als Reaktion darauf ließ Billy den Kopf hängen und sagte nichts, wobei er endlich auf die uralte Weisheit zurückgriff, daß man besser nur den Verdacht weckt, ein Narr zu sein, als den Mund zu öffnen und jeden Zweifel hierüber zu beseitigen.

Fast jeder hat schon eine, wenn nicht sämtliche dieser altehrwürdigen Strategien ausprobiert, um vor dem Lehrer nicht als dumm oder unvorbereitet dazustehen. Schüler kopieren Aufsätze direkt aus einer Enzyklopädie, täuschen Bauchschmerzen oder Fieber am Tag der Prüfung vor oder boykottieren ganz einfach die Arbeit, gestützt auf die falsche Logik, daß sie nicht durchfallen, wenn sie es gar nicht erst versuchen. Aber bei viel zu vielen Kindern wird dies zu einem schädigenden Automatismus der Leistungsschwäche.

Verzögerung ist eine andere Verschleierung der Angst vor Mißerfolg. Es gibt so viele Verzögerungsarten, wie es für Kinder Beschäftigungen gibt. Hingebungsvolle Verzögerer finden sogar Wege, nichts zu tun, während sie den Anschein erwecken, hart zu arbeiten. Haben Sie nicht schon einmal mehr Zeit darauf verwendet, das Titelblatt für ein Referat zu entwerfen, als es tatsächlich zu schreiben? Oder damit, den ersten Satz eines Aufsatzes immer wieder neu zu schreiben, ohne eine Vorstellung von dem zu haben, was Sie eigentlich sagen wollten?

Arbeit zu vermeiden, um Mißerfolg aus dem Weg zu gehen, ist ein typisches Merkmal des hartgesottenen Leistungsverweigerers. Laut Covington «vermeiden Kinder, die chronisch hinter ihren Fähigkeiten zurückbleiben, jegliche Leistungsüberprüfung, indem sie die Arbeit verweigern. Dadurch halten sie eine übersteigerte Meinung von sich selbst aufrecht. Um diesen trügerischen Schutz zu rechtfertigen, machen sie eine Tugend daraus, es gar nicht erst zu versuchen. Sie mögen einen verkehrten Stolz über ihre Leistungsunwilligkeit empfinden, indem sie die Bedeutung der Arbeit, die sie sich weigern zu tun, herabmindern oder andere als streberhaft, tölpelhaft oder dumm angreifen, die sich doch Mühe geben. Leistungsschwache können sich selbst davon überzeugen, daß Mißerfolg ein Zeichen von Nonkonformismus und Beweis ihrer Individualität sei.»

Unter extremen Umständen behindern sich Kinder absichtlich selbst, um Schulversagen zu vermeiden. Sie entwickeln Ängste und sogar Phobien. Diese lenken die Aufmerksamkeit von ihrer Angst ab, die Erwartungen ihrer Eltern, Lehrer und Mitschüler nicht erfüllen zu können. In der Pubertät ist Alkohol- und Drogenmißbrauch die häufigste Art, die Angst vor Versagen zu verschleiern. Es ist kein Zufall, daß Kinder anfangen, Alkohol zu trinken und Drogen zu nehmen, wenn sie sich am stärksten mit ihrer Wirkung auf Gleichaltrige beschäftigen.

Die Selbstbehinderung ist eine der ungünstigsten Arten, mit denen Kinder Mißerfolg vermeiden, da sie buchstäblich einen Negativkreislauf der Entfremdung von Erwachsenen-Erwartungen und unverantwortlichem Verhalten in Gang setzt.

Mit Kooperationsspielen Mißerfolg begegnen und überwinden

Das amerikanische Erziehungssystem, ja die amerikanische Kultur selbst macht es den Kindern schwer, sich dem «Verlieren» zu stellen. Wettbewerb ist so amerikanisch wie Apple Pie. Zwar bewundern wir Charakterzüge wie Großzügigkeit, Menschenfreundlichkeit und Nettigkeit, doch gilt unsere wahre Bewunderung den Menschen, die gewinnen. Schon im Säuglingsalter vermitteln wir unseren Kindern, daß das Leben ein Wettkampf ist, in dem es Gewinner und Verlierer gibt. Wir teilen die Menschen in zwei Gruppen ein: die «Besten» und alle anderen, die «nicht die Besten» sind. Unseren Babys flöten wir zu: «Wer ist das *hübscheste* kleine Mädchen in der Welt?» Von dem Gekritzel unserer Kleinkinder schwärmen wir: «Wie wunderbar! Das ist das *großartigste* Bild, das ich je gesehen habe.» Wir stellen die Einser-Tests auf den Kühlschrank, die Trophäen auf den Sims, kleben die Zeugnisse, die Ordensbänder und Zeitungsausschnitte in das Familienalbum.

Doch obwohl wir uns so stark mit Wettbewerb auseinandersetzen, herrscht vielen Pädagogen zufolge kein «gesunder» Wettbewerb. Sie zitieren Untersuchungen, nach denen die Einführung von wettbewerbsfördernden Anreizen die Schulleistung in jeglicher Form mindert. Die Logik ist einfach: Wenn Schüler eifrig mit der Vermeidung von Mißerfolg beschäftigt sind, können sie sich nicht wirklich auf die Aufgabe einlassen. Ist Gewinnen das Ziel, dann ist es nicht Lernen.

Auch gibt es keinen Beweis dafür, daß Wettbewerb den Charakter bildet. Terry Orlick, ein Pionier der Kooperationsspielbewegung, glaubt, daß Wettbewerb die Kinder darin bestärkt zu betrügen, zu lügen, zu sabotieren und sich zusammenzutun, um andere vom Gewinnen abzuhalten.

Wenn Sie Ihren Kindern den Wert von gemeinschaftlichen Bemühungen und Gruppenleistung vermitteln, können Sie unsere kulturelle Tendenz ausgleichen, die Welt nur in Gewinner- und Verliererkategorien zu betrachten. Auch wenn Säuglinge und Kleinkinder ichbezogen und besitzergreifend sind, durchlaufen Kinder im Alter zwischen 18 und 30 Monaten eine Veränderung: Sie sind deutlich kooperativer, hilfsbereiter und zum Teilen bereit.

Viele Untersuchungen haben auch ergeben, daß kooperative und soziale Verhaltensweisen zu den wichtigsten Eigenschaften bei der sozialen Akzeptanz kleiner Kinder gehören. Der Wissenschaftler Gary Ladd und seine Mitarbeiter beobachteten Vorschulkinder am Anfang, in der Mitte und am Ende des Schuljahrs und stellten fest, daß diejenigen, die stärker kooperative Verhaltensweisen zeigten, ihren sozialen Rang verbesserten, während nicht kooperative Kinder weniger beliebt waren und seltener zu Spielgefährten gewählt wurden.

Vor allem mit kooperativen Spielen lehren Pädagogen diese wichtige soziale Fähigkeit. Untersuchungen lassen in der Tat vermuten, daß kooperative Fähigkeiten in einer Spielsituation sich auch auf andere Aktivitäten mit Gleichaltrigen übertragen lassen. In einer Studie zu der Frage, wie solche Spiele eingesetzt werden können, um aggressive Verhaltensweisen bei kleinen Kindern zu verändern, schreiben April Bay-Hintz und ihre Kollegen an der University of Nevada in Reno, die nicht aggressive Zusammenarbeit mit anderen sei «eines der elementaren Entwicklungsziele und eine Grundlage für erfolgreiche Freundschaften, Ehe und Karrieren». Kindern kooperative Spiele und Beschäftigungen beizubringen habe zu vermehrter Akzeptanz durch Gleichaltrige, zu vermehrter Akzeptanz von Unterschieden zwischen Kindern, zu verstärktem Teilen und zu besseren Beziehungen untereinander geführt.

Mit Hilfe von Kooperationsspielen können Kinder erfolgreicher mit den Leistungsstandards in einer stark wettbewerbsorientierten Welt umgehen, da sie erkennen, daß Leistung Teil eines Gruppenprozesses ist. Zusätzlich wird Kindern mit Versagensängsten vermittelt, wie wichtig hartnäckige Bemühungen sind. Bei einer wirklich kooperativen Tätigkeit gibt es kein individuelles Versagen: Entweder jeder gewinnt, oder jeder verliert. Im folgenden sind beispielhaft verschiedene Kooperationsspiele dargestellt, die Spaß machen. Sie werden bemerken, daß Kinder sie mindestens ebensogern spielen wie die traditionellen Wettbewerbsspiele.

Der kooperative Roboter

Das ist ein lustiges Spiel für drei Leute. Ich empfehle es gern Familien, wo eine starke Rivalität unter Geschwistern herrscht und Kinder gerade eine besonders «unkooperative» Phase durchlaufen. Der jüngste Spieler fängt in der Mitte an und faßt die anderen zwei Spieler zu seinen Seiten an den Händen. Nun müssen alle drei Spieler als eine Person zusammenarbeiten. Der Spieler in der Mitte ist das «Gehirn», und die Spieler an der Seite müssen natürlich ihre Hände koordinieren, um zu tun, was das Gehirn will. Probieren Sie einmal diese Handlungen aus:

1. Machen Sie ein Sandwich mit Butter und Marmelade, und geben Sie es allen drei Köpfen zu essen. Trinken Sie auch etwas Milch dazu!
2. Zeichnen Sie ein Bild von Ihnen dreien. Benutzen Sie dazu einen Spiegel, und schneiden sie dann das Bild aus.
3. Verrichten Sie eine einfache Hausarbeit, wie etwa die Küche auskehren oder ein Bett machen.

Etwas näher kommen

Dieses Spiel ist die Abwandlung eines Spiels von indianischen Kindern in Guatemala. Sie brauchen eine kleine Schachtel und zehn Tennisbälle. Die Bälle sollten alle die gleiche Größe haben, aber einer sollte von anderer Farbe oder mit einem Filzstift markiert sein. Er ist der «Näher»-Ball. Nun ziehen Sie eine Startlinie, ungefähr 1,50 Meter von dem Ziel, der Schachtel, entfernt. Der erste Spieler wirft den Näher-Ball von hinter der Linie und versucht ihn so nah wie möglich ans Ziel zu bringen. Die übrigen Spieler bleiben hinter der Linie und rollen von dort aus abwechselnd die anderen Bälle, so daß sie gegen den Näher-Ball stoßen. Das Spiel dauert an, bis der Näher-Ball die Zielschachtel berührt.

Kooperatives Luft-Hockey

Sie brauchen acht Stifte, eine Tasse, zwei Strohhalme und einen kleinen Papierschnipsel.

Bilden Sie zuerst mit den Stiften ein «doppeltes Quadrat» wie in der Abbildung unten. Jeder Spieler nimmt einen Strohhalm, und gemeinschaftlich müssen die Spieler versuchen, den Papierschnipsel zweimal um das Quadrat herum zu pusten. Da ein Luftstrahl nur in eine Richtung geht, ist es extrem schwierig, den Papierschnipsel ohne die Hilfe eines anderen Spielers zu lenken. Nach zweimaliger Umrundung müssen die Spieler den Schnipsel in die Tasse pusten. Sie machen das Spiel noch spannender, wenn Sie festlegen, daß das Ziel in zwei Minuten oder weniger erreicht werden muß, oder wenn Sie mehr Stifte hinzufügen und den Weg komplizierter gestalten.

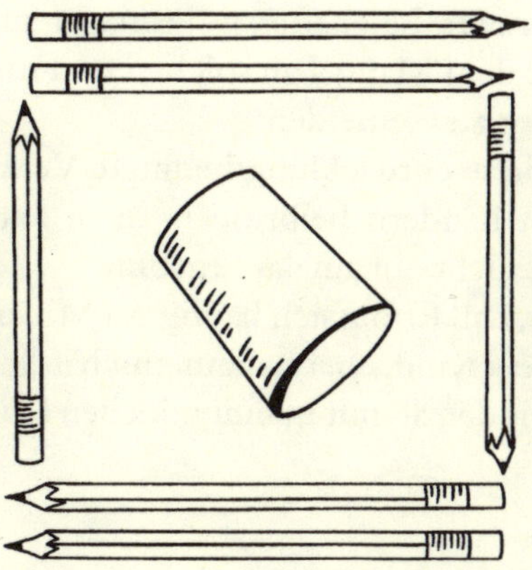

Haben die Kinder erst einmal das Prinzip der Kooperationsspiele begriffen (jeder gewinnt durch Zusammenarbeit, oder jeder verliert), ist es fast unmöglich, sie falsch zu spielen. Und da sie Spaß machen, stellen sie zugleich eine Belohnung dar. Kinder wollen sie immer wieder aufs neue spielen.

Man ist nie zu alt, um Kooperationsspiele oder den Wert gemeinschaftlicher Bemühung zu lernen, noch ist man je zu alt, um zu lernen, mit Mißerfolgen umzugehen, Ausdauer zu schätzen oder sich die anderen Eigenschaften anzueignen, die mit Selbstmotivation und Leistung in Verbindung gebracht werden. Doch sollten wir bedenken, daß es um so besser ist, je jünger Kinder EQ-Fähigkeiten erlernen, und daß alle EQ-Fähigkeiten miteinander in Beziehung stehen. Wenn Sie sich Sorgen machen über die Motivation Ihres Kindes und seinen Schulerfolg, ändern Sie nur einen Aspekt Ihres Erziehungsstils, und bleiben Sie standhaft entschlossen, diese Veränderung auf Dauer beizubehalten. Denken Sie an die wichtigste Motivationsregel für Kinder und Eltern: Erfolg führt zu Erfolg.

EQ-Punkte, die man sich merken sollte

- Untersuchungen zeigen, daß Kinder mit zwölf oder 13 Jahren besonders anfällig für Motivationsprobleme sind. Während jüngere Kinder den Wert der Anstrengung für die Erreichung ihrer Lernziele erkennen, beschäftigen Teenager sich mehr mit Fähigkeiten oder dem Mangel an solchen und tun alles mögliche, um ein Versagen zu vermeiden.
- Gleichen Sie diese entwicklungsbedingte Veränderung aus, indem Sie Ihren Kindern beibringen, auch auf die Bemühung Wert zu legen, nicht nur auf das Ergebnis.
- Vermitteln Sie, daß Erfolg sich häufig auf Mißerfolg gründet.
- Helfen Sie Ihrem Kind, eher in gemeinschaftlicher Leistung Befriedigung zu finden als nur in individuellen Leistungen.

Teil VII
Die Macht der Emotionen

In ihrem Buch *Wenn Tiere weinen* beschreiben Jeffrey Masson und Susan McCarthy zahllose Beispiele, wie Tiere Emotionen ausdrücken, von denen man einst annahm, sie definierten den Unterschied zwischen Mensch und Tier:

Congo, ein von Menschen aufgezogener Schimpanse, haßte es, in ein neues Zoogelände umzuziehen, und er ließ seinen Zorn an den anderen Affen aus. Er erbettelte sich von Zoobesuchern angezündete Zigaretten und jagte damit die anderen Tiere im Käfig herum, denen er Brandwunden beizubringen versuchte.

Als Maria und Misha, zwei Huskies, getrennt wurden, hielt Maria täglich nach Misha Ausschau; schließlich erkannte sie, daß Misha nicht zurückkam, und wurde unruhig, reizbar und depressiv.

Wela, ein flaschennasiges Tümmlerweibchen, biß einmal versehentlich in die Hand des Trainers. Sie war so furchtbar beschämt, daß sie auf den Grund des Beckens tauchte und sich dort so lange zurückzog, bis ihr Trainer sie wieder hervorlockte.

Masson und McCarthy bemerkten, daß unterschiedliche Spezies unterschiedlich stark Emotionen zeigen: Papageien sind reizbar und oft grundlos voller Groll; Gänse, Schwäne und gewisse Entenarten sind berühmt für ihre Hingabe an ihre Partner; Elefanten scheinen besonders über den Tod eines Artgenossen betroffen. Sie zeigen starkes Interesse an Elefantenknochen, nicht aber an Knochen von anderen Tieren. Möglicherweise erkennen sie sogar den Geruch eines Geliebten noch nach dessen Tod.

Durch das Studium anderer Arten wie auch der evolutionären Entwicklung menschlicher Gefühle wissen wir, daß Emotionen bestimmten Zwecken bei der kindlichen Entwicklung dienen. Aber wir wissen auch, daß die emotionale Entwicklung eines Kindes schrecklich schiefgehen kann, wodurch es vielfältige persönliche und soziale Probleme erleidet.

Die meisten Theoretiker stimmen darin überein, daß es einen Grundstock an Elementargefühlen gibt – darunter Liebe, Haß, Angst, Trauer und Schuld – und daß sich alle anderen Gefühle von ihnen ableiten, ähnlich wie aus den Grundfarben nahezu endlos viele Schattierungen entstehen.

Wir Menschen sind zu Hunderten von Gefühlsschattierungen fähig, und doch unterscheiden wir uns nicht durch unsere Gefühle selbst von den Tieren; vielmehr befinden wir uns durch unsere Fähigkeit, sie zu erkennen und über sie nachzudenken, an der Spitze der Evolutionsleiter. In diesem Teil werden wir die EQ-Fähigkeiten untersuchen, die die Gefühle Ihres Kindes stärken, so daß es mit den sich ändernden Anforderungen einer technologischen Gesellschaft umgehen und seine Emotionen auch besser verstehen kann.

KAPITEL 20

Emotionales Bewußtsein und Kommunikation

Für die traditionelle Psychotherapie ist das Erkennen der eigenen Emotionen Grundlage für jede Veränderung. In Therapiegruppen sprechen Patienten über das, was sie zornig, traurig oder schuldbewußt macht, und sie arbeiten daran, die Situationen zu verändern, die diese Gefühle verursacht haben. Die Patienten sprechen auch über das, was in ihnen Freude, Vergnügen und Stolz hervorruft, und suchen nach Möglichkeiten, diese Gefühle zu verstärken. Über seine Gefühle zu sprechen ist der direkteste Weg, um sie zu verstehen und zu beherrschen.

Der Kortex, das denkende Gehirn, ermöglicht uns, Gefühle über unsere Gefühle zu haben, diese Gefühle gegenüber anderen auszudrücken, zu beobachten, wie sie darauf reagieren, und daraus zu lernen. Bringt man Kindern bei, ihre Gefühle zu verstehen und mitzuteilen, beeinflußt man viele Aspekte ihrer Entwicklung und ihres Lebenserfolgs. Umgekehrt könnte es sie unnötigerweise für Konflikte mit anderen anfällig machen, wenn man ihnen nicht die Bedeutung und Kommunizierbarkeit ihrer Gefühle vermittelt.

Nehmen Sie zum Beispiel Martin, einen Sechsjährigen, dessen Eltern sich auf äußerst häßliche Weise trennten. Martins Vater bestand darauf, daß er jedes Wochenende zu ihm nach Boston fliege, während seine Mutter die Woche über das Sorgerecht über ihn in Richmond, Virginia, hatte. Auf dem zweieinhalbstündigen Flug sprach Martin kaum ein Wort und wollte unbedingt ins Bett gehen, sobald er in einem der beiden Elternhäuser angekommen war. Nach zwei Monaten, die nach diesem Arrangement verliefen, fing Martin an, sich über Magenschmerzen zu beklagen. Sein Lehrer sagte, daß er in der Schule kaum mit jemandem spreche.

Bei der Sorgerechtsanhörung fragte ihn Martins Anwalt: «Wie gefällt es dir, daß du deinen Vater jedes Wochenende besuchst?»

«Ich weiß nicht», lautete Martins Antwort.

«Und freust du dich denn, deinen Vater zu sehen, wenn du nach Boston fliegst?» erkundigte sich sein Anwalt und bemühte sich, seine Gefühle in Schach zu halten und Martin nicht zu einer Antwort zu verleiten.

«Ich weiß nicht», entgegnete Martin wieder einsilbig und leise.

«Was ist mit deiner Mutter? Bist du froh, daß du in der Woche bei ihr wohnst?» fragte der Anwalt und erkannte, daß er bei dieser Anhörung nur eine einzige Antwort von Martin erhielt.

«Ich weiß nicht», sagte Martin wieder, und nichts an seinem Verhalten wies darauf hin, daß er es wußte.

Die Fähigkeit ihres Kindes, seine Gefühle in Worte zu fassen, ist ein ganz wichtiger Bestandteil seiner Grundbedürfnisse. Wenn Ihr Zweijähriger zornig wird, weil Sie sich mit einer Freundin im Lebensmittelgeschäft unterhalten und er nach Hause und etwas zu essen haben will, macht er vielleicht ein großes Geschrei, weil das der schnellste Weg scheint, wie seine Bedürfnisse erfüllt werden. Aber Ihr Fünfjähriger ist in der Lage zu erkennen, daß er hungrig ist und sich langweilt, und kann dies auch mit Worten ausdrücken. Höchstwahrscheinlich erfüllen Sie seine Bedürfnisse, indem Sie ihm eine Süßigkeit anbieten. Ihr Zehnjähriger sollte ein Dutzend oder mehr emotionale Zustände erkennen können. Wenn er nach seiner Reaktion auf eine bevorstehende Reise oder die Beerdigung seiner Großmutter befragt wird, kann er auf Erinnerungen emotionaler Erfahrungen zurückgreifen und seine Reaktion auf diese Ereignisse vorhersehen.

Die Worte, die seine Gefühle beschreiben – «glücklich, aufgeregt, traurig, beunruhigt, ängstlich» –, sind auch mit den Gefühlen selbst verbunden. Wenn er antwortet, er habe Angst davor, an dem Begräbnis teilzunehmen und seine Großmutter in einem Sarg zu sehen, stellt sich eine blitzschnelle Verbindung von seinem Sprachzentrum zu seinem emotionalen Gehirn her und löst die subtilen physiologischen Reaktionen aus, die wir mit Angst verbinden: eine leichte Pulsbeschleunigung, ein kleiner Anstieg des Blutdrucks, eine Anspannung des Körpers.

Wird Ihr Teenager 16 und ist der denkende Teil seines Gehirns voll entwickelt, sollte er über feine Gefühlsnuancen sprechen können. Er kann Gefühle in Metaphern und Bildern beschreiben, etwa erklären, er sei so «wütend wie ein Stier» oder er «fühle sich, als säße er in einer dunklen Kellerecke und niemand wüßte, daß er da sei». Er kann auch seine körperlichen Reaktionen auf verschiedene Emotionen artikulieren, indem er von «weichen Knien» oder einem «sich umdrehenden Magen» spricht. Physiologische Beschreibungen unserer emotionalen Zustände sind Teil unseres alltäglichen Vokabulars geworden, und sie vermitteln besonders wirkungsvoll die Stärke des empfundenen Gefühls. Wenn wir eine physiologische Beschreibung eines Gefühls hören und auch die damit zusammenhängenden nonverbalen Hinweise im Gesicht oder der Haltung des Sprechers wahrnehmen (Erröten, Erblassen, Erstarren und so weiter), überträgt sich diese physiologische Reaktion in subtiler Weise oftmals auf uns selbst.

Die Art der emotionalen Kommunikation

Ein Kleinkind, dessen Sprachfähigkeiten noch nicht entwickelt sind, hat Schwierigkeiten, seine Gefühle in Worte zu fassen, und führt daher ein Spektakel auf. Ein Fünfjähriger hat die nötige Sprache erworben und damit die Fähigkeit, Worte zu benutzen. Die Fähigkeit unserer Kinder zu emotionalem Bewußtsein und zur Versprachlichung ihrer Gefühle findet im Neokortex statt und ist folglich eine Etappe in der natürlichen kognitiven Entwicklung.

Aber wie bei vielen anderen EQ-Fertigkeiten sind die entwicklungsmäßige Bereitschaft unserer Kinder, Gefühle zu verstehen und mitzuteilen, und ihre Fähigkeit, dies auch zu tun, nicht das gleiche. Auch wenn ihre Fähigkeit, über Emotionen zu sprechen, fest in ihrem Gehirn verankert ist (in einer Art entwicklungsmäßiger Vorprogrammierung), hängt der tatsächliche Gebrauch dieser Fähigkeit größtenteils von der Kultur ab, in der sie aufwachsen, und besonders von der Interaktion miteinander.

In Familien, in denen Gefühle offen ausgedrückt und besprochen werden, entwickeln die Kinder das Vokabular, um über ihre Emotionen nachzudenken und zu sprechen. In Familien, in denen Gefühle unterdrückt und emotionale Kommunikation vermieden werden, neigen die Kinder eher zu emotionaler Stummheit. Zwar hat die Psychotherapie erwiesen, daß man die «Sprache» der Emotionen in jedem Alter lernen kann, aber wie auch in anderen Sprachen sind die artikuliertesten Sprecher diejenigen, die sie in frühester Zeit gelernt haben.

Emotionen zu erkennen und mitzuteilen ist ein wichtiger Teil der Kommunikation und, wie wir sehen werden, ein unerläßlicher Aspekt der emotionalen Kontrolle. Aber die Emotionen anderer einzuschätzen ist eine ebenso wichtige EQ-Fähigkeit, besonders bei der Entwicklung intimer und erfüllender Beziehungen.

Therapeuten und Sozialpädagogen haben herausgefunden, daß es wichtiger sein kann, ein guter emotionaler Zuhörer zu sein als ein artikulierter Sprecher, wenn es um emotionale Kommunikation geht. Ein «guter Zuhörer» ist geduldig und stellt sich auf die emotionalen Bedürfnisse des Sprechers ein. Dieser interpretiert die ihm entgegengebrachte Aufmerksamkeit als eine wesentliche Form emotionaler Zuwendung. Während Eheberater schon lange die Vorzüge des aktiven emotionalen Zuhörens in intimen Beziehungen rühmen, kommen Forscher nun zu der Erkenntnis, daß diese EQ-Fähigkeit bei der Arbeit genauso wichtig ist. Beispielsweise beschreiben Supervisoren Manager, die geübte aktive Zuhörer sind, als stärker motivierend und vertrauenerweckend.

In der Jugend und in jeder Phase des Erwachsenendaseins wird derjenige, der als emotional gebildet gilt, am meisten als Gefährte, Mitarbeiter und Objekt der Liebe und des Vertrauens geschätzt.

Wie Sie Kinder aufziehen, die ihre Gefühle ausdrücken

Am einfachsten und zugleich effizientesten fördern Sie die emotionale Bildung Ihres Kindes, indem Sie sein emotionales Vokabular vergrößern. Legen Sie für Ihre Kinder ein *Wörterbuch der Gefühle* an. Bitten Sie sie, alle nur denkbaren Gefühle zu nennen und sie dann in alphabetischer Reihenfolge in ein leeres Heft zu schreiben, jedes Gefühl auf eine neue Seite. Eine gute Möglichkeit, eine Liste der Gefühle zu entwickeln, besteht darin, sich Zeitschriften anzusehen, die authentische Fotos von Menschen zeigen (im

Gegensatz zu gestellten Posen): Bitten Sie Ihr Kind zu beschreiben, was jede Person seiner Meinung nach empfindet. Dann schreiben Sie ein anderes Gefühl oben auf jede Seite des Wörterbuchs und bitten Ihr Kind, ein Beispiel dafür zu nennen, wann es dieses Gefühl hatte. Wenn Ihr Kind diese Übung schwierig findet, illustrieren Sie sie mit Ihrer eigenen Lebenserfahrung. Kleineren Kindern macht es auch Spaß, Bilder zu jeder Emotion zu malen. Ältere Kinder ziehen es vielleicht vor, sich oder jemand anderen zu fotografieren, als visuelle Gedächtnisstütze für jede Emotion.

In fast 20jähriger Tätigkeit als Kinder- und Familientherapeut habe ich oft Spiele eingesetzt, die Kinder und Eltern ermutigen sollen, eine Sprache der Gefühle zu entwickeln. In einem ergreifenden Fall arbeitete ich mit einer Mutter und ihren beiden Kindern, neun und elf Jahre alt, um ihnen zu helfen, mit der Verlusterfahrung nach dem plötzlichen Tod des Vaters der Kinder fertig zu werden. Beide Kinder waren mürrisch und unkommunikativ und zeigten zunehmend Anzeichen von Depression, als die Monate verstrichen. Janes zahlreiche Versuche, ihre Kinder dazu zu bringen, über ihre Gefühle zu sprechen, schienen immer in Frustration zu enden. «Und außerdem», erklärte sie, «arbeite ich jetzt doppelt so viel, um uns über Wasser zu halten, und ich weiß nicht, wann ich mir überhaupt noch die Zeit nehmen soll, um mit ihnen zu sprechen!»

Wenn ich ein Spiel empfehle, achte ich normalerweise als erstes darauf, wann und wo es gespielt wird. Wenn ein Elternteil mir sagt, er habe kaum Zeit, auch nur die elementaren Hausarbeiten zu erledigen, ganz zu schweigen von etwas Zeit für sich selbst, weiß ich, daß es unrealistisch ist, zu einer weiteren Aktivität aufzufordern, selbst wenn diese den Kindern sehr zugute käme.

Als ich darüber nachdachte, wann und wo diese Familie ein EQ-Spiel zum leichteren Ausdruck von Gefühlen spielen könnte, kam mir die Idee zu einer Beschäftigung, der ich den merkwürdigen Namen «Gefühle-Nummernschilder» gab. Ich wußte, daß die Familie mindestens 45 Minuten am Tag auf dem Weg zur Schule und zu anderen Aktivitäten unterwegs war, und mir kam in den Sinn, daß die meisten Kinder auf langen Reisen gern die Buchstaben oder Staatennamen auf den Nummernschildern der vorbeifahrenden Autos entziffern.

Bei ihrer nächsten Sitzung fragte ich Jane und ihre Kinder, ob sie schon einmal so etwas gespielt hätten und Interesse an einem neuen Autospiel hätten. «Das Ziel des Spieles», erklärte ich, «ist es, eine Zulassung mit zwei Buchstaben eines Gefühlewortes zu erblicken und dann über die Zeit zu sprechen, als ihr dieses Gefühl hattet. Zum Beispiel könnte man mit den Buchstaben ‹A› und ‹M› eines Nummernschildes das Wort ‹MAD› (wütend) bilden.» Ich sagte, dies sei ein Kooperationsspiel und die ganze Familie würde jedesmal einen Punkt bekommen, wenn ein Nummernschild entdeckt und über ein Gefühl gesprochen würde. Wenn sie zwischen Montag und Freitag 20 Punkte schafften, hätten sie eine Mahlzeit in einem Fastfood-Restaurant gewonnen. Ich gab ihnen drei Coupons, die ich für eine solche Gelegenheit als Anreiz bereithielt.

Bei der nächsten Sitzung bemerkte ich, daß sich die Familienstimmung deutlich verbessert hatte. Sie hatten das Spiel gemacht, 35 Punkte geschafft und sich über das Essen gefreut (und besonders darüber, daß ich bezahlt hatte). Ich bat sie, noch eine zweite Woche zu spielen, diesmal mit einem anderen Anreiz (Jane ging mit ihren Kindern ins Kino), und wieder bemerkte ich beim nächsten Treffen eine entspanntere Stimmung in der Familie. Insbesondere die Kinder waren gesprächiger geworden.

Als ich mit Jane allein sprach, erzählte sie mir, daß die Kinder in der Folge dieses Spiels angefangen hatten, über viele Gefühle zu sprechen. Sie hatten mehrfach ihre Trauer und den Zorn über den Verlust ihres Vaters angesprochen. Diese Familie war nun auf dem besten Weg, emotionale Kommunikation als Hilfe auf ihrem Lebensweg einzusetzen, daher schlug ich eine einmonatige Unterbrechung der Therapie vor. Jede Woche wollte ich mit ihnen telefonieren.

Beim zweiten Anruf war mir klar, daß das Spiel zur Mitteilung von Gefühlen seinen Zweck erfüllt hatte, als Jane mir nämlich erklärte: «Wissen Sie, Dr. Shapiro, wir haben in dieser Woche *Gefühle-Nummernschild* gespielt, aber aus irgendeinem Grund nicht genug Punkte zusammenbekommen. Dabei wollten wir alle sehr gern zusammen ins Kino gehen. Ich mußte deshalb Freitag abend extra eine Stunde herumfahren, nur damit wir nach Nummernschildern Ausschau halten und über unsere Gefühle sprechen konnten.»

Wie Ihre Kinder gute Zuhörer werden

So wie wir unseren Kindern beibringen können, durch Spiele ihre Emotionen besser auszudrücken, können wir ihnen auch helfen, gute emotionale Zuhörer zu werden. In einem normalen Gespräch ist es Kindern naturgemäß wichtig, ihre Meinungen auszudrücken und ihre Zustimmung oder Ablehnung zu äußern. Aber bei dem «aktiven Zuhören» konzentrieren sie sich vollkommen auf den anderen, ohne ihre Meinungen oder Gefühle in das Gespräch einzubringen. Sie können bereits Zehnjährigen Fähigkeiten des aktiven Zuhörens vermitteln, die im übrigen denen sehr ähnlich sind, die professionelle Therapeuten anwenden. Diese EQ-Fähigkeit ist ein wichtiger Trainingsbestandteil vieler schulischer Konfliktlösungsprogramme wie auch von verschiedenen Formen der Familienberatung. Mit dem *Aktiven Zuhörspiel* können Sie selbst Ihrem Kind diese Fähigkeit beibringen.

Aktives Zuhörspiel

Legen Sie mit Ihrem Kind (ab zehn Jahren) zwei Listen mit wenigstens sechs Sorgen an, eine für Sie und eine für Ihr Kind. Diese Liste enthält Punkte, die Sie oder Ihr Kind unangenehm finden; in der Regel fängt man am besten mit relativ harmlosen Problemen oder Konflikten an. Dann notieren Sie auf vier Karteikarten die folgenden aktiven Zuhörfähigkeiten:

1. Gib wieder, was der andere gesagt hat («Du hast mir erzählt, daß . . .»).
2. Verschaffe dir Klarheit über das, was der andere gesagt hat («Kannst du mir noch mehr über . . . erzählen?»).
3. Zeige Interesse an dem, was der andere sagt (durch Gesten, Tonfall, Augenkontakt und so weiter).
4. Bezeichne oder beschreibe, was der andere offenbar empfindet («Mir kommt es so vor, als wärst du über . . . ärgerlich.»).

Bei diesem Spiel wählt jeder abwechselnd eine Sorge oder ein Problem aus, worüber er drei Minuten lang spricht. Es könnte sich um ein Problem handeln, das Sie gerade mit jemand anderem haben, oder um eine schwierige Entscheidung, die Sie treffen müssen.

Während der eine spricht, stellt der andere die vier aktiven Zuhörfähigkeiten unter Beweis, wobei er die vier Karten als Erinnerungshilfen benutzt. Am Ende jeder «Runde» gibt der Sprecher dem Zuhörer einen Punkt für jede bewiesene Fähigkeit und zwei Extrapunkte, wenn der Zuhörer sich nicht urteilend eingeschaltet hat. Dann tauschen Sprecher und Zuhörer die Rollen und spielen die nächste Runde.

Das Spiel setzt sich über sechs Runden fort, wobei sich jede Runde mit einem anderen Problemthema aus den Listen befaßt. Am Ende des Spiels werden die Punkte beider Spieler zusammengefaßt, und wenn die Gesamtpunktzahl über 30 (von möglichen 36) liegt, werden beide zu Gewinnern erklärt und können sich belohnen.

EQ-Punkte, die man sich merken sollte

- Bestärken Sie Ihre Kinder darin, ihre Gefühle zu verbalisieren als Möglichkeit, mit ihren Konflikten und Sorgen umzugehen und um ihre Bedürfnisse zu befriedigen.
- Bringen Sie Kindern die Fähigkeiten des aktiven Zuhörens bei, damit sie jetzt und später leichter emotional befriedigende Beziehungen aufbauen können.

KAPITEL 21

Kommunikation jenseits von Worten

Wenngleich es wichtig ist, daß Kinder über ihre Gefühle sprechen und aufmerksam denen anderer zuhören lernen, hat die Wissenschaft herausgefunden, daß Worte tatsächlich nur für einen kleinen Teil der emotionalen Kommunikation zuständig sind. In einer Untersuchungsreihe zeigte der Psychologe Albert Mehrabian, daß bei Interaktionen von Angesicht zu Angesicht 55 Prozent der emotionalen Bedeutung einer Botschaft durch nonverbale Hinweise wie Gesichtsausdruck, Haltung und Gestik ausgedrückt und weitere 38 Prozent durch den Tonfall der Stimme übermittelt werden. Es bleiben also nur sieben Prozent der emotionalen Bedeutung übrig, die tatsächlich durch Worte ausgedrückt wird.

Die Bedeutung nonverbaler Zeichen

In ihrem Buch *Helping the Child Who Doesn't Fit In* bemerken die Psychologen Stephen Nowicki und Marshall Duke, daß Probleme der nonverbalen Kommunikation oft die sozialen Interaktionen eines Kindes stärker hemmen als das, was es tatsächlich mit Worten sagt. Sie schreiben:

«Fehler bei der verbalen Kommunikation bringen andere dazu, das Kind, das den Fehler begeht, für schlecht erzogen und/oder unintelligent zu halten. Andererseits wird ein Kind durch Fehler bei der nonverbalen Kommunikation als komisch und merkwürdig eingestuft. Wenn jemand einen Fehler bei der verbalen Kommunikation macht, urteilen wir über seine intellektuellen Fähigkeiten. Wenn hingegen jemand bei der nonverbalen Kommunikation einen Irrtum begeht, neigen wir eher dazu, seine psychische Stabilität zu beurteilen. Es mit jemandem zu tun zu haben, den wir als schlecht erzogen einstufen, ist eine ganz andere Sache, als wenn man in der Nähe von jemandem ist, den wir als unausgeglichen wahrnehmen. Solche Leute bedrohen unser Sicherheitsgefühl ...»

Im Gegensatz zum verbalen Verhalten, das einen Anfang und ein Ende hat, ist nonverbales Verhalten dauerhaft. Kinder teilen sich (ebenso wie Erwachsene) immer durch Körpersprache und Gesichtsausdruck mit, ob sie sich dessen bewußt sind oder nicht.

Wenn auch die Regeln der nonverbalen Kommunikation eigentlich allgemein international gültig sind, so gelten bei uns doch einige sehr spezielle implizite Regeln. Und der Verstoß dagegen tritt kraß zutage. Nowicki und Duke verweisen auf das Beispiel der Fahrstuhletikette. Stellen Sie sich vor, Sie benutzen einen Fahrstuhl zusammen mit einem neunjährigen Kind, das mit dem Rücken zur Tür statt zur hinteren Fahlstuhlwand steht, Sie unaufhörlich anstarrt und nah bei Ihnen steht, obwohl im Fahrstuhl genügend Platz ist. Sofort hätten Sie den Eindruck, daß an diesem Kind etwas «ungewöhnlich» ist, auch wenn Sie Schwierigkeiten hätten, dies genauer zu bestimmen.

Unser Bewußtsein von den Regeln nonverbalen Verhaltens scheint in den emotionalen Teilen unseres Gehirns angesiedelt zu sein, normalerweise gerade außerhalb unseres kognitiven Verstehens und doch der Analyse zugänglich, da wir ja die Bedeutung dieser Kommunikationsform erkennen.

Die Macht der nonverbalen Kommunikation zu begreifen kann Ihrem Kind dabei helfen, Führungsfähigkeiten zu entwickeln, selbstbewußt zu werden und Mitgefühl für die Bedürfnisse und Probleme anderer zu empfinden.

Problemzonen der nonverbalen Kommunikation

Nowicki und Duke zählen sechs Bereiche der nonverbalen Kommunikation auf, in denen Kinder normalerweise Schwierigkeiten haben. Oft werden sie deswegen als «anders» wahrgenommen und erfahren verschiedene Abstufungen sozialer Ablehnung:

1. *Sprachmuster und -rhythmus sind nicht mit denen anderer Kinder synchronisiert.* Stellen Sie sich ein Kind aus New York City vor, das mit einem Kind aus einer Kleinstadt in Louisiana spricht. Beide finden, daß der andere komisch spricht, und vielleicht fällt es ihnen sogar schwer, den anderen zu verstehen.
2. *Zwischenmenschlicher Raum.* Steht ein Kind zu nah an einem anderen oder zu weit von ihm entfernt oder berührt es andere Menschen unangemessen, so fühlen diese sich unbehaglich.
3. *Gestik und Haltung.* Gesten sind ein wesentlicher Teil, wie Kinder den emotionalen Gehalt ihrer Worte mitteilen. Eine krumme oder zu nachlässige Körperhaltung drückt oft mangelnden Respekt oder Desinteresse aus, auch wenn das Kind diese Gefühle gar nicht hat.
4. *Augenkontakt.* In einem Gespräch sieht man im Durchschnitt während 30 bis 60 Prozent der Zeit dem anderen ins Gesicht. Abweichungen beiderseits dieser Norm kann man als unangemessen einstufen.
5. *Der Sprachklang.* Alle klanglichen Aspekte, die Emotionen entweder durch Sprache (Stimmfall, Intensität und Lautstärke) oder durch nichtsprachliche Töne (Pfeifen, Summen, Geräusche und so weiter) vermitteln, sind wichtig. Zu fast einem Drittel überträgt ein Kind emotionale Bedeutung durch diese sogenannte Parasprache. Nowicki und Duke bemerken, daß eine Angewohnheit, und sei sie so geringfügig wie andauerndes Räuspern, zu sozialer Ablehnung führen kann.
6. *Persönliche Objekte.* Nicht anders als Erwachsene benutzen auch Kinder Objekte wie Kleidung, Schmuck, Frisuren, um eine soziale Bedeutung zu vermitteln. Während einige Kinder bewußt mit ihrem Äußeren ihren sozialen Rang oder ihre Gruppenidentität ausdrücken, scheinen andere die Botschaften, die ihr Äußeres vermitteln, gar nicht wahrzunehmen. Kinder und besonders Pubertierende, die nicht bemerken, wie ihr Aussehen andere beeinflußt, sind für soziale Ablehnung anfälliger.

Nowicki und Duke betonen nachdrücklich, daß Eltern sich der nonverbalen Kommunikationsart ihrer Kinder bewußt sein sollen, wenn ihr Kind soziale Ablehnung erfährt; vor allem wenn ihr Kind eine Lernbehinderung oder ein anderes psychologisches Problem hat, das zur Ablehnung durch Gleichaltrige führen kann. Doch tatsächlich profitieren alle Kinder davon, sich in nonverbaler emotionaler Kommunikation zu schulen.

Bringen Sie Ihrem Kind «nonverbale» Kommunikationsfähigkeiten bei

Die vielfältigen Beschäftigungsvorschläge von Nowicki und Duke regten zu den folgenden Spielen an, die spezifische nonverbale Kommunikationsfähigkeiten vermitteln sollen.

Das «Ton-aus»-Spiel (Alter: sieben bis zwölf Jahre)
Nehmen Sie einen altersangemessenen Spielfilm auf Video auf, und führen Sie ihn Ihrem Kind mit abgestelltem Ton vor. Bitten Sie es zu beschreiben, wie sich jede Person in dem Video fühlen mag. Halten Sie das Band an, wenn Ihr Kind es möchte, und geben Sie ihm einen Punkt, wenn es die Gefühle, die sich möglicherweise hinter einem Gesichtsausdruck, einer Geste oder Körperhaltung verbergen, beschreiben kann. Dann spulen Sie das Band zurück und spielen es noch einmal ab, diesmal mit Ton, so daß Sie die Antworten überprüfen können. Ihr Kind sollte in 15 Minuten 15 Punkte sammeln.

Gefühle-Scharade (ab sechs Jahren)
Stellen Sie in einer Gruppe aus drei oder mehr Kindern oder Familienmitgliedern ein Spiel aus ungefähr 20 Karteikarten (ca. 10 x 15 cm) her, und schreiben Sie unterschiedliche Gefühle darauf. Das jüngste Familienmitglied beginnt, nimmt sich eine Karte und spielt in maximal drei Minuten wortlos das Gefühl vor. Wer das Gefühl richtig errät, behält die Karte und ist als nächster dran. Wer am Ende die meisten Karten besitzt, hat gewonnen.

Bestehen innerhalb der Gruppe große Alters- oder Fähigkeitsunterschiede zwischen den Spielern, ist einfach einer nach dem anderen dran mit der Scharade, so daß jeder eine Chance bekommt, die wortlose Darstellung von Gefühlen zu üben. Wenn die Kinder bei diesem Spiel allmählich geschickter werden, fügen Sie ihm neue Karten mit subtileren Gefühlen hinzu.

Gefühleraten (fünf bis zehn Jahre)
Sprechen Sie fünfmal hintereinander einen einfachen Satz auf eine Hörkassette, aber verändern Sie jedesmal die Stimmlage, um ein anderes Gefühl wiederzugeben. Sagen Sie beispielsweise den Satz: «Ich habe meine Tasche im Auto gelassen», so als wären Sie glücklich, traurig, wütend, ängstlich und beunruhigt. Geben Sie Ihrem Kind jedesmal einen Punkt, wenn es ein Gefühl richtig erraten hat. Dann soll Ihr Kind einen anderen Satz fünfmal sprechen und dabei mit der Stimme unterschiedliche Gefühle vermitteln. Wieder erhält es für jeden erfolgreichen Versuch einen Punkt.

Sich mit Gefühlen abbilden (fünf bis zwölf Jahre)
Bei dieser Beschäftigung lernen Kinder, ihre eigenen Gefühle zu erforschen und sie mit Miene und Körper auszudrücken, indem Sie ein Lexikon des nonverbalen Ausdrucks von Gefühlen anlegen. Eine Sofortbildkamera ist hierfür nötig. Sie benötigen auch einzelne Papierblätter und einen Hefter.

Zuerst fordern Sie Ihr Kind auf, ein Gesicht zu machen, das ein bestimmtes Gefühl ausdrückt. Wenn es hierbei Schwierigkeiten hat, kann es sich etwas vorstellen, das in ihm das spezielle Gefühl hervorruft (etwa: «Du wirst doch immer ganz wütend, wenn Tommy dich ärgert, nicht wahr? Was glaubst du, wie du dann aussiehst?»). Einige Kinder haben hiermit immer noch Schwierigkeiten. Sie glauben vielleicht, daß sie wütend aussehen, was man aber nicht erkennt. Ist dies der Fall, bitten Sie Ihr Kind, sich im Spiegel anzusehen, und formen Sie buchstäblich mit Ihren Fingern sein Gesicht, beziehungsweise geben Sie ihm Anweisungen. (Fordern Sie es auf, die Lider zu senken, die Nase zu kräuseln und so weiter.) Nun nehmen Sie ihm den Spiegel fort und machen ein Foto. Heften Sie das Foto in die Mappe, und bitten Sie Ihr Kind, alle Gelegenheiten aufzuschreiben, bei denen es dieses besondere Gefühl hatte.

Nun wiederholen Sie den Prozeß. Fotografieren Sie Ihr Kind in der Körperhaltung, die dieses Gefühl ausdrückt. Wieder können Sie buchstäblich seinen Körper zurechtrücken, um ihm zu vermitteln, wie Körperhaltungen sich bei unterschiedlichen Gefühlen verändern. Wenn Sie subtilere Gefühle wie Zuneigung,

Eifersucht oder Stolz zeigen wollen, beziehen Sie noch andere Kinder in die Bilder ein.

Reservieren Sie für jedes Gefühl in der Mappe einen Abschnitt. Benutzen Sie sie regelmäßig als eine Art Tagebuch, in dem Ihre Kinder Ihre Gefühle festhalten können. Sie notieren, wann und warum sie diese Gefühle hatten und wie sie mit problematischen Gefühlen umgehen können.

EQ-Punkte, die man sich merken sollte

- Helfen Sie Ihrem Kind, Nuancen emotionaler Kommunikation zu verstehen, indem Sie ihm beibringen, die nonverbale Sprache der Emotionen zu entziffern.
- Emotionale Kommunikation beinhaltet das Bewußtsein von nonverbalem Verhalten bei anderen (Gestik, Körpersprache, Gesichtsausdruck, Stimmklang und so weiter) wie auch von der eigenen nonverbalen Kommunikation. Bereits ein schlichter Hinweis auf die Körperhaltung Ihres Kindes, wenn es am Schreibtisch sitzt, kann dazu führen, daß seine Lehrer einen viel besseren Eindruck von ihm erhalten.
- Emotionale Kommunikation vollzieht sich auch durch die Art zu sprechen. Einige Kinder brauchen mehr Hilfe als andere, um zu verstehen, wie Emotionen durch den Tonfall der Stimme, die Sprechgeschwindigkeit und so weiter vermittelt werden.

KAPITEL 22

Emotionale Kontrolle

Zu Beginn des Jahrhunderts ging Sigmund Freud davon aus, daß das Erlernen von Selbstbeherrschung, also emotionaler Kontrolle, der Maßstab der Persönlichkeitsentwicklung sei, der den zivilisierten Menschen definiere. Freud glaubte, daß die Persönlichkeit eines sich entwickelnden Kindes durch zwei mächtige Kräfte geformt werde: das Streben nach Lust und die Vermeidung von Schmerz und Unbehagen. Diese elementaren Lebenstriebe, dargestellt durch ein theoretisches Konstrukt, das er das Es nannte, seien von einer moralischen Instanz, dem Über-Ich, kontrolliert, die in Wirklichkeit die Verinnerlichung elterlicher Autorität sei. Wenn die Es-Impulse eines Kindes ihm den Anstoß gäben, sich aus dem Schrank Süßigkeiten zu holen, so erinnere das Über-Ich es daran, daß es falsch sei, sich unerlaubt Dinge zu nehmen. Wenn es dennoch die Süßigkeit nehme, bestrafe das Über-Ich es mit Schuldgefühlen wegen seiner Handlung, die sich auf unzählige Arten manifestieren könnten, unter anderem in Alpträumen, psychosomatischen Krankheiten, Panikanfällen und so weiter. Aber trotzdem wolle das Kind die Süßigkeit!

Um zwischen seinen Impulsen und der Strafandrohung zu vermitteln, so postulierte Freud, entwickele das Kind ein Ego, einen Mittelsmann oder emotionalen Manager. Das Ego werde zu der sich entwickelnden Stimme der Vernunft des Kindes, einer adaptiven Kraft, die es ihm erlaube, das Erwünschte auf eine sozial angemessene Art zu erhalten, die weder gegen die Außen- noch gegen seine Innenwelt der Regeln und Sanktionen verstoße. Um seine Süßigkeit zu bekommen, könne das Kind bis zum Abendessen warten und es sich zum Nachtisch wünschen; eine unverlangte

Hausarbeit verrichten und hoffen, daß es sie dafür zur Belohnung erhalte; oder einfach um das Gewünschte bitten und seinen Eltern klarmachen, daß eine Süßigkeit ihm mehr Schwung für den Tag gebe. Freud glaubte, daß ein Kind, je deutlicher es sich seiner verschiedenen Optionen bewußt sei und sie abwägen könne, desto wahrscheinlicher seine Ziele durch Kompromisse erreiche.

Therapeuten und Sozialpädagogen, die Kindern bei der Entwicklung emotionaler Kontrolle helfen, behandeln sie auch heute noch auf der Basis dieser Annahmen. Sie gehen davon aus, daß man, um einem Kind bei der Zügelung seiner unbewußten Leidenschaften zu helfen, seine Ego-Kontrollmechanismen entwickeln soll, unter anderem Einsichts-, Planungsfähigkeit, Aufschub der Befriedigung und ein Bewußtsein von anderen. Aus unserer Sicht der emotionalen Intelligenz und Neuroanatomie sind diese Techniken immer noch zur Vermittlung emotionaler Kontrolle angemessen, aber wir haben ein weit komplexeres Verständnis dessen entwickelt, wie sich unsere Emotionen entwickeln und warum diese Techniken funktionieren.

Die Neurowissenschaft der emotionalen Kontrolle

Neurowissenschaftler glauben gegenwärtig, daß unsere Emotionen durch ein blitzschnelles Kommunikationssystem im Gehirn übertragen und kontrolliert werden, das durch den Thalamus, den Mandelkern und die Frontallappen der Hirnrinde dominiert wird. Unterstützt wird es von einer Vielfalt anderer Hirnstrukturen und Drüsen, die über biochemische Botenstoffe Informationen an den Körper leiten. In ihrem Buch *The 3-Pound Universe* vergleichen Judith Hooper und Dick Jerisi den Thalamus mit dem Flugkontrollzentrum eines Flughafens. Sie schreiben: «Kein Signal aus den Augen, Ohren oder anderen Sinnesorganen kann die Hirnrinde erreichen, ohne durch den Thalamus hindurchzugehen.» Sinnlicher «Input», ob durch eine barsche Stimme oder die eines attraktiven Liebhabers, wird vom Thalamus in verschiedene Bereiche unseres höheren Gehirnzentrums, der Hirnrinde, geleitet, wo wir ihm eine Bedeutung zuordnen. Die Frontallappen der Hirnrinde scheinen bei der emotionalen Kontrolle besonders wichtig zu sein, und viele Wissenschaftler glauben, daß dies der Sitz der Selbst-Wahrnehmung, des Selbstbewußtseins, sei.

Aber nicht die gesamte Information geht vom Thalamus direkt an den denkenden Teil des Gehirns. Ein Teil geht auch zum Mandelkern, dem Manager des emotionalen Gehirns. Der Mandelkern entziffert verschiedene Sinnesreize, reagiert darauf viel schneller (und weniger präzise) als die Hirnrinde und kann eine emotionale Reaktion auslösen, lange bevor der denkende Teil begriffen hat, was zu tun ist.

In emotional extremen Situationen, etwa wenn ein Kind mit dem wilden Gebell eines wütenden Hundes konfrontiert wird oder bei Prüfungsstreß, aktiviert der Mandelkern einen Nerv zur Nebenniere, die die Hormone Adrenalin und Noradrenalin ausschüttet, um den Körper in Alarmzustand zu versetzen. Diese Hormone aktivieren wiederum den Vagus, der Signale an den Mandelkern zurücksendet.

Der Mandelkern ist zu emotionalem Lernen und emotionalem Gedächtnis befähigt, was völlig vom bewußten Lernen und der Erinnerung, die sich in der Hirnrinde abspielt, abgetrennt sein kann. Neurowissenschaftler wie Joseph LeDoux glauben, daß das emotionale Gedächtnis des Gehirns, das sich von dem bekannteren kognitiven Gedächtnis unterscheidet, der Grund dafür sein kann, daß Kindheitstraumata uns als Erwachsene beeinflussen, auch wenn wir uns bewußt nicht an sie erinnern können. Emotionale Erinnerungen, wie das Gefühl der Verlassenheit, als auf unsere Schreie nicht schnell genug eingegangen wurde, werden im Mandelkern aufbewahrt – ohne den Vorteil der Worte oder auch nur bewußter Bilder –, und doch können sie immer noch bei unseren Gefühlen und Handlungen eine bedeutsame Rolle spielen.

Das Verständnis der neuroanatomischen Aspekte von Gefühlen läßt uns erkennen, daß es tatsächlich zwei Systeme gibt, nach denen Kinder emotionale Kontrolle erlernen. Obwohl Freuds Theorie sein intuitives Verständnis dessen wiedergab, wie der denkende Teil des Gehirns mit Emotionen umgeht, erkannte er nicht die Bedeutung des emotionalen Gehirns, das den denkenden Teil völlig umgehen kann. Wenn wir also die von Freud so genannte Ichstärke eines Kindes stimulieren, aktivieren wir in Wirklichkeit kortikale (denkende) Hirnfunktionen, vernachlässigen aber das komplexe System des emotionalen Gehirns, das eine viel wichtigere Rolle im Umgang mit starken Emotionen spielt.

Im Hinblick auf die Vermittlung emotionaler Kontrolle impliziert dies, daß es eindeutig nicht ausreicht, mit Kindern zu sprechen, um ihre Einsicht in ihre Gefühle zu entwickeln – ob bei einer Familienzusammenkunft, im Büro des Schulleiters oder in einer Therapiesitzung.

Sprechen beeinflußt die Kontrollzentren im denkenden Teil des Gehirns, hat aber relativ wenig Auswirkung auf die emotionale Kontrolle. Eltern wissen intuitiv, daß dies stimmt. Haben Sie schon mal versucht, Ihrem Kind die Angst vor der Spritze beim Arzt auszureden? Haben Sie schon mal versucht, einer Pubertierenden zu erklären, daß der kurz vor der Verabredung aufgeflammte Hautausschlag nicht schlimm sei und es auf äußere Schönheit schließlich nicht ankomme? Oder haben Sie schon mal versucht, einem Erwachsenen, der eine Todesangst vor dem Fliegen hat, zu erklären, Fliegen sei sicherer als Autofahren? Aus diesen und zahllosen anderen Beispielen wissen wir, daß die Vernunft scheitert, wenn die Emotionen toben.

Um Kindern bei der emotionalen Kontrolle zu helfen, müssen wir Feuer mit Feuer bekämpfen, auf Gefühlen basierende Lösungen für emotionale Probleme anbieten. Wir müssen das emotionale ebenso wie das denkende Gehirn trainieren.

Wie Sie Ihr Kind emotionale Kontrolle lehren

Fraglos steht das häufigste emotionale Problem, dem Kinder heute ausgesetzt sind, im Zusammenhang mit Wutkontrolle. Schätzungsweise 40 bis 50 Prozent aller klinischen Überweisungen beziehen sich auf zornige, aggressive oder in Opposition befindliche Kinder. Seitenlang könnten wir darüber spekulieren, warum Kinder offenbar mehr Probleme damit haben, ihre Wut zu kontrollieren, als jemals zuvor. Aber die wirkliche Frage lautet, wie wir ihnen helfen können, ihre «wütenden Monster» zu zähmen. Die Antwort lautet: emotionale Umerziehung. Ein Beispiel hierfür ist ein hitziges *Bleib-ruhig*-Spiel in meinem Büro, eine Variante von Mikado.

Sam konzentrierte sich mit ganzer Kraft. Mit leicht zitternder Hand griff er nach dem roten Stab direkt unter dem grünen. Wenn er den roten Stab nur ein paar Millimeter bewegen könnte, ohne den gelben zu bewegen, dann hätte er ihn draußen.

Dann pustete Peter in Sams Ohr. Er machte Geräusche wie eine Ente. Dann fing er an, ihn als «Furzgesicht», «Arschgesicht» und «Stinkatem» zu beschimpfen.

Aber Sam ignorierte seinen Bruder, atmete tief und langsam, hielt seine Muskeln locker und die Augen auf die Aufgabe gerichtet. Er wußte, daß er die Mätzchen seines Bruders nicht beachten durfte, wenn er dieses Spiel gewinnen wollte. «Konzentrier dich», sagte er zu sich, «nimm einen Stab auf und dann den anderen. Achte auf nichts anderes als auf das, was vor dir liegt.» Und er nahm den roten Stab auf, ohne die anderen zu bewegen.

Sam und Peter spielten in meinem Büro das *Bleib-ruhig*-Spiel, um sich gegen Frotzeleien zu wappnen. Bei Mikado nimmt normalerweise jeder Spieler einen Stab aus einem Stapel, ohne einen anderen dabei bewegen zu dürfen. Es ist ein einfaches Spiel, das Konzentration und feinmotorische Koordination erfordert. Aber bei diesem EQ-Spiel, das emotionale Selbstbeherrschung vermitteln soll, durfte Peter Sam auf jede erdenkliche Art ärgern (außer ihn berühren), während Sam die Stäbe aufzuheben versuchte. Jeder Spieler bekam für jeden aufgenommenen Stab einen Punkt und zwei Punkte, wenn er keine Reaktion auf das Ärgern zeigte.

Spiele wie *Bleib ruhig* helfen auf dem Weg zur emotionalen Kontrolle. Emotionale Erziehung, oder was einige Pädagogen emotionale Bildung nennen, muß sich sowohl an den emotionalen wie an den denkenden Teil des Gehirns richten. Es reicht nicht, daß Kinder über ihre möglichen Reaktionsweisen auf Ärger sprechen, sie müssen richtig üben, ihren Zorn zu kontrollieren, wenn sie geärgert werden.

Wie wir zuvor gesehen haben, ist unsere nonverbale emotionale Kommunikation bedeutsamer als das, was wir sprechen. Wir müssen unsere Kinder darin trainieren, die ersten körperlichen Anzeichen für ihre emotionalen Reaktionen zu erkennen, damit sie Selbstkontrolle lernen. Wenn Ihr Kind wütend wird, rötet sich sein Gesicht, spannt sich sein Körper an, und es gerät in einen Zustand extremer Alarmbereitschaft, erkennbar an Körperhaltung,

Gesichtsausdruck und Gestik. Erfolgreiches Training der Wutbeherrschung lehrt Ihre Kinder, sich ihrer körperlichen Veränderungen bewußt zu sein und beruhigend darauf zu reagieren: tief durchzuatmen oder sich abzulenken, indem sie beispielsweise rückwärts zählen. Sie können dieses Training in Rollenspielen wie *Bleib ruhig* durchführen, in denen Ihre Kinder Situationen ausgesetzt sind, die sie eigentlich zornig machen, und in denen sie stattdessen Selbstberuhigungstechniken anwenden.

Diese Szenen auf Video aufzunehmen ist eine besonders wirkungsvolle Art, emotionale Kontrolle zu bestärken. Wir wissen seit langem, daß Kinder negative Verhaltensweisen, die sie im Fernsehen oder Kino sehen, imitieren, aber es gibt auch Hinweise, daß sie unbewußt ebenfalls positive Bilder nachahmen. Haben Ihre Kinder erfolgreich mit Selbstbeherrschung auf Provokationen reagiert, lassen Sie sie anschließend ihre Reaktion auf dem Bildschirm beobachten. Wenn sie sich dabei zusehen, wie sie verbale Hänseleien ignorieren und mit einer entspannten Haltung reagieren statt mit einer Kampfreaktion, bekommen sie einen positiven visuellen Eindruck davon, wie sie aussehen, wenn sie erfolgreich ihre Emotionen kontrollieren. Sehen sie sich ein solches Videoband zur Verstärkung ihrer emotionalen Kontrolle wiederholt an, besonders in Ihrer Gegenwart oder im Beisein anderer wichtiger Menschen, kann diese EQ-Übung extrem wirkungsvoll sein.

Sie können dem emotionalen Gehirn auch Selbstkontrolle beibringen, indem Sie Ihre Kinder Erfahrungen machen lassen, die positive emotionale Reaktionen hervorrufen. Programme körperlicher Herausforderung, wo Jugendliche zu vielfältigen riskanten Aktivitäten ermutigt werden (bei denen Sicherheit garantiert ist), haben sich zur Vertrauensbildung und Gruppenunterstützung aggressiver und straffällig gewordener Jugendlicher sehr bewährt. An einem solchen Programmtag könnten größere Kinder und Teenager aufgefordert werden, an die Spitze eines sieben Meter hohen Pfahles zu klettern, dort angekommen, auf einem Fuß zu balancieren oder sich an einem Seil von einem hohen Baum zu einem anderen zu schwingen. Während sie diese todesmutigen Stunts aufführen, sind sie durch Sicherheitsanzüge geschützt. Ausgebildete unterstützende Sozialpädagogen leiten sie bei der Bewältigung dieser körperlichen Anforderung an. Diese Art der Erfahrung könnte man «positives Trauma» nennen, da sich dem emotionalen Gehirn des Teenagers das Gefühl einprägt, daß er anderen vertrauen und in der Gruppe zusammenarbeiten kann, während seine elementarsten Überlebensgefühle geweckt werden.

Andere, direktere Techniken vermitteln Kindern und Jugendlichen, wie sie ihre Emotionen durch den Einsatz neuer kognitiver Fähigkeiten kontrollieren können. Beispielsweise lernen Kinder in vielen Schulen im ganzen Land Konfliktlösungsfähigkeiten, zum Beispiel zu verhandeln und zwischen Gleichaltrigen zu vermitteln, um der zunehmenden Aggressionswelle zwischen Schülern und Lehrern beziehungsweise unter den Schülern Herr zu werden. Ähnliche Programme stellt man auch Familien vor als Möglichkeit zur Verminderung von Geschwisterstreitigkeiten oder Eltern-Kind-Konflikten.

In fünf Stufen lernen Kinder zu verhandeln, anstatt zu kämpfen:

1. Die Kinder sollten einander gegenübersitzen und zur Zusammenarbeit bei einer Konfliktlösung bereit sein. Sie sollten sich damit einverstanden erklären, die Meinung des anderen zu akzeptieren und ihn nicht zu beschimpfen oder zu demütigen.
2. Jeder sollte seinen Standpunkt darlegen (was er will und warum) und danach auch den Standpunkt des anderen. Erfolgreiche Verhandlung kann nur stattfinden, wenn man sich einig ist, daß jeder ein Recht auf seinen eigenen Standpunkt hat.
3. Der wichtigste Aspekt beim Verhandeln ist, daß man Lösungen findet, bei denen beide Seiten gewinnen. Beide Kinder sollten sich auf mindestens drei mögliche Lösungen einigen, die zwar Kompromisse sind, aber jedem Kind etwas Wichtiges zusprechen.
4. Die beiden Kinder bewerten dann jede Option. An dieser Stelle sind sie auf derselben Seite und suchen nach einem für beide zufriedenstellenden Ergebnis.
5. Schließlich sollten die Kinder eine Übereinkunft oder einen Handlungsplan ausarbeiten, um die beste Lösung umzusetzen. Diese Übereinkunft sollte im Detail die Durchführung der Lösung, das «Wer, was, wann, wo und wie», festlegen.

Da sich Kinder und Teenager bei der selbständigen Durchführung einer solchen Verhandlung schwertun können, bilden Konfliktlösungsprogramme oft Schüler als Vermittler zwischen Gleichaltrigen aus. Diese Peer-Vermittler setzen in der Regel viel effektiver als Erwachsene durch, daß Kinder die Regeln einhalten und zu einer Übereinkunft finden. Bereits neun- oder zehnjährige Kinder können zu effektiven Vermittlern ausgebildet werden. Erstaunlicherweise haben viele Programme gezeigt, daß Jugendliche, die sich zuvor nur schlecht beherrschen konnten und häufig Ärger bekamen, zu äußerst effektiven Vermittlern ausgebildet werden konnten. Durch diese neue Rolle verbesserte sich auch ihr eigenes Verhalten dramatisch.

EQ-Punkte, die man sich merken sollte

- Emotionale Kontrolle, besonders die Beherrschung von Wut und Aggressivität, ist eines der häufigsten emotionalen Probleme, denen heutige Kinder ausgesetzt sind.
- Aus evolutionärer Sicht hat unsere Fähigkeit, schnell zornig zu werden und wild zu kämpfen, unser Überleben als Spezies sichergestellt. Aber in einer Zeit, da 105 000 Kinder in den USA täglich Pistolen mit in die Schule bringen, ist es zu einer gefährlichen emotionalen Alternative geworden, wütend zu werden und dies auszudrücken.
- Es gibt viele Arten, wie man den denkenden Teil des Gehirns, den Neokortex, dazu anregen kann, daß Kinder ihre Wut einschränken und kontrollieren.
- Konfliktlösungstechniken vermitteln Fähigkeiten wie Verhandeln und Vermitteln und sollten zur Erziehung eines jeden Kindes dazugehören.

KAPITEL 23

Emotionale Geist- und Körperheilung

Der vielleicht bedeutsamste Durchbruch im Bereich der emotionalen Intelligenz leitet sich von einem neuen Verständnis der heilenden Kraft unseres emotionalen Gehirns ab. Diese Techniken unterscheiden sich sehr von den «Sprechtherapien», die Kindern und Jugendlichen Einsichten in ihre Probleme vermitteln wollen. Sie sehen die ernsteren emotionalen Probleme von Kindern aus biochemischer Sicht. Beispielsweise hat Megan Gunmar, ein Experte für Entwicklungspsychobiologie von der University of Minnesota, nachgewiesen, daß der Körper zusätzlich zu den Körperreaktionen auf ein Trauma, wie Anstieg des Blutdrucks und beschleunigter Herzschlag, eine riesige Menge des Hormons Kortisol freisetzt, das normalerweise Gefahr signalisiert. Zuviel Kortisol kann zu vorübergehenden und sogar dauerhaften Schäden an einem Teil des emotionalen Gehirns, dem Hippocampus, führen und Erinnerungslücken, Angstgefühle und die Unfähigkeit, emotionale Ausbrüche zu kontrollieren, nach sich ziehen.

Noch beunruhigender ist der Nachweis, daß Kinder, die einem andauernden Trauma ausgesetzt sind, wie Mißbrauch oder Vernachlässigung, einen dauerhaften Schaden in dem Teil des Gehirns erleiden, in dem die Problemlösung stattfindet und Sprache sich entwickelt. Der Psychiater Bruce Perry fand bei einer Gruppe vernachlässigter Kinder heraus, daß gewisse kortikale Bereiche bei ihnen im Durchschnitt um 20 Prozent kleiner waren als die von Kindern in einer Kontrollgruppe. Ein verkleinerter Hirnrindenbereich aber führt zu einem geringeren IQ wie auch EQ.

Neuere Techniken lassen vermuten, daß die von einem Trauma ausgelösten chemischen Hirnprozesse durch relativ einfache Eingriffe verändert werden können. Traditionell bestand die Behandlung eines traumatisierten kleinen Kindes aus Spieltherapie. Während das Kind spielte, beobachtete der Therapeut es geduldig und reflektierte die Wahl der Gegenstände und die Art, wie das Kind sie benutzte. Man nahm an, daß die Kinder in ihrem Spiel Aspekte des Traumas reinszenierten. Dadurch war ihnen möglich, Kontrolle über die schmerzhaften emotionalen Erfahrungen zu erlangen, während das kognitive Gehirn den störenden Eindrücken Worte und Bedeutung zuordnete und das Kind eine gewisse psychische Distanz zu dem ursprünglichen Trauma gewann. Kinder über zehn oder elf Jahren, die möglicherweise zu alt sind, um sich durch Spielen auszudrücken, profitierten von einer direkteren Beziehung zu dem Therapeuten, der eine liebevolle Atmosphäre herstellte, in der die älteren Kinder und Jugendlichen allmählich wieder Vertrauen lernen konnten.

Doch obwohl sich diese Methoden für viele Kinder und Jugendliche als erfolgreich erwiesen haben, steht diese Art der Spieltherapie nur einer Handvoll Kinder und Jugendlichen zur Verfügung. Nur ungefähr 20 Prozent der Kinder, die von dieser Therapieform profitieren könnten, können die Hilfe bekommen, die sie brauchen. Spieltherapie wird normalerweise von Therapeuten mit langjähriger Ausbildung durchgeführt, und die Therapie selbst kann von sechs Monaten bis zu mehreren Jahren dauern.

In den letzten Jahren wurden kognitive und Verhaltenstechniken angewandt, einschließlich vieler «denkender» EQ-Fähigkeiten, wie sie in Teil III dieses Buches beschrieben sind, um Kindern nach verschiedenen traumatischen Erfahrungen zu helfen. Diese Techniken verringern anscheinend die emotionale Wucht des Traumas. Gleichzeitig geben sie den Kindern die Möglichkeit, ihre Gefühle auf eine Weise zu organisieren, die der denkende Teil ihres Gehirns kontrollieren kann.

Therapeutische Spiele sind besonders erfolgreich, wenn der denkende Gehirnteil angeregt wird, mit dem emotionalen Trauma umzugehen. Beispielsweise entwickelte Toni Cavanaugh

Johnson, ein auf die Behandlung mißbrauchter Kinder spezialisierter Psychologe, ein Kartenspiel namens *Sprechen wir über Berührungen.* Es wird bei Kindern eingesetzt, die Opfer sexuellen Mißbrauchs sind, und hat das Format eines einfachen Kartenspiels. Kinder beantworten damit direkte Fragen über ihre gegenwärtigen Gefühle und das erlittene Trauma und lernen, wie sie damit umgehen und dafür sorgen können, daß diese Ereignisse sich nicht wiederholen. Ein so offener und direkter Ansatz überrascht und schockiert sogar viele Erwachsene, aber Kinder scheinen sich von diesen und anderen Spielen angezogen zu fühlen. Offen und ohne Scham über das Trauma zu sprechen kann das Kind dem Trauma gegenüber desensibilisieren. Es stimuliert Veränderungen im denkenden Gehirn, so daß es die traumatischen emotionalen Erinnerungen besser organisieren und damit entschärfen kann.

Die Spielstruktur ist wegen der im Spiel enthaltenen Wiederholung zur emotionalen Heilung gut geeignet. Therapeutische Spiele dieses Typs werden derzeit in von Krieg betroffenen Ländern wie Bosnien, Kuwait und Südafrika eingesetzt, damit Kinder besser mit der Gewalt der Vergangenheit und den Unsicherheiten der Zukunft umgehen können.

Wie Sie Ihrem Kind helfen, mit einem Trauma fertig zu werden

Es besteht zwar allgemeiner Konsens, daß alle Kinder, die ein schlimmes Trauma erfahren, an sofortige professionelle Hilfe verwiesen werden, doch ist es oft schwer zu entscheiden, was ein «schlimmes» Trauma für ein Kind darstellt. Einige Kinder sind durch einzelne Erlebnisse traumatisiert, etwa wenn sie Zeugen von Gewalttätigkeiten werden, durch Wirbelsturm, Überflutung, Feuer oder Erdbeben ihr Haus verlieren, durch den Tod eines Familienmitglieds oder durch einen Krankenhausaufenthalt. Andere leben in Kriegsgebieten, sind täglichen Bombardierungen und Entbehrungen ausgeliefert und wirken doch relativ unverwüstlich. Die meisten Psychotherapeuten stimmen darin überein, daß sexuell mißbrauchte oder körperlich mißhandelte Kinder immer professionelle Hilfe erhalten sollten.

Wenn Ihr Kind einem traumatischen Ereignis ausgesetzt war, ist es notwendig, das Ausmaß des emotionalen Schadens einzuschätzen und seine natürlichen Verteidigungsmechanismen anzuregen. Ersteres erreichen Sie mittels einer ersten Symptome-Checkliste wie in der folgenden Tabelle. Wenn auch nur ein Symptom noch über einen Monat nach dem Trauma weiterhin besteht, sollten Sie professionellen Rat suchen.

Symptome-Checkliste für traumatisierte Kinder

- Das Kind drückt Ängste und Sorgen aus, die vor dem Trauma nicht existierten, oder es drückt Ängste und Sorgen ohne offensichtlichen Grund aus.
- Das Kind zieht sich von anderen Menschen zurück und zeigt deutliche Anzeichen von Mißtrauen.
- Das Kind zeigt Wut und Aggressivität in einem Ausmaß, das vor dem Trauma nicht festzustellen war.
- Das Kind zeigt ungewöhnliche oder seltsame Verhaltensweisen, unter anderem Ticks, Stottern oder auffällige Eigenheiten.
- Das Kind zeigt ständige Anzeichen von Depression, darunter Traurigkeit, Lethargie, Reizbarkeit und Überaktivität (manchmal stellen depressive Kinder die gegenteiligen Anzeichen dessen zur Schau, was wir bei depressiven Erwachsenen sehen).
- Das Kind äußert Schuldgefühle und Selbstvorwürfe.
- Das Kind hat starke körperliche Beschwerden, etwa ständige Magen-, Kopfschmerzen, und berichtet von unerklärbaren Schmerzen.
- Das Kind interessiert sich plötzlich nicht mehr für Schule und Schularbeit.
- Das Kind zeigt starke Veränderungen seiner Schlaf- und Eßgewohnheiten.
- Das Kind wird selbstzerstörerisch und/oder neigt zu Unfällen.
- Das Kind benimmt sich «babyhaft» und äußert den Wunsch, als Baby behandelt zu werden.

Die neuen Möglichkeiten, traumatisierte Kinder durch die Stimulation des denkenden Teils des Gehirns zu behandeln, lassen vermuten, daß wir die langfristigen Auswirkungen von Traumata reduzieren können, wenn wir unmittelbar nach dem Ereignis und wenigstens während eines mehrwöchigen Zeitraums im Anschluß eingreifen. Folgende Techniken können Sie leicht durchführen:

- Lassen Sie Ihr Kind über das sprechen, was geschehen ist. Vielleicht meinen Sie, daß Sie es nach einem Trauma in Ruhe lassen sollten, besonders wenn es offenbar nicht aufgewühlt wirkt. Aber die Ruhe, die man manchmal bei Kindern nach einem Trauma beobachten kann, ist in Wirklichkeit eine Art Schock. Hinter ihrem sanften Äußeren können sie sich in emotionaler Alarmbereitschaft befinden. Bringt man Kinder dazu, die Erfahrung zu beschreiben und ihre Gefühle zu benennen, mag sie das anfangs stärker aufregen, aber langfristig können sie besser damit fertig werden und die Gefahr verringern, traumabezogene Symptome zu entwickeln.
- Lassen Sie Ihr Kind positive Äußerungen wiederholen, die seinen Glauben bestärken, daß es das Trauma überlebt hat und mit den Nachwirkungen umgehen kann, wie etwa:

  Mir geht es gut, und ich habe keinen Schaden erlitten durch . . . (das Trauma).

  Mein Leben geht trotz . . . (des Traumas) *weiter.*

  Ich kann, wenn nötig, Hilfe von Menschen bekommen, denen ich wichtig bin.
- Helfen Sie Ihrem Kind, sich mittels eines täglichen «Körper-Scannings» Anzeichen körperlichen Leidens bewußtzumachen. Es soll seinen Körper von Kopf bis Fuß mit dem geistigen Auge überprüfen und sich der Spannung in Nacken, Schultern, Armen, Rumpf und Beinen bewußt werden.
- Ermutigen Sie Ihr Kind, täglich Entspannungsübungen durchzuführen (beschrieben auf Seite 257f.). Das ist besonders wichtig, wenn es über Streß, Spannung und Kummer berichtet, aber auch für die Entwicklung biochemischer Stoffe, die im Zusammenhang mit emotionaler Heilung stehen. Eine Verordnung von täglich 15 bis 20 Minuten Entspannungsübungen, unter Anleitung eines liebevollen Erwachsenen, können der beste Weg sein, um zukünftige Probleme zu lindern.

Psychoneuroimmunologie: ein emotionaler Ansatz, mit dem der Körper Ihres Kindes heute und in Zukunft geheilt werden kann

Kein Aspekt der emotionalen Intelligenz ist aufregender als die gegenwärtige rege Forschung, die zeigt, wie wir unseren Geist trainieren können, um Krankheit zu verhindern und zu überwinden. Dutzende von Untersuchungen wie auch Hunderte von Fallbeispielen zeigen, daß emotionale und soziale Fähigkeiten wichtige Faktoren sogar im Kampf gegen lebensbedrohliche Krankheiten wie Krebs und Herzerkrankungen sind. Wenn diese Forschungsergebnisse sich auch nur teilweise als wahr herausstellen, wäre es unverantwortlich, wenn wir unseren Kindern nicht die EQ-Fähigkeiten beibrächten, die eines Tages ihr Leben verlängern könnten.

Dieses neue Forschungsfeld über die Heilkraft von Emotionen wird als Psychoneuroimmunologie (PNI) bezeichnet. Dieser Begriff bezieht sich auf die Untersuchung der Verbindung zwischen der Psyche und den Emotionen, dem zentralen Nervensystem, dem autonomen Nervensystem und dem Immunsystem. Die Grundannahme dieser Forschung lautet, daß die Psyche chemische Stoffe produzieren kann, die den Körper vor Krankheit schützen und die in einigen Fällen sogar den Krankheitsprozeß rückgängig machen können.

Zum besseren Verständnis der Implikationen dieser neuen Wissenschaft geben wir zuerst unsere Vorstellung von «Geist» und «Körper» auf und stellen sie uns einfach als ein neurologisches System vor. Das Nervensystem besteht nicht nur aus dem Gehirn, sondern auch aus dem Rückenmark, den Nerven und Ganglien. Dieses System kann weiter in das zentrale, das periphere und das autonome System unterteilt werden. Wir wissen von diesem «Hard-wired»-System seit Beginn der modernen Medizin, aber erst seit etwas mehr als einem Jahrzehnt verstehen wir, daß es auch ein «Soft-wired»-System gibt, welches der Neurowissenschaftler Candace Pert, ein Pionier in diesem Bereich, ein «psychosomatisches Kommunikationsnetzwerk» nennt, das bei der emotionalen Intelligenz eine wichtige Rolle spielt.

Dieses chemische System, das aus Neuropeptiden (Aminosäureketten) und ihren Rezeptoren besteht, ist theoretisch die biochemische Entsprechung zu Emotionen. Laut Pert findet man diese Peptide und Rezeptoren in den Teilen des Gehirns, die mit der Emotion verbunden sind; sie werden von dem Gehirn ausgesandt werden, um dem Körper Reaktionsanweisungen zu geben.

Pert bemerkt, daß jedes Peptid wie ein Baustein ist, «der im Keller eines Hauses oder im Dachgeschoß benutzt werden kann – an verschiedenen Stellen erfüllt er verschiedene Funktionen, aber es ist immer derselbe Stein». Ein einziges Peptid koordiniert jede Körperfunktion, die geeignet ist, dieses eine Bedürfnis zu erfüllen; wie im Fall von Angiotensin, das den Organismus in jeder Hinsicht auf die Beschaffung und Speicherung von Wasser einstellt.

Die Entdeckung dieses Systems emotionaler biochemischer Stoffe aus 50 bis 60 Neuropeptiden und ihren Rezeptorstellen hat faszinierende Auswirkungen auf die Gesundheitsvorsorge und sogar auf die Heilung. Wenngleich über die exakten Mechanismen der Wirkweise dieser biochemischen Emotionsboten immer noch spekuliert wird, könnten die Implikationen in unserem westlichen Verständnis von Gesundheit eine Revolution auslösen.

Neurowissenschaftler sind überrascht, daß viele der von mir angesprochenen EQ-Fähigkeiten nicht nur feststellbar ein Kind unmittelbar glücklicher und erfolgreicher machen, sondern auch subtile biochemische Wirkungen mit signifikanten langfristigen Auswirkungen haben. Nehmen Sie beispielsweise die EQ-Fähigkeit Humor und seine Bedeutung für den sozialen Erfolg des Kindes. Wissenschaftler stellen nun fest, daß Humor auch eine wichtige Rolle für das Immunsystem spielt und für das Wohlbefinden vielleicht jedem Kind verordnet werden sollte.

Auch wenn es nicht überrascht, daß Humor ein natürlicher Streßverminderer ist und Muskeln entspannt, unser Schmerzempfinden herabsetzt und den Blutdruck senkt, sind die biochemischen Veränderungen, die wir beim Lachen erfahren, doch durchaus erstaunlich. In Laborexperimenten, bei denen Wissenschaftler Versuchspersonen Witze erzählten und ihnen lustige Videos zeigten, ergab eine Untersuchung, daß die streßassoziierten Hormone reduziert und wichtige Aspekte des Immunsystems verstärkt wurden. Tatsächlich waren die Reaktionen des Immunsystems auf Humor, darunter einige auch einen Tag später noch meßbar, besonders eindrucksvoll.

Man verzeichnete Anstieg bei
- den natürlichen Killerzellen, die Viren und Tumore angreifen,
- T-Zellen, die das Körperimmunsystem aufbauen,
- dem Antikörper Immunglobulin A, das Atemwegsinfektionen bekämpft,
- Gamma-Interferon, einem Hormon, das das Immunsystem aktiviert, Viren bekämpft und Zellwachstum reguliert,
- B-Zellen, die Antikörper gegen schädliche Mikroorganismen produzieren.

Eine Folge dieser Erkenntnisse könnte sein, daß in den geheiligten Hallen der Medizin bald schon Gekicher, Gelächter und Gejohle widerhallen werden. Auf dem Gelände des Morton Plant Hospital in Clearwater, Florida, befindet sich eine Clownschule, und die Studenten laufen dort durch die Flure auf der Suche nach einem Spaß. Im Fox Chase Cancer Center in Philadelphia schiebt ein Freiwilliger einen «Humorwagen» umher, auf dem vorn ein zwei Meter großer Clown sitzt. Er teilt komische Filme, Spritzpistolen und Quietschkissen aus. Viele pädiatrische Einrichtungen im ganzen Land bieten häufige Besuche von Clowns und anderen Komikern an, da sie erkennen, daß Lachen und Frohsinn eine echte Medizin sein können. Dr. Lee Berk, ein berühmter Humor- und Gesundheitsexperte, bemerkt: «Das ist keine Alternativmedizin, das ist richtige Medizin.»

EQ-Fähigkeiten, die Sie Ihren Kindern zur Stärkung ihrer körperlichen Gesundheit beibringen können

Durch unser Verständnis der Integration von Geist und Körper können wir erkennen, warum es Kindern physisch hilft, wenn man ihnen irgendeine EQ-Fähigkeit vermittelt, und warum alles, was einem Kind zu stabiler Gesundheit verhilft, es auch emotional stärkt. Zum Beispiel kann man mit der Technik der Selbstberuhigung eine große Bandbreite emotionaler Probleme angehen, von Wutanfällen über Prüfungsangst bis zur Angst vor Hunden. Jeder Erwachsene, der Kindern beim Umgang mit schwierigen Emotionen hilft, sollte mit ihnen irgendeine Entspannungsübung machen.

Entspannungstechniken

Entspannungs- oder Selbstberuhigungstechniken gehören zu den wichtigsten psychologischen Fähigkeiten, die Ihr Kind erlernen kann. Sie können ein Gegengewicht zu spezifischen streßreichen Situationen darstellen; außerdem kann progressive Entspannung Kinder, Jugendliche und Erwachsene erfrischen und sogar stärken. Diese positiven «Gefühle» sind nicht nur im Geist, sondern auch im Körper. In seinem 1970 erschienenen Klassiker *The Relaxation Response*, mit dem die Meditation aus dem Ashram in die Vorstandsetage gebracht wurde, erklärte der Harvard-Professor Herbert Benson, daß Entspannung unmittelbar unseren Sauerstoffbedarf senkt, unsere Alpha-Gehirnwellen intensiviert (die mit Kreativität verbunden sind), unser Blutlactat vermindert (eine Substanz, die durch den Metabolismus der Skelettmuskeln und im Zusammenhang mit Angst produziert wird) und unseren Puls senkt.

Dean Ornish, ein anderer Verfechter von Entspannungstechniken, hält sie für eine der fünf wesentlichen Komponenten seines mittlerweile berühmten Life-Choice-Program. Ornish hat gezeigt, daß sogar ernste Herzerkrankungen geheilt werden können, wenn man sich mit den psychischen wie auch physischen Bedürfnissen des Patienten befaßt (die anderen Komponenten sind eine fettreduzierte Diät, mäßiger Sport, mit Rauchen aufhören und emotionale Unterstützung).

Während der Entspannungsübung sitzt Ihr Kind ruhig in einem Sessel und entspannt langsam jeden Körpermuskel. Gewöhnlich fängt man in der Körpermitte an und bewegt sich nach außen (Brustmuskeln, dann Bauchmuskeln, Rückenmuskeln, Arme, Beine, Hände, Füße und so weiter). Während Ihr Kind jede Muskelgruppe entspannt, soll es tief und ruhig atmen und sich dabei vorstellen, daß es sich an einem vertrauten, ruhigen und stillen Ort befindet, etwa auf einer Wiese liegt und auf die Wolken am Himmel blickt. Es soll all seine Sinne gebrauchen. Beschreiben Sie die kühle Brise, den Geruch von Gras und das Gefühl von Tau auf der Haut; das hilft dabei, sich von den alltäglichen Sorgen abzulenken und den Körper in einen Ruhezustand zu versetzen.

Nach mehreren Wochen des Entspannungstrainings sollten Kinder über zehn Jahre und Teenager diese Fähigkeit einsetzen können, wenn sie erste Körperanzeichen von Streß oder eines unangenehmen emotionalen Zustandes bemerken.

Wie man die Wirkung von Streß reduziert

Die Streßfaktoren des modernen Lebens scheinen die Emotionen immer mehr zu belasten, und doch vermitteln wir im allgemeinen unseren Kindern nicht, wie wichtig es ist, mit diesem Streß umzugehen. In seinem Buch *Beyond Prozac** schreibt Michael Norden dazu: «Nun, da wir eine höhere Streßtoleranz brauchen, können unsere Gehirne leider nicht damit fertig werden. Nachgewiesenermaßen fordern der moderne Lebensstil und künstliche Umgebungen einen kostspieligen Tribut. Wir schlafen schlecht, ernähren uns ungesund, atmen verseuchte Luft und schwächen so den spezifischen neurochemischen ‹Streß-Schild›, den Prozac stärken soll – den lebenswichtigen Neurotransmitter Serotonin. In gewisser Weise hat unser Lebensstil uns einen Mangel an Prozac beschert, oder genauer: uns ‹serotoninarm› gemacht.»

Norden rühmt die Vorzüge von Serotonin, das wie andere Neurotransmitter an verschiedenen Stellen im Körper Unterschiedliches bewirkt. Wissenschaftler haben mindestens zwölf verschiedene Rezeptorstellen identifiziert, die mit unterschiedlich positiven Wirkungen auf Serotonin reagieren: von der Regulierung so wichtiger Körperfunktionen wie Temperatur und Blutdruck bis zur Kontrolle psychischer Impulse und Angstminderung.

Während Norden glaubt, daß viele emotionale Probleme auf einen Mangel an Serotonin zurückzuführen sind, beeilt er sich gleichzeitig zu erklären, das bedeute nicht, daß jeder Prozac neh-

* Prozac, ein Antidepressivum, wird in Deutschland unter dem Namen Fluctin geführt. (A. d. Ü.)

men solle. Vielmehr stellt er fest, daß es viele natürliche Möglichkeiten gebe, die körpereigene Produktion von Serotonin zu erhöhen, darunter:

- verstärkter Sport (90 Minuten energischer Sport kann die Serotoninmenge im Gehirn verdreifachen),
- eine kalorien- und fettarme Ernährung mit nicht mehr als fünfstündiger Pause zwischen den Mahlzeiten (außer beim Schlafen),
- in den dunklen Wintermonaten den Körper dem Licht aussetzen,
- ausreichender Schlaf (zuwenig Schlaf kann eine 20prozentige Abnahme des Serotoningehalts im Gehirn bewirken).

Erhöht der Lebensstil Ihres Kindes seine Fähigkeit, biochemische Stoffe zu produzieren, die für sein emotionales Wohlbefinden, seinen sozialen Erfolg und sogar seine körperliche Gesundheit notwendig sind?

Der gesunde Menschenverstand sagt uns, daß ein gesunder Körper zu einem gesunden Geist führe, und doch hat das moderne Leben uns weit über die Vorschriften der Vernunft hinausgeführt. Sollten wir angesichts der Lebensweise des typisch amerikanischen Kindes, das viel zuviel fernsieht, zuwenig Sport treibt und sich zu kalorien- und fettreich ernährt, wirklich überrascht sein, daß wir einer Krise in der Gesundheit unserer Kinder gegenüberstehen? Paradoxerweise setzen wir auf die wissenschaftliche Forschung der Zukunft, die uns helfen soll, ein Kind mit hohem EQ zu erziehen, und doch wissen wir gleichzeitig, daß viele Maximen der Vergangenheit letztlich richtig waren, wie etwa ausreichender Schlaf und körperliche Bewegung. Aber können wir die Lektionen der Vergangenheit auch auf die Zukunft der Kinder im nächsten Jahrtausend anwenden? Oder sollen wir weiterhin unsere Kinder emotional für unseren Fortschrittsmarsch bezahlen lassen?

Im nächsten Kapitel sehen wir, wie mittels Technologie Ihren Kindern verschiedene EQ-Fähigkeiten vermittelt werden können. Gleichzeitig sollten Sie jedoch auf eine vernünftigere Lebensweise achten.

EQ-Punkte, die man sich merken sollte

- Die heilende Kraft unseres Gehirns ist zum großen Teil noch ungenutzt.
- Neue Forschung zeigt, daß Kinder verschiedene Arten geistiger und körperlicher Heilung lernen können, indem man spezifische biochemische Stoffe stimuliert, die im Gehirn produziert werden.
- Ein Lebensstil, der das körpereigene Immunsystem Ihrer Kinder stärkt, hilft ihnen jetzt und noch Jahrzehnte später.

Teil VIII
Computer und EQ – eine überraschend gute Kombination

Unsere Kindererziehung befindet sich inmitten eines revolutionären Prozesses. Erst allmählich begreifen wir, wie Erziehung sich auswirken kann, wenn unsere Kinder erst einmal in unserem Alter sind. Wie Peter Drucker in seinem Buch *Die postkapitalistische Gesellschaft* schreibt: «In der Geschichte des Westens kommt es gelegentlich alle paar hundert Jahre zu einem scharfen Einschnitt, einem Umbruch . . . Innerhalb einiger weniger Jahrzehnte formiert sich die Gesellschaft neu. Es wandeln sich ihre Sicht der Welt und ihre Grundwerte, ihre soziale und ihre politische Struktur, die Künste und ihre wichtigsten Institutionen. Fünfzig Jahre später ist die Welt eine völlig andere. Die Menschen, die in sie hineingeboren werden, können sich die Welt, in der ihre Großeltern lebten und in die die eigenen Eltern hineingeboren wurden, gar nicht mehr vorstellen.»

Es ist schwer zu glauben, aber vor nur zehn Jahren beklagten Sozialwissenschaftler die Einführung und sofortige Popularität elektronischer Spiele wie Nintendo. Sie befürchteten, daß diese neue Unterhaltungsform süchtig mache und die Kinder der einfachen Freuden des Ballspiels oder Schneemannbauens berauben würde. Damals konnten nur wenige Visionäre erkennen, daß man mit derselben Technologie Mathematik und Lesefertigkeiten vermitteln, eine vollständige Enzyklopädie auf einer dünnen Scheibe unterbringen könne oder daß dieses neue digitale Medium Kinder zusammenbringe, anstatt sie zu isolieren.

Wenngleich die Gemeinschaft der Psychologen Computer immer noch widerstrebend als Hilfsmittel bei einer Behandlung einsetzt und computerbezogene Aktivitäten für Kinder zu Hause verschreibt, ist es schwierig, das Computerpotential zu ignorieren, mit dem die emotionale und soziale Entwicklung von Kindern vorangetrieben werden kann. Da sich die Technologie so schnell weiterentwickelt, ist die einzige wirkliche Grenze unsere Phantasie.

Im Hinblick auf Technologie sind viele Eltern den Lehrern und Kindertherapeuten oft weit voraus. Da in fast jedem zweiten amerikanischen Haushalt ein Computer steht und eine wachsende Anzahl öffentlicher Büchereien ein Computer-Center mit Internetanschluß anbieten, haben die meisten unserer Kinder bald schon Zugang zu einem verwirrenden Aufgebot an technologischen Weiterentwicklungen. Deren Bedeutung für das Wohlbefinden von Kindern sollte nicht unterschätzt werden. Bei Präsident Clintons Wiederwahl-Kampagne 1996 wurde als eines der drei wichtigsten Erziehungsziele des Landes für Kinder der Zugang zum Internet genannt.

In diesem Teil will ich beleuchten, wie Computer zur Vermittlung vieler in diesem Buch besprochener EQ-Fähigkeiten eingesetzt werden können, und zwar mit größerer Schnelligkeit, Effektivität und geringeren Kosten, als man für möglich halten sollte.

Computer als Hilfe

Norman Schwarzkopf und Stephen Spielberg sind Namen, die wir gewöhnlich nicht mit den Fortschritten bei der psychischen Gesundheit von Kindern oder in der Medizin in Verbindung bringen. Doch tatsächlich schlossen sich der weltberühmte Filmproduzent und der militärische Befehlshaber kürzlich zusammen, um zu demonstrieren, wie geschickt Computer bei schlimm erkrankten Kindern eingesetzt werden können: Sie bekämpfen Einsamkeit und Isolation und bündeln die Kräfte der emotionalen Intelligenz im Kampf gegen lebensbedrohliche Krankheiten.

Die Geschichte begann damit, daß General Schwarzkopf von der Einsamkeit und Isolation eines jungen Mädchens erschüttert war, als er sie auf einer Station für Knochenmarkstransplantationen in einem Krankenhaus in Jacksonville, Florida, besuchte. Ihm schien es, als könnte die psychische Belastung durch ihre Hospitalisation die Überlebenschancen dieses Kindes nur negativ beeinflussen. Mit seinen Sorgen wandte er sich an Spielberg, und die beiden gründeten Starbright World, ein Computer-Netzwerk, das Kinderstationen in Krankenhäusern über Modem miteinander verbindet und ernsthaft erkrankten Kindern im ganzen Land ermöglicht, Kontakt miteinander aufzunehmen, als wären sie nur durch einen Flur voneinander getrennt.

Sogar ein Kind, das sich von einer Chemotherapie oder Operation erholt, kann fremde und magische Welten von seinem Bett aus mit nur einem Mausklick besuchen. Im Starbright-World-Programm können Kinder drei getrennte Bereiche aufsuchen: eine Höhlenwelt mit geheimen Verstecken, eine Himmelswelt, in der Kinder fliegen können, und eine tropische Welt, erfüllt von den Klängen exotischer Vögel und Wasserfällen. In diesen Welten werden Kinder durch animierte Figuren namens Avatare dargestellt, die sie kontrollieren können. Auf ihrer Reise durch die Welten begegnen die Kinder den Figuren in der Gestalt eines Avatars aus anderen Krankenhäusern. Wenn sie die andere Figur anklikken, können sie mit dem Kind zusammen ein Spiel spielen oder ein Gespräch führen.

Das Programm ist in sechs Krankenhäusern im ganzen Land in Betrieb und war, was nicht überrascht, sofort ein Hit. Es mindert Schmerz, Streß und Angst bei Kindern, die endlich mit jemandem sprechen können, der wirklich versteht, was sie durchmachen. Im Mt.-Sinai-Krankenhaus in New York City untersuchen Forscher auch, ob dieses Programm die Dauer des Krankenhausaufenthalts bei krebskranken Kindern verkürzt. Dabei geht man davon aus, daß die Kinder aufgrund ihrer aktiven Teilnahme an einem Cyber-Gesellschaftsleben weniger Schmerzmittel brauchen, was wiederum zu einem besseren Appetit und vermehrter Heilungsenergie führt.

Fast ebenso interessant ist die Erkenntnis, wie schnell und kostensparend Technologie für eine breite Verbraucheranwendung entwickelt wird. Dieselbe 1994 entwickelte Technologie, die dem Starbright-World-Programm zugrunde liegt und deren Installierung Tausende Dollars kostete, ist nun jedermann zugänglich, der einen Multimedia-Computer, ein Hochgeschwindigkeitsmodem und einen Internetanschluß hat.

Wie der Computer die emotionale Intelligenz Ihres Kindes steigern kann

Im Gegensatz zu jedem anderen pädagogischen oder psychologischen Hilfsmittel fühlen sich zu Computern fast alle Kinder hingezogen. Mit der neuen Generation der Multimedia-Software und der anscheinend unbegrenzten Kapazität des Internet erfüllen Computer alle wichtigen Anforderungen an das Erlernen von EQ-Fähigkeiten. Sie

- stimulieren die emotionalen wie auch die denkenden Teile des Gehirns,
- bieten die für die Entwicklung von Nervenbahnen nötigen Wiederholungsmöglichkeiten,
- gestalten das Lernen interaktiv, so daß sich der Unterricht nahtlos an den bevorzugten Lernstil des Kindes anpaßt,
- stellen eingebaute Verstärkungsmöglichkeiten zur Verfügung.

Viele überrascht es, daß Kinder durch Computer nicht isoliert worden sind, sondern diese ihnen vielmehr eine Vielfalt an sozialen Fähigkeiten vermitteln.

Computerprogramme regen den emotionalen Teil des Gehirns an, indem sie Animation, Stimmen, Musik, Videobilder, Farbe und unendlich viele Überraschungen kombinieren. Im Vergleich dazu wirken herkömmliche Bilder so flach und archaisch wie Höhlenmalerei. Nehmen Sie beispielsweise ein kürzlich veröffentlichtes Programm namens *Pajama Sam in No Need to Hide When It's Dark Outside*. Es soll Kinder unterhalten und ihnen gleichzeitig die verbreitete Angst vor der Dunkelheit nehmen. Das Programm fängt an mit voller Animation, Musik und Rede, und unterscheidet sich nicht sehr von einem Zeichentrickfilm im Fernsehen. Sam liest einen Comic über seinen Lieblingssuperhelden, Pajama-Man. Als seine Mutter ihm sagt, es sei Zeit, ins Bett zu gehen, muß Sam sich seiner Angst vor der Dunkelheit stellen. Sam meint, daß sich «Dunkelheit» in der Zauberwelt hinter seinem Wandschrank verstecke, und beschließt, sich den Anzug seines Superhelden überzuziehen, um sie zu verfolgen. Von diesem Punkt an muß das Kind, das das Programm benutzt, Sam helfen, verschiedene Gegenstände zu finden, die ihm bei seiner Reise nützlich sind, muß ihm helfen zu entscheiden, in welche Richtung er gehen soll, und sich mit Problemen auseinandersetzen, die in Form von sprechenden Bäumen und merkwürdigen Wesen auftreten. Diese Art Programm bietet eine ideale Umgebung, in der gleichzeitig das emotionale und das denkende Gehirn stimuliert werden. Während der animierte Comic das Kind in die dunkle und leicht unheimliche Welt hinter Sams Wandschrank bringt, muß es ständig seine Problemlösungs- und Selbstberuhigungsfähigkeiten einsetzen, um in der Geschichte voranzukommen und Sam bei seiner Suche zu helfen.

Die besten Computerprogramme zur Vermittlung von EQ-Fähigkeiten umfassen Spiele, die Ihr Kind motivieren, sie immer wieder zu spielen. Wir wissen, daß zur Entwicklung neuer neuraler Gehirnbahnen eine Tätigkeit unzählige Male wiederholt werden muß, und Computer sind das ideale Medium für Wiederholung. Im Gegensatz zu uns werden sie es nie müde, eine Geschichte vorzulesen, etwas zu erklären oder ein Spiel zu spielen. Niemand hat die Geduld und Ausdauer eines Computers, auch können wir nicht Tag und Nacht so unterhaltsam sein wie ein einfacher Mausklick.

Erste Berichte legen sogar nahe, daß der Computer der erste ernstzunehmende Gegner der scheinbar unüberwindlichen Macht des Fernsehens ist. Eine Umfrage ergab, daß Kinder 20 Prozent weniger fernsehen als vorher, wenn ein Computer bei ihnen zu Hause installiert wird. Kürzlich erzählte mir eine Mutter, daß ihr lernbehinderter Sohn, der die Schule hasse, nun täglich zwei Stunden in der Stadtbücherei pädagogische Spiele mache und per Internet mit Brieffreunden korrespondiere. Er helfe sogar im schuleigenen Computer-Center aus und gebe anderen Kindern (und Lehrern) Tips, wie sie ihre Computerfähigkeiten erweitern.

Im Gegensatz zum Fernsehen, das auch im besten Fall nur ein passives Lernen ermöglicht, fordern Computer Ihre Kinder auf zu interagieren, mitzudenken, Probleme zu lösen und sich so zu verhalten, wie sie es vielleicht sonst nicht wollten. Zum Beispiel erzählt ein Programm namens *The Lie* die Geschichte von Susie, die ihre Mutter beschwindelt, als diese fragt, ob Susie eine Hausaufgabe über das Wochenende zu erledigen habe. Susie lügt also und sagt «nein». Und während die Geschichte weitergeht, wächst Susies kleine grüne Monsterlüge immer mehr und verursacht zunehmend Ärger.

Wenn das Monster Susies Zimmer durcheinanderbringt, muß Ihr Kind die Spielzeuge und Bücher wegräumen, die das Monster verstreut hat, bevor es zur nächsten Seite weitergehen kann. Dabei muß es jeden Gegenstand anklicken und zu seinem richtigen Platz ziehen. Wenn Ihr Kind einen Gegenstand an einen falschen Ort bewegt, verbessert Susie es mit Sätzen wie «Nein, Dummkopf, das gehört in den Wandschrank!». Wenn es ein Kleidungsstück in den Schrank zieht, hängt der Computer es für Ihr Kind auf.

Als ich dieses Spiel zum erstenmal spielte, wollte ich unbedingt sehen, wie die Geschichte ausging. Ungeduldig wollte ich herausbekommen, wie Susie mit dem wachsenden Ärger, den ihre Lüge ihr eingebracht hatte, umging. Um ehrlich zu sein, hatte ich keine Lust, Susies Zimmer aufzuräumen, mußte es aber tun, um mit der Geschichte voranzukommen. Ich nahm meine ganze Geduld zusammen und räumte jeden Gegenstand fort, obwohl ich wirklich gerade nicht in Aufräumlaune war. Tatsächlich stellte ich verwundert fest, daß ich ähnlich wie ein Kind dachte und mich laut über die Aufräumregeln aufregte («Warum gehört denn dieses Spielzeug ins Bücherregal, statt in die Spielzeugkiste? Erkennt der Computer denn nicht, daß das ein besserer Platz ist? Vielleicht ist die Spielzeugkiste dann zu voll. Ich stelle es also ins Regal.»). Indem ich mich in Geduld übte, lernte ich die Lektion dieser Geschichte: Lügen bereitet mehr Ärger, als es sich lohnt.

Unerwartete Vorzüge

Die vielleicht überraschendste Methode, wie Computer das Erlernen von EQ-Fähigkeiten verstärken, besteht darin, daß sie Menschen zusammenbringen. Technologiekritiker stellen sich eine Welt vor, in der Kinder in ihren Zimmern eingesperrt sind, einzig auf den Computerbildschirm starren und jeglichen menschlichen Kontakt meiden, der sie von der magnetischen Anziehungskraft ihrer Tastatur und der Maus fortziehen könnte. Doch das scheint sich nicht zu bewahrheiten. Wie wir in den Kapiteln 14 und 15 gesehen haben, verhalten sich Kinder auf natürliche Weise sozial, wenn wir ihnen die entwicklungsmäßig angemessenen Gelegenheiten dazu geben. Sie machen gern gemeinsame Erfahrungen, sowohl mit anderen Kindern als auch mit Erwachsenen, und wenn Computer in einem Arbeits- oder Wohnzimmer stehen, sind sie oft der Mittelpunkt des Familienlebens.

Viele Eltern bemerken, daß sie dank des Computers tatsächlich mehr Zeit gemeinsam mit ihren Kindern bei erzieherischen Beschäftigungen verbringen. Offensichtlich bringen Väter am ehesten einen Computer ins Haus und erforschen mit ihren Kindern dessen vielfältige Anwendungen. Das ist eine wichtige Verschiebung der Familienrollen, denn trotz aller Veränderungen bei den Geschlechterrollen in den vergangenen 25 Jahren verbringen Väter mit ihren Kindern immer noch nur einen Bruchteil der Zeit, die Mütter normalerweise für die Kindererziehung aufwenden. Computer gleichen diesen Trend möglicherweise aus und geben Kindern (insbesondere Jungen) die Gelegenheit, beim Erlernen von EQ-Fähigkeiten von einem männlichen Rollenvorbild zu profitieren.

Ein anderer sozialer Vorteil von Computern für Kinder ist, daß sie durch Online-Dienste und das Internet soziale Erfahrungen vertiefen. Wir werden später noch darauf kommen, wie elektronische Kommunikation das Leben unserer Kinder beeinflussen kann, doch wollen wir zunächst betrachten, wie gebräuchliche Computer-Software, die weniger kostet als die meisten Videospiele, zur Vermittlung von vielfältigen EQ-Fähigkeiten genutzt werden kann.

KAPITEL 24

Software zur Steigerung der emotionalen Intelligenz

Eine 1996 von der Zeitschrift *Family PC* durchgeführte Umfrage ergab, daß es ungefähr 3000 Computerprogramme für Kinder gibt, von denen etwa ein Drittel zu pädagogischen Zwecken entworfen wurde. In den nächsten paar Jahren können wir angesichts der wachsenden Anzahl von Computern in privaten Haushalten und Schulen davon ausgehen, daß diese Zahlen sich jährlich verdoppeln bis verdreifachen werden. Die Software wird auf immer raffiniertere Art edukative und Unterhaltungselemente miteinander verbinden. Auch wenn die Anzahl der Programme zur Vermittlung von EQ-Fähigkeiten noch gering ist, kann man beliebte Software so anpassen, daß sie die Fähigkeiten vermittelt, die die emotionale Intelligenz Ihres Kindes ausmachen.

Die größte Gruppe der EQ-freundlichen Software verhilft Kindern zu kreativem Selbstausdruck. Diese Programme ermöglichen es bereits vierjährigen Kindern bis hin zu Teenagern, ihre eigenen Bücher und Comics zu erstellen und zu drucken, Spiele und Zeichentrickfilme herzustellen und uneingeschränkt ihre Gedanken und Gefühle mitzuteilen.

Software zum Geschichtenerzählen

Durch Geschichtenerzählen, Schreiben und künstlerische Arbeit bringen Psychotherapeuten Kindern viele der in diesem Buch abgehandelten EQ-Fähigkeiten bei, darunter auch realistisches Denken, Problemlösung und Ausdruck von Gefühlen. In Beratungssitzungen zeichnen Kinder Bilder und schreiben Geschichten, die ihre Probleme oder Sorgen widerspiegeln, und sie entdecken, daß sich ihnen neue Wege des Denkens und der Lebensbewältigung eröffnen, indem sie sich ausdrücken. Durch Multimedia-Computerprogramme sind diese Tätigkeiten mittlerweile für Kinder sehr interessant. Zusammen mit den Lehrern (und Psychotherapeuten) Ihrer Kinder können Sie leicht unterstützende Anleitung bieten, damit diese Beschäftigungen auch eine emotionale Bedeutung erhalten.

Wie Sie sich aus Kapitel 6 erinnern werden, sind positive Vorbildgeschichten eine wirkungsvolle Möglichkeit für Kinder, realistisches Denken und Handlungsfähigkeiten zu entwickeln, die ihnen ihrerseits wieder helfen, mit sehr unterschiedlichen Problemen umzugehen – von der Scheidung oder dem Verlust eines Elternteils über den Umgang mit einem Kind, das ihnen zusetzt, bis zum Umgang mit ihren Krankheiten. Das Prinzip hinter einer positiven Vorbildgeschichte ist, daß Sie Ihren Kindern altersangemessene und realistische Wege aufzeigen, wie man über ein Problem nachdenken und dann eine verantwortungsbewußte Vorgehensweise wählen kann.

Zum Beispiel zog Sally mit sechs Jahren in eine neue Nachbarschaft und wurde von den anderen Kindern in ihrer Klasse geächtet. Sally kam jeden Tag von der Schule heim und klagte, daß niemand beim Mittagessen mit ihr zusammensitzen oder in der Pause mit ihr reden wolle.

Nach unseren Kenntnissen über das Schließen von Freundschaften in der Kindheit folgt soziale Ablehnung gewöhnlich daraus, daß man neu in eine Klasse kommt; sie kann bis zu sechs Monaten andauern. Kinder haben in diesem Alter am ehesten sozialen Erfolg, wenn sie einen einzelnen Freund finden, der ihnen ähnelt oder in der Nähe wohnt.

Diese Kenntnis über kindliche Entwicklungsphasen bildete für Sallys Eltern die Grundlage dafür, mit ihrer Tochter auf dem Computer eine Geschichte über ein kleines Mädchen zu schreiben, das wie sie einsam und ohne Freunde war. Während sie die Geschichte entwarfen, ermutigten sie Sally, sich Möglichkeiten auszudenken, wie die Protagonistin (namens Sarah) einen neuen Freund finden könnte. Nachdem ihre Geschichte einmal geschrieben war, druckte Sally sie in Heftform aus, und ihre Eltern lasen sie ihr jeden Abend vor. Das Buch vermittelte Sally die Sicherheit, daß sie bestimmte Dinge tun konnte, um ihre Zukunft weniger einsam zu gestalten (zum Beispiel einen Mitschüler zu einem Kinobesuch einladen, einer Tanzgruppe beitreten, bestimmte Strategien einüben, wie man sich anderen Kindern in ihrem Spiel anschließt, und so weiter).

Sally und ihre Eltern benutzten zur Erstellung ihres Skripts ein Programm namens *My Own Story*. (Es gibt mehr als ein Dutzend anderer Programme, die sie ebenfalls hätten benutzen können.) Mit *My Own Story* können Kinder verschiedene Szenen, Leute und Gegenstände anklicken und dann umhergehen und sie größenmäßig anpassen, um für jede Seite professionell aussehende Abbildungen zu erstellen. Nachdem jedes Bild in Sallys Heft fertig war, tippten ihre Eltern die Geschichte unten auf die Seite, so wie sie sich in ihrer Diskussion mit Sally entwickelt hatte. Waren alle mit den Ergebnissen auf einer Seite zufrieden, klickte Sally zur nächsten Seite weiter und schuf ein neues Bild für den weiteren Handlungsverlauf.

Nach Fertigstellung des Skripts druckten sie ein Heft aus, das von einem professionellen Autor und Zeichner hätte stammen können.

Andere Programme, wie das beliebte *Kidswork*, lesen sogar die Geschichten, die Kinder schreiben, laut vor. Wenn die Geschichte einmal eingetippt ist, braucht man nur noch auf den Sound-Knopf zu drücken, und der Computer liest die Geschichte mit einer Männer- oder Frauenstimme auf englisch oder spanisch vor.

Ältere Kinder ziehen wahrscheinlich Programme wie *Comic Maker* vor. Kinder ab acht Jahren könnten damit ihre eigenen Superhelden-Comic-Hefte erstellen, wobei sie zwischen Dutzenden von Helden und Bösewichtern ebenso wie vielfältigen Hintergrundszenen wählen können. Haben Ihre Kinder diese Hintergrundszenen ausgewählt, können sie ihr Comic-Heft mit Bildrahmen, Sprech- und Denkblasen formatieren, so daß sie den Heften, die sie kaufen, sehr ähnlich sehen. Der einzige Unterschied ist der, daß ihr Comic-Heft von Superhelden handelt, die ähnliche Probleme lösen wie die, mit denen Ihre Kinder sich täglich herumschlagen müssen. Die Bösewichter könnten unangenehme Zeitgenossen, Ängste oder die körperlichen Schmerzen einer Krankheit darstellen, und die Helden benutzen die Superkräfte der emotionalen Intelligenz, damit der Tag gerettet ist.

Software, mit der Kinder neue Denkmöglichkeiten erlernen

Fortschritte bei den Multimediaprogrammen haben in den letzten Jahren das Geschichtenerzählen auf eine neue, spannende Stufe gehoben. Sie ermöglichen es älteren Kindern und Teenagern, Comic-Animationen und Stücke zu erschaffen, in denen Figuren sich bewegen, sprechen und interagieren. Diese Programme bieten eine faszinierende neue Möglichkeit, EQ-Fähigkeiten zu vermitteln, besonders die kognitiven Fähigkeiten der Hirnrinde zu schulen, die mehr Wiederholung erfordern, als Nicht-Computertechniken in der Regel leisten können.

Mit Programmen wie *Hollywood* für Kinder von acht bis zwölf Jahren und *Hollywood High* für Teenager können Kinder bei der Herstellung von Zeichentrickfilmen neue Denkarten erlernen. Kinder können Gedanken oder Äußerungen für vielfältige Figuren eintippen. Diese sagen dann genau das, was eingegeben wurde. Wenn sie Comics herstellen und einen Dialog entwerfen, der die erworbenen neuen Denk-, Problemlösungs- und Strategiefähigkeiten widerspiegelt, können sie auch die Stimmung einer Figur wählen, die deren Gesichtsausdruck, Haltung, Gestik und Stimme verändert. Wie wir in Kapitel 21 gesehen haben, ist die Kenntnis dieser nonverbalen Hinweise ein wesentlicher Aspekt bei der Steigerung des EQ eines Kindes.

Software, die Werte vermittelt

Seit den Anfängen von Video- und Computerspielen galt die größte Sorge ihrem gewalttätigen Inhalt, und nur wenige würden behaupten, daß diese Sorge unbegründet sei. Auch wenn es mittlerweile viele Alternativen gibt, sind gewalttätige Spiele bei Kindern weiterhin beliebt, und die Darstellung von Gewalt wird immer realistischer. Beispielsweise wird in dem sehr populären Spiel

Doom dargestellt, wie die Opfer des Spielers schreien, enthauptet und zerstückelt werden und in Blutlachen liegen.

Werden Kinder durch solche Spiele gewalttätiger und aggressiver? Wahrscheinlich nicht. Werden Kinder gegenüber den Gefühlen anderer und der tatsächlich existierenden Gewalt in der Welt unempfindlich? Zweifellos. Wenn wir das Potential von Computern bei der Vermittlung von EQ-Fähigkeiten anerkennen, müssen wir auch ihr schädliches Potential wahrnehmen. Mittlerweile sind die meisten Computerprogramme mit Altersangaben versehen, und Spiele, in denen Gewalt vorkommt, enthalten Warnhinweise auf der Verpackung. Sie sollten darauf achten, mit welchen Spielen Ihre Kinder spielen, und sie aktiv davon abhalten, mit solchen zu spielen, die einen gewalttätigen Inhalt haben.

Glücklicherweise aber wächst die Anzahl der nicht gewalttätigen Spiele. Zum Beispiel liegt dem *Alien Arcade,* das sich an Vier- bis Sechsjährige richtet, das gleiche Muster zugrunde wie einigen der frühen Punkt-, Schieß- und Ausweich-Arcade-Spiele. Jedoch sprengt Ihr Kind hier keine Raumschiffe in die Luft, sondern wirft auf Quasar Klutzes Bananen, um sie von seinem Schiff herunterzubekommen, und entfernt Pilzsporen, die das Schiff verkleben könnten. Bei einem anderen Spiel verwandeln Kinder Monstergesichter in gutgelaunte Figuren.

Es gibt auch eine zunehmende Anzahl von animierten Geschichtenbüchern, die kleinen Kindern Werte vermitteln. Wie das zuvor erwähnte *The Lie* lesen diese Geschichtenbücher sich Kindern selbst vor und fordern sie auf, in die Geschichte so einzugreifen, wie das bei herkömmlichen Büchern niemals möglich wäre; zum Beispiel in *The Safety Scavenger Hunt,* wo Kinder durch ein Haus gehen und in jedem Zimmer gefährliche Gegenstände finden; sie sichern das Haus, um darin spielen zu können. Diese Geschichtenbücher bieten Kindern andauernd Gelegenheiten, wertebezogene Entscheidungen zu treffen und die Konsequenzen dieser Entscheidungen im weiteren Verlauf der Geschichte zu erkennen. Eltern wird zur Verstärkung der Wertevermittlung empfohlen, die Spiele gemeinsam mit ihren Kindern zu spielen.

Virtual-Reality-Programme

Eine andere Software stellt für Kinder eine virtuelle Welt her, in der sie EQ-Fähigkeiten erwerben und üben können. Seit einigen Jahren gebrauchen Psychologen im ganzen Land Programme, um eine dreidimensionale Welt herzustellen, die so nah an der Wirklichkeit ist, daß man den Eindruck hat, «virtuell dabeizusein». Menschen mit Phobien wie der Angst, über eine Brücke zu fahren oder zu fliegen, sind die Hauptanwender dieser Programme. An den Computer angeschlossene spezielle Brillen vermitteln den Patienten das Gefühl, daß sie die Golden-Gate-Brücke überqueren oder an Bord einer 747 sitzen. Patienten werden auf diese Weise allmählich gegenüber ihren Ängsten desensibilisiert.

Die neue Generation von Computerprogrammen ist zwar nicht ganz so realistisch, vermittelt aber Kindern und Jugendlichen ebenfalls das Gefühl «dabeizusein». Und obwohl diese Programme eher zu Unterhaltungs- als zu psychologischen Zwecken entwickelt wurden, ist ihr Wert bei der Vermittlung von EQ-Fähigkeiten unbestritten. Beispielsweise könnte man *Graham Wilson's Haunted House* einsetzen, um ein ängstliches Kind unempfindlicher zu machen, genauso wie bei den komplexeren Behandlungen für Erwachsene. Dieses Programm führt Kinder durch ein wirklich unheimliches Spukhaus, voller Geister, gespenstischer Musik und aufblitzender Lichter. Während die Spieler 13 im Haus versteckte Schlüssel suchen, können sie von einem ganzen Aufgebot an Monstern verfolgt werden, die sie zu verzaubern suchen. Den Spielern stehen vielfältige Flucht- oder Kampfmöglichkeiten zur Verfügung, was Kinder ermutigt, sich ihren Ängsten zu stellen und sie zu überwinden.

Ein anderes Programm, *Who Do You Think You Are?*, setzt Videoclips von wirklichen Menschen ein. Dieses Programm wendet sich an Jugendliche und junge Erwachsene und vermittelt dem Benutzer anhand der Berkeley-Skala, die fünf Persönlichkeits-Dimensionen erfaßt, wie er seinen eigenen Charakter besser begreifen kann. Ein Teil des Programms namens «Erste Eindrücke» zeigt Videosegmente von zwölf Personen, die über sich sprechen. Der Computerbenutzer stuft dann die Person auf dem Video entsprechend den fünf Dimensionen der Persönlichkeitsskala ein, wobei er seine Einschätzungen auf Stimmfall, Gestik, Äußerungen und so weiter stützt. Ein Tutorium erklärt dem Spieler sogar, auf welche Dinge er achten soll, die auf den Charakter eines Menschen hinweisen, und spielt zur Demonstration bestimmter Punkte entsprechende Abschnitte des Videos vor.

Im Gegensatz zu jedem anderen Medium ermöglicht der Computer dem Anwender, seine Beobachtungsfähigkeiten mit nur einem Mausklick immer wieder zu üben.

EQ-Punkte, die man sich merken sollte

- Computerprogramme können vielfältige EQ-Fähigkeiten vermitteln, indem sie gleichzeitig die emotionalen und denkenden Teile des Gehirns stimulieren.
- Computerprogramme sind bei der Vermittlung von EQ-Fähigkeiten bei Kindern besonders effektiv, weil sie das kindliche Interesse wachhalten. Gleichzeitig bieten sie die zur Vermittlung vieler emotionaler Fähigkeiten notwendigen Wiederholungsmöglichkeiten.
- Wenngleich es nur wenige speziell zur Vermittlung von EQ-Fähigkeiten entwickelte Computerprogramme gibt, wächst die Anzahl der Programme, die Kreativität und realistisches Denken anregen. Auch gibt es viele Programme, die Werte vermitteln und Kindern die «virtuelle Erfahrung» ermöglichen, wie sie mit ihren Problemen umgehen können.

KAPITEL 25

Emotionale Intelligenz im Cyberspace

Stellen Sie sich vor, Ihre Kinder könnten zu jeder Tageszeit einen riesigen Vergnügungspark besuchen. Mit einer 20-Dollar-Karte hätten sie einen Monat lang unbegrenzten Zutritt. Und während sie sich vergnügen, lernen sie. Sie fahren in Straßenbahnen und kommen an Schildern vorbei, die erklären, wie das menschliche Herz funktioniert. Sie könnten das Weiße Haus besichtigen, und wenn sie wollen, könnten sie zu einem Global Village gehen, wo alle zwischen zehn und fünfzehn Jahre alt sind. Nun stellen Sie sich einen Vergnügungspark vor, der tausendmal größer, interessanter und lehrreicher ist als jeder, den Sie kennengelernt haben, und schon nähern Sie sich den Aufregungen, die das Internet bietet.

Das Potential zur Entwicklung von EQ-Fähigkeiten im Internet liegt fast jenseits unserer Phantasie. Das Internet motiviert Kinder zu lernen, es bringt sie bei kooperativen Projekten zusammen, gibt ihnen die Gelegenheit, überall im Land und in der ganzen Welt Freunde zu finden und dabei Klischees und Vorurteile über Bord zu werfen. Das Lernen wird zu einer multisensoriellen, interaktiven Erfahrung mit unendlichen Möglichkeiten. Nach der Geschwindigkeit zu urteilen, mit der es entwickelt und angenommen wird, kann das Internet und insbesondere seine visuelle Komponente, das World Wide Web, zu einem der wichtigsten neuen Einflüsse auf die Entwicklung Ihres Kindes werden.

Bis vor kurzem erkannten relativ wenige Eltern und Erzieher, wie stark das Internet die Erziehung Ihres Kindes beeinflussen kann, etwa durch den Zugang zu Bibliotheken, Zeitungen und Zeitschriften, die nur für Kinder entwickelt werden, oder zu «virtuellen» Museen. Noch weniger Menschen erkannten, wie das Internet emotionale Intelligenz anregen kann: indem es soziale Fähigkeiten vermittelt, Leistungsschwache zum Lernen motiviert und Kindern ein Gefühl der Beherrschung und wirklicher Macht vermittelt.

Wir erkannten nicht, wie schnell ein «Nur-Text»-Medium, das hauptsächlich von Wissenschaftlern und Militär genutzt wurde, mit farbigen Grafiken, Animation, Stimmen und Videobildern belebt werden könnte. Ebensowenig war uns klar, wie schnell sich diese Technologie verbreiten würde. Zur Jahrhundertwende wird es in fast jeder Schule, jeder Bücherei und zwischen 40 und 50 Prozent der privaten Haushalte Internetanschlüsse geben. Im ersten Jahrzehnt des 21. Jahrhunderts tragen unsere Kinder höchstwahrscheinlich kleine Notebook-Computer in ihren Schulranzen, die unmittelbaren Zugang zum Internet oder ähnlichen Diensten haben. Die heutigen Lehrmethoden der Schulen werden überholt sein. Die Zukunft kommt, und sie sieht gut aus für unsere Kinder. Eltern, Erzieher und Psychologen müssen heute den Weg ebnen.

Online gehen

Jeden Monat wird es einfacher, sich ans Internet anzuschließen. Wenn Sie heute einen Computer kaufen, ist er wahrscheinlich «internetfähig», enthält ein High-speed-Modem und vorinstallierte Software, die Sie in weniger als einer halben Stunde ans Netz anschließen lassen können. Wenn Sie bereits einen Computer haben, brauchen Sie ein Modem, das ans Telefonnetz angeschlossen wird, und einen Online-Provider, der den Anschluß zum Netz herstellt. Sie können das Netz über einen verbreiteten Service wie Prodigy, American On-Line oder CompuServe erreichen. Auch gibt es eine wachsende Anzahl an Diensten, die Sie direkt ans Internet und das World Wide Web anschließen. Die meisten Dienste berechnen eine feste Monatsgebühr, die wahrscheinlich geringer ist, als Sie für einen Familienbesuch im Kino oder ein gemeinsames Abendessen im Restaurant ausgeben.

Es ist nicht das Ziel dieses Buches zu erklären, wie man ans Netz angeschlossen wird, aber glauben Sie mir: Es ist ein Kinderspiel.

Wenn der technologische Jargon Sie allerdings abschreckt und Sie sich von den Möglichkeiten des Internet überwältigt fühlen, könnten Sie vielleicht ein an Kinder gerichtetes Buch lesen, wie etwa *Cybersurfer* von Nyla Ahmad.

Verbindungen zu anderen herstellen

Als meine Tochter mit neun Jahren ins Sommerlager fuhr, schrieb ich ihr in den sechs Wochen ihrer Abwesenheit wahrscheinlich drei- oder viermal. Ich wollte ihr eigentlich öfter schreiben, aber im Sommer arbeite ich immer sehr viel, und die Zeit schien nur so davonzulaufen. Wahrscheinlich schrieb sie mir ungefähr genausooft. Heute ist sie 19 und im College, und wir korrespondieren fast täglich miteinander. Der Unterschied? Elektronische Post, E-mail.

Jeden Morgen, wenn ich ins Büro komme, schalte ich meinen Computer an und sehe nach meiner E-mail, und immer finde ich eine kurze Mitteilung von Jessica. Ich schreibe ihr ein oder zwei Absätze zurück als Antwort auf ihre Fragen, mache Witze, erzähle ihr von meiner Arbeit oder den Reisen. Dann klicke ich das Feld «Reply» an, und die Nachricht wird im selben Moment 300 Meilen weit übertragen. Jessica prüft ihre E-mail und antwortet mir, wenn ihre Seminare vorbei sind und bevor sie mit ihren abendlichen Aufgaben anfängt.

Ähnliche Rituale wiederholen sich im ganzen Land bei Kindern aller Altersstufen. Ein Vater aus Oregon schickt seiner zehnjährigen Tochter E-mails, die bei ihrer Mutter in Minnesota lebt. Eine Geschäftsfrau in Manhattan bittet ihre zwei Kinder in New Jersey, ihr eine E-mail zu schicken, wenn sie von der Schule nach Hause gekommen sind. Sie begrüßen sie und berichten ihr in ein oder zwei Sätzen von ihrem Tag. Sie schickt eine E-mail zurück und kündigt an, um wieviel Uhr sie und ihr Mann daheim sein werden und was es zum Abendbrot gibt.

Elektronische Post wurde früher für eine kalte, um nicht zu sagen frostige Kommunikationsmethode gehalten. Nun ist sie die häufigste Art, wie Leute das Internet und Online-Dienste benutzen. Eltern und Kinder benutzen dieses Medium nicht nur, um in Verbindung zu bleiben, sondern auch Lehrer benutzen E-mail, um Eltern Zwischenzeugnisse zu übermitteln; Schulberater und Psychologen benutzen es, um Rat zu erteilen, und was vielleicht das wichtigste ist: Kinder benutzen es, um mit anderen Kindern zu korrespondieren, die ähnliche Interessen haben.

Ältere Kinder und Teenager benutzen am häufigsten die sogenannten «chat rooms», Gesprächsforen der Online-Dienste, eine Art Live-E-mails. Tausende Gesprächsforen gibt es für Kinder und Teenager, die entweder aufgrund gemeinsamer Interessen zu einer speziellen Gesprächsseite kommen oder einfach nur Gesellschaft suchen. In einem Gesprächsforum tippen zwischen zwei und 25 Kinder oder Jugendliche einander Botschaften zu. Der Computer zeigt auf dem Bildschirm jedes einzelnen an, wenn sich jemand neu zu- oder abschaltet. Diese Gespräche sind offen, da alle lesen, was jeder sagt, allerdings können mit beiderseitigem Einverständnis auch private Gespräche stattfinden.

Für viele Kinder und besonders für Teenager sind Gesprächsforen eine ideale Möglichkeit, Kontakte zu schließen und vielen altersgerechten sozialen Herausforderungen zu begegnen, wie ich sie in Kapitel 14 und 15 beschrieb. Viele Teenager fühlen sich zu den Gesprächsforen hingezogen, weil sie einen großen Vorzug der Kommunikation im Cyberspace bieten: Anonymität. Wenn man über einen Online-Dienst oder das Internet kommuniziert, spielt es keine Rolle, ob man groß oder klein, dick oder dünn, weiß, schwarz oder rot ist. In einer Gesellschaft, in der die physische Erscheinung so wichtig ist für die Beurteilung anderer, erleichtert dieser elektronische Mantel der Unsichtbarkeit es vielen Kindern und Teenagern, sich auszudrücken. In einem Gesprächsforum zählen nur die Worte und Gedanken.

In einem Artikel in *USA Today* über den Gebrauch des Internet durch Kinder erklärt die 17jährige Lindsey: «In gewisser Hinsicht ist es wie eine Ausweichwelt. Es ist so, als hätte man einen großen Freundeskreis, aber man sieht nicht, wie jeder aussieht. Es ist wie das allseits zitierte Ideal, daß man Leute nicht nach ihrer Rasse, ihrem Alter (oder) Geschlecht beurteilen sollte.» Andere Teenager beschreiben, wie sie in der Schule wegen ihrer Kleidung oder ihres Aussehens geächtet wurden, aber im Cyberspace haben Äußerlichkeiten keine Bedeutung. Der 15jährige Wayne aus Winnipeg, Manitoba, erklärt, daß Cyberspace eine Zuflucht für schüchterne

Teenager sein kann, die sich abgelehnt fühlen. «Bevor ich online war, muß ich sagen, war ich ein einsames Kind. Online denkt niemand an dein Alter oder deine Augenfarbe oder Hautfarbe oder überhaupt irgendwas. Man sieht dich von innen.»

Die Gelegenheit für Kinder, mit anderen Kindern über gemeinsame Probleme oder Sorgen zu sprechen, wie die kranken Kinder in Schwarzkopfs und Spielbergs Starbright-World-Programm, hat dem Konzept von Selbsthilfegruppen eine neue Bedeutung gegeben. Es gibt Online-Gesprächsforen für Kinder mit Lernbehinderungen, Kinder mit Störungen, die durch Zuwendungsdefizite bedingt sind und viele andere. Bei diesen Gruppen, die man leicht durch die verschiedenen Foren der Haupt-Online-Dienste finden kann, begegnen Kinder und Teenager einander unter der stummen Supervision eines erwachsenen System-Operators und tauschen Ideen und Erfahrungen aus und unterstützen sich gegenseitig. Es gibt viele solcher Gruppen im Internet, wie das Ability-OnLine-Netzwerk von Dr. Arlette Levfebre, das kranke und behinderte Kinder im ganzen Land und auf der ganzen Welt miteinander verbindet.

Laut der Psychologin Sherry Turkle des Massachusetts Institute of Technology ist die explosionsartig gestiegene Beliebtheit der elektronischen Kommunikation verständlich, wenn wir bedenken, daß das Teenageralter «eine Zeit ist, in der man Neues ausprobiert, mit Identität und Ideen experimentiert (und) intensive Freundschaften erlebt. Wenn man sich ein Medium ausdenken sollte, das diesen Anforderungen und Bedürfnissen maßgerecht angepaßt sein sollte, könnte man es fast nicht besser machen».

Kleinere Kinder werden eher von Internetseiten angezogen, bei denen nicht nur gesprochen wird. Es gibt Hunderte, wenn nicht Tausende von Seiten, bei denen sie andere Kinder aus der ganzen Welt zu Spiel und Spaß treffen können, wie auch zu lehrreichen Projekten und sogar Sozialdiensten.

Bei der Organisation Earth Force arbeiten Kinder miteinander, um die Umwelt zu schützen.

Gelegenheiten für Kinder, sich selbst über Internet zu unterrichten, sind fast unbegrenzt. Nach unserem EQ-Verständnis scheint dieses Medium einzigartig den von Kindern beliebten Lernarten angepaßt. Wenn sie im World Wide Web «surfen», übernehmen sie automatisch die Kontrolle über ihr Lernen. Normalerweise beginnen sie an einer Webseite, wo sie Verbindungen zu beliebten Kinderseiten finden und auch nach Seiten mit speziellen Interessen suchen. Zum Beispiel bringt Yahooligans! (www.yahooligans.com), die Kinderversion der beliebten Erwachsenen-Suchmaschine Yahoo!, Kinder mit Spielen, Unterricht, Wissenschaft, Sport, Nachrichten und Clubs wie auch mit «neuen coolen Seiten» zusammen.

Wenn Kinder ihren natürlichen Interessen nachgehen, wird der erzieherische Gehalt der Programme irrelevant. Mit der Freiheit zu erkunden folgen sie ihrer natürlichen Neugier und Phantasie, und was sie finden, ist zunehmend so aufregend wie die spannendste Software. In den nächsten Jahren wird fast jede populäre Webseite für Kinder Musik, Animation und interaktive 3D-Welten bieten.

Gefahren auf dem Informations-Highway

Das Internet wird zwangsläufig eine neue Welt eröffnen, um Kindern kognitive wie auch emotionale und soziale Fähigkeiten zu vermitteln, aber wir müssen uns auch der größeren «Schlaglöcher» auf der Datenautobahn bewußt sein. Zum Glück gibt es schon Lösungen, die auf die ernsten Sorgen von Eltern eingehen.

Unsere erste Sorge betrifft natürlich die Sicherheit unserer Kinder. Die Zeitungen haben früh über Kinder berichtet, die von einem Cyber-Brieffreund von zu Hause fortgelockt oder zur Prostitution aufgefordert oder mit ihr konfrontiert wurden. Um dieses Problem anzugehen, wurden verschiedene Software-Programme, wie etwa *CyberPatrol*, entwickelt, mit denen Eltern den Zugang zu speziellen Seiten sperren und ihre Kinder an der Suche mit speziellen Suchwörtern hindern können. Zunehmend sind Net-Browser wie der Microsoft Explorer verfügbar, die eingebaute elektronische Sperrsysteme haben.

Wenngleich Sicherheit und Privatsphäre immer ein Thema sein werden, ist das Internet im großen und ganzen wahrscheinlich viel sicherer als das Einkaufszentrum in Ihrer Nachbarschaft. Je nach Alter Ihres Kindes sollten Sie aber ähnliche Vorsichtsmaßnahmen treffen.

Eine zweite Sorge ist, daß Computer zuviel des Guten anbieten. Es bilden sich bereits Gruppen erwachsener «Computersüchtiger». Einige sind beunruhigt, daß Kinder ihre Baseball-Handschuhe an den Nagel hängen und ihre Räder liegenlassen könnten, um zu Sklaven des Terminals zu werden. Aber bisher hat die Technik Probleme nicht nur geschaffen, sondern sie auch ebenso schnell gelöst. Viele Programme wie *CyberPatrol* enthalten Zeitschalter, mit denen Eltern durch einen nur ihnen bekannten Code den Computergebrauch begrenzen können. Ist die für die Computerbenutzung zugestandene Zeit abgelaufen, schaltet das Programm sich einfach aus.

Aber elterliche Aufsicht läßt sich durch nichts ersetzen. Experten empfehlen, daß Sie sich mit Ihren Kindern an den Computer setzen und die ihnen entsprechenden Seiten suchen. In seinem Buch *Childproof Internet: A Parent's Guide to Safe and Secure Online Access* rät Matt Carlson den Eltern, mit ihren Kindern eine Vereinbarung darüber zu treffen, wieviel Zeit sie am Computer arbeiten, wie lange sie spielen, welche Information sie in den Computer eingeben (zum Beispiel sollten Kinder nicht ohne Ihr Wissen ihre Namen und Adressen preisgeben) und gegebenenfalls, wieviel Geld Sie für Online-Dienste auszugeben bereit sind (etliche Seiten sind kostenpflichtig).

Auch sollten Sie Ihren Kindern gewisse «Benimm-Regeln» beim Gebrauch von Online-Diensten beibringen, da dies eine wirklich neue Interaktionsform für die Menschen ist: Beispielsweise gilt der durchgängige Gebrauch von Großbuchstaben, wenn jemand schreibt, als Anschreien. Zeigen Sie Ihren Kindern zudem, wie man mit unangenehmen Situationen umgeht, besprechen Sie Verhaltensregeln und welche wirklichen Gefahren online existieren.

Meiner Überzeugung nach besteht aber die größte Gefahr für die Kinder, die keinen Zugang zum Internet haben. Das gravierendste Problem, das die Computerrevolution nach sich ziehen könnte, ist, daß benachteiligte und gefährdete Kinder weiter aus der Gesellschaft ausgegrenzt werden. Wenn die Technologie nur Mittel- und Oberschichtfamilien zur Verfügung steht, dann wird sich der Riß in unserer Gesellschaft im Hinblick auf Wissen, berufliche Fertigkeiten und sogar elementaren Analphabetismus vertiefen Kinderhilfsgruppen wie The Children's Partnership argumentieren, daß dies nur durch gemeinsame Anstrengungen von öffentlichen und privaten Institutionen verhindert werden kann, die Computer in Schulen und Büchereien auch ärmerer Gemeinden finanzieren.

EQ-Punkte, die man sich merken sollte

- Das Internet und Online-Dienste haben für Kinder neue Lern- und Kommunikationsmöglichkeiten eröffnet. Anstatt Kinder von anderen Menschen zu isolieren, scheinen die technologischen Fortschritte die Menschen einander näherzubringen und Barrieren von räumlicher Entfernung und Vorurteilen niederzureißen.
- Zwar sollten Eltern einige Sicherheitsmaßnahmen beherzigen, wenn ihre Kinder viel Zeit im Cyberspace verbringen, jedoch übersteigen die Vorzüge dieses neuen Mediums die Probleme bei weitem.
- Die größte Gefahr besteht für Kinder darin, hinter anderen zurückzubleiben, weil sie keinen Zugang zu Computern und den neuen Technologien haben.

Schlußwort

Vor kurzem beschrieb jemand meinen Ansatz, Kindern emotionale Intelligenz zu vermitteln, als ein gleichzeitiges Rückwärts- und Vorwärtsblicken. Zunehmend haben Sozialwissenschaftler die Veränderungen der Kindererziehung in den letzten 30 Jahren beobachtet. Sie sind zu dem Schluß gekommen, daß es unseren besten Absichten zum Trotz unseren Kindern offenbar schlechter geht. Zwar geben wir unseren Kindern viel mehr, doch können wir deutlich weniger Zeit mit ihnen verbringen. Indem wir durch Lob und Zuwendung versucht haben, die Selbstachtung unserer Kinder zu erhöhen, sind wir zu permissiv geworden und erwarten zuwenig. Bei dem Versuch, eine Disney-artige Welt kindlicher Unschuld zu erschaffen, haben wir nicht erkannt, daß Streß und Unbehagen ebenso wie Liebe und Fürsorge zu unserer menschlichen Erfahrung gehören, und wenn wir jedes Hindernis beseitigen wollen, rauben wir unseren Kindern die Chance, wichtige Problemlösungsfähigkeiten zu lernen, die sie als Heranwachsende im Umgang mit Herausforderungen und unvermeidlichen Enttäuschungen benötigen.

Wir können die Uhr nicht zurückdrehen und sollten es auch nicht versuchen. Es gibt zwar Lektionen aus der Vergangenheit, die wir lernen sollten, aber sie verblassen im Licht der Zukunft, die unsere Kinder im nächsten Jahrhundert erwartet. Die jetzt stattfindende technologische Revolution wird das Leben unserer Kinder in einer Weise formen, wie wir es uns kaum vorstellen können, genausowenig wie die Menschen des 19. Jahrhunderts sich vorstellen konnten, wie das Automobil, das Telefon, das Fernsehen oder die Entdeckung der Antibiotika unser gesamtes Leben beeinflussen würden. Einer Sache allerdings können wir uns sicher sein: Die Zukunft wird erstaunlich werden, und die Gelegenheiten, emotional intelligente Kinder mit neuen und spannenden Möglichkeiten aufzuziehen, werden grenzenlos sein. Wenn wir die Lektionen der Vergangenheit lernen und uns die Veränderungen zu eigen machen, die auf uns zukommen, werden wir Kinder heranziehen, die im 21. Jahrhundert Erfolg haben.